Erwin Schneider

Der Meister

Erwin Schneider

Der Meister
Vorgesetzter und Autorität

Wirtschaftsverlag Langen-Müller/Herbig

Albert Langen · Georg Müller Verlag GmbH, München

Schutzumschlag: Christel Aumann, München
Gesamtherstellung: Jos. C. Huber KG, Dießen
Printed in Germany
ISBN: 3-7844-7115-3

Der Industriemeister als Vorgesetzter und Autorität

Inhaltsverzeichnis

Einführung

Zweck und Lektüre dieses Buches

Der Wettbewerb unserer Marktwirtschaft nötigt die Industriebetriebe zu wirtschaftlicher Betriebsführung und Rationalisierung. Während man die maschinellen Fertigungsabläufe immer besser in Griff bekommt, vergaß man lange auf den Mitarbeiter, von dessen Einstellung und Willigkeit doch das Ausmaß und die Wirtschaftlichkeit der Leistung abhängen. Jetzt, da man erkannt hat, wie wenig man durch Zwang und Befehle erreichen kann, wie selbstbewußt und unabhängig die Arbeitskräfte geworden sind und wieviele menschliche Probleme im Betrieb zu bewältigen sind, wird der Wunsch nach praktikablen Führungsmethoden immer häufiger und dringender.

Dieses Buch wendet sich nicht nur an den Meister, sondern auch an andere leitende Mitarbeiter des technischen Bereiches, wie Betriebsleiter, Führungskräfte der Arbeitsvorbereitung, des Energiebereiches, des Lagerwesens und des betrieblichen Fuhrparks. Es sollte ihnen bei einiger Bereitschaft gelingen, die Empfehlungen auch in ihre Praxis zu übertragen. Auch Vorarbeitern, Meisterstellvertretern und Nachwuchskräften sei die Lektüre empfohlen, wenn sie sich mit den Aufgaben der Mitarbeiterführung vertraut machen möchten.

Das Buch berücksichtigt in seinen Darstellungen und Beispielen die betriebliche Praxis im Fertigungsbereich. Damit Sie die Sachverhalte noch leichter erkennen und die Empfehlungen rekapitulieren können, wurden am Ende jedes Abschnitts die Grundgedanken zusammengefaßt. Sie können überhaupt mit der Lektüre dieser Zusammenfassungen beginnen, um zu sehen, welcher Abschnitt Sie zuerst interessiert und welche Informationen Ihnen am raschesten von Nutzen sein können. Wenn Ihnen dieses Buch hilft Probleme bei der Führung Ihrer Mitarbeiter zu überwinden und von Ihnen nicht als belastende, sondern anregende Lektüre empfunden wird, hat es seinen Zweck erfüllt.

1. Der gewerbliche Mitarbeiter früher und heute

Gegenstand dieses Buches ist der Industriemeister als Vorgesetzter und Verantwortlicher für die Leistung und das Verhalten seiner Mitarbeiter. Als Führen bezeichnen wir eine Verhaltensbeeinflussung, durch die bestimmte Ziele erreicht werden sollen. Diese Ziele betreffen Tätigkeiten und Aufgaben, die im Betrieb in der vorgegebenen Zeit unter Wahrung bestimmter Qualitätsstandards oder anderer Vorschriften zu erfüllen sind.
Wozu müssen Menschen, die eigentlich nur Arbeitsnormen zu erfüllen haben geführt werden? Wer die Praxis nicht kennt, könnte meinen, daß eine klare Anweisung, vielleicht auch ein Befehl, genügen müßte. Jeder Arbeiter begibt sich doch freiwillig in sein Arbeitsverhältnis, er erhält seinen Lohn und ist außerdem Nutznießer der betrieblichen Sozialleistungen. Sein Einkommen erlaubt es ihm seine Familie zu versorgen und sein Privatleben nach seinen persönlichen Neigungen zu gestalten. Die Angebote der modernen Konsumwirtschaft gelten auch für ihn. Wie erklären wir uns also die Notwendigkeit Menschen führen zu müssen, die eigentlich nur ihre Arbeit zufriedenstellend auszuführen brauchen, um ihre Bedürfnisse befriedigen zu können?
Offenbar stimmt diese Annahme nicht. In Wirklichkeit scheinen doch erhebliche Unterschiede zwischen dem zu bestehen, was Menschen von ihrer Arbeit erwarten und wie sie sie wirklich empfinden. Es ist verständlich, daß die Menschen, wenn von Lebensqualität und persönlicher Geltung die Rede ist, nicht zuletzt an ihre Arbeit denken. Man bringt ja den größten Teil seines Lebens mit Arbeit zu, ein Drittel allein an seinem Arbeitsplatz. Das Meiste, was einem Menschen Geltung in seiner Familie und unter Freunden und Bekannten verschafft, gibt ihm seine Areit, seine Stellung, sein Beruf.

- Die Arbeit sollte als wichtig gelten und interessant sein
- Sie sollte unabhängig sein und Möglichkeiten zu selbständigem Entscheiden und Handeln einräumen

- Man möchte die Früchte seiner Arbeit auch sehen und durch Erfolgserlebnisse bestätigt werden.

Diese Vorzüge eines befriedigenden Arbeitslebens konnte eigentlich nur der mittelalterliche Handwerksmeister für sich in Anspruch nehmen.

- Er war, auch wenn er im Auftrag handelte, in seiner Gestaltung weitgehend unabhängig
- Er konnte trotz langer Arbeitszeiten doch seine Tätigkeit nach seinem eigenen Gutdünken einteilen. Er war Herr seiner Zeit.
- Er sah, ob Glockengießer, Baumeister oder Schneider, das Werk seiner Hände der Vollendung entgegengehen.
- Er konnte sich selbst an seiner Leistung erfreuen und wurde durch sie auch von seiner Umwelt geachtet.

Mit der Entwicklung der Naturwissenschaften waren zugleich die Weichen für die Entwicklung der Technik gestellt. Es konnten Industrien entstehen, in denen sich, begünstigt durch die moderne Finanz- und Kreditwirtschaft, immer höhere Formen der Mechanisierung zu entwickeln begannen.
Schon gegen Ende des 18. Jahrhunderts begann man in düsteren, oft baufälligen Hallen, die mit modernen Werkstätten kaum etwas gemein hatten, die ersten Maschinen aufzustellen. Die damaligen Arbeiter, meist ländlicher Herkunft, brachten nicht das geringste technische Verständnis mit. Sie mußten erst angelernt werden, der Meister mußte ihnen jeden Griff vormachen. Man konnte von ihnen keine Initiative, keine Selbständigkeit erwarten. Der Betrieb verlangte von ihnen nur Loyalität und blinden Gehorsam. Dazu waren die Leute auch bereit. So unselbständig und abhängig, wie sie waren, mußten sie sich eben unterordnen. Sie standen unter dem Druck der betrieblichen Herrschaft, deren Repräsentant der Meister war.
Sie durften sich nicht widersetzen und keine Meinung äußern. Sie konnten auch keine Ansprüche an ihre Tätigkeit stellen. Sie verrichteten ihre Arbeit an einer Maschine oder der Werkbank und das einzige, wodurch sie sich profilieren und hervorheben konnten, waren nur ihre Erfahrung und ihr Geschick.

Trotz einer veränderten Rechtslage und viel vorteilhafterer sozialer Bedingungen haben wir es auch heute noch in den Betrieben mit Arbeitskräften zu tun, die in mancher Hinsicht so geführt werden müssen, wie die Arbeiter der industriellen Frühzeit. Es handelt sich um ausländische Arbeitskräfte, die aus ihren Heimatländern vielleicht den guten Willen, aber nicht das geringste Verständnis für die sie bei uns erwartende Arbeit mitbringen. Auch sie müssen erst angelernt und in den Arbeitsprozeß eingegliedert werden.

- Sie müssen mit einfachen, direkt kontrollierbaren Arbeiten beschäftigt werden
- Ihre Tätigkeit benötigt ständige Kontrolle und Aufsicht
- Sie selbst haben zunächst kaum Chancen eigene Fähigkeiten einzusetzen
- Überdies sind sie meist höheren physischen Belastungen ausgesetzt oder sie müssen wenig attraktive Arbeiten verrichten.

Die Bereitwilligkeit, die diese Arbeitskräfte auch in einem so primitiven Arbeitsstadium auszeichnet, ist nur durch das Bestreben die ursprünglichsten Bedürfnisse nach Existenzmöglichkeit und Sicherheit zu befriedigen, begründet. Man ist froh, daß man zunächst Nahrung und ein Dach über dem Kopf hat. Daß sich dieser Zustand nicht auf lange Sicht aufrecht erhalten lassen wird, ist klar. Mit der Zeit kommen andere, höhere Bedürfnisse zum tragen, wenn man sich erst eingelebt hat, sich seiner Sicherheit bewußt ist und die erste Faszination angesichts dieser reichen, konsumgeprägten Umwelt überwunden hat. Dann wird mit Sicherheit auch die Frage nach der Qualität der Arbeitsbedingungen und dem Prestige der ausgeübten Tätigkeit Geltung erlangen.
Während wir es bei dem ausländischen Personal noch mit Arbeitskräften zu tun haben, die die Frühzeit industrieller Entwicklung repräsentieren, leben die Arbeiter der westlichen Industriestaaten bereits in weiteren Entwicklungsphasen, die die fortschreitende Mechanisierung der Industrie erreicht hat. Mit zunehmender Automatisierung des Arbeitsprozesses wird der Mensch immer abhängiger von der Maschine. Er fühlt sich zum Produktionsfaktor degradiert.

- In weiträumigen Werkshallen verrichten die Menschen in strenger Abhängigkeit von der Maschine ihre Tätigkeit.
- Man verrichtet einzelne Arbeitsgänge, man arbeitet am Band und wird nur mit einem Stadium des Fertigungsprozesses konfrontiert, ohne das Entstehen des Produktes zu erleben.
- Dadurch geht die Beziehung des Menschen zu seiner Arbeit verloren. Viele kennen nicht einmal genau die Funktionen des Endproduktes und erst recht nicht die Ziele des Unternehmens.
- Man besitzt keine Entscheidungs- und Dispositionsfreiheit und fühlt sich ständig unter dem Weisungs- und Kontrolldruck des Vorgesetzten.
- Trotz vieler Werktätiger, die gemeinsam in den großen Hallen ihre Arbeit verrichten, kommt es kaum zu einer engeren Verbundenheit zwischen den Menschen. Ihr Bedürfnis nach Kontakt und Partnerschaft bleibt meist unbefriedigt.

Dieser Tätigkeitstyp kann den Arbeitern keine Zufriedenheit vermitteln. Auch der heutige Mensch sucht noch immer seine Selbstbestätigung in der Arbeit. Nur in Ausnahmefällen findet man sich damit ab, sein Selbstwertgefühl an Leistungen zu orientieren, die außerhalb der beruflichen Tätigkeit liegen. Das Auseinanderklaffen zwischen der Arbeitsrealität und den Vorstellungen der Arbeiter führt zu einer negativen Einstellung zu ihrer Tätigkeit und zum Betrieb.

- Es ist keine Arbeitszufriedenheit zu erwarten, wo sich der Mensch nicht wohlfühlt.
- Die herrschenden Umstände bewirken bei den meisten eine materielle Einstellung, die so weit gehen kann, daß die Arbeit nur als Mittel zum Zweck angesehen wird. Man ist bemüht seine Tätigkeit mit einem Minimum an Aufwand zu verrichten, nur um zu seinem Verdienst zu kommen.
- Es mangelt an Engagement und Initiative, für die übrigens der Spielraum fehlt.
- Das unbefriedigende Arbeitsleben stimmt den Menschen reizbar – das Verhältnis zum Vorgesetzten ist distanziert, es kommt leicht zu Konflikten mit der Umwelt.

Taylor, der Vater der Rationalisierung des Arbeitsprozesses, verstand es wohl den Menschen in die Produktion einzuordnen, aber nur als Produktionsfaktor. Seine Wünsche und Erwartungen wurden dabei nicht berücksichtigt.
Dem geschilderten Arbeitstyp begegnen wir auch heute in vielen Betrieben. Während der eine geduldig seine eintönige Arbeit verrichtet und dabei seine Gedanken in sympathischere Gefilde schweifen läßt, kann die gleiche Tätigkeit bei anderen, ehrgeizigeren und aktiveren Menschen zu Neurosen führen.
Daß bei solchen Beschäftigungen die wertvollsten Eigenschaften des Menschen: Initiative, Selbständigkeit und Verantwortungsfreudigkeit ignoriert werden, ist ersichtlich. Keinesfalls kann man jedoch auch bei diesem Arbeitstyp auf den Leistungswillen, die Zuverlässigkeit und Aufgeschlossenheit der Arbeitskräfte verzichten. Die Garantie für den Fortbestand unserer Wirtschaft ist eben die Leistung und ohne diese wäre kaum die Selbstbehauptung der Betriebe auf dem oft heiß umkämpften Markt denkbar.
Wenn auch eine Bereicherung der Arbeit trotz mancher Bestrebungen von heute auf morgen nicht denkbar ist, so kann man doch in der Erkenntnis eine Hoffnung erblicken, daß nicht nur der Erlebniswert und das Prestige einer Arbeit allein für die Arbeitszufriedenheit ausschlaggebend sind. Eine große Rolle spielen auch andere, psychische Beziehungen des Menschen zu seinem Arbeitsleben:

- Das Betriebsklima, das ihn umgibt
- die Art, wie er geführt und für seine Leistung aktiviert wird.

Dadurch erwächst dem Vorgesetzten die wichtige Aufgabe

- die ihm anvertrauten Arbeitskräfte so zu führen, daß sie ihre Tätigkeiten zufriedener und williger ausführen
- daß eine gute Zusammenarbeit in den Arbeitsgruppen gewährleistet ist.

Nach dem zweiten Weltkrieg beginnt sich um die Hälfte unseres Jahrhundertes eine neue Phase der Mechanisierung anzubahnen, die Automation. Die Verkettung der einzelnen Maschinen und Anlagen kann bei dieser so weit gehen, daß der Arbeiter das Werkstück oder den verarbeiteten Stoff nicht mehr in die Hand

bekommt. Der Werkstoff oder das Werkstück werden automatisch von Verarbeitungsstation zu Verarbeitungsstation befördert. In Lebensmittelfabriken, pharmazeutischen Betrieben und anderen Produktionsstätten wird der Rohstoff an der einen Seite des Fließprozesses eingeführt, während am anderen Ende das fertige Produkt, bereits etikettiert, ausgestoßen wird.
Die Überwachung eines solchen, völlig automatisierten Prozesses, dessen Aggregate Millionenwerte besitzen können, wird oft nur einem oder wenigen Arbeitern übertragen. Durch diesen Sachverhalt ergeben sich völlig veränderte Aufgaben und Arbeitsformen.

- Anstelle handwerklicher Geschicklichkeit verlangt die Tätigkeit eines solche Anlagen überwachenden Arbeiters vor allem die Fähigkeit zu ständiger Aufmerksamkeit bei hoher Konzentration.
- An die Stelle der physischen Belastung rückt nun die psychische Belastung durch die hohe Verantwortung gegenüber dem Betrieb. Unachtsamkeit oder menschliches Versagen können bedeutende Anlagewerte gefährden.

Viele Arbeiter, die früher an ihrem Arbeitsplatz eine sich ständig wiederholende Arbeit verrichten mußten, stehen nun vor einer verantwortungsvollen Kontrollaufgabe, die von ihnen besondere sensorische Fähigkeiten bei der Beobachtung des Betriebsablaufes verlangt. Wenn man überlegt, welches Maß an Arbeitszufriedenheit dieser neue Tätigkeitstyp vermitteln kann, kommt man zu folgenden Schlüssen:

- Die hohe Verantwortung erlaubt es ohne Zweifel den Geltungswert, das Prestige, einer solchen Tätigkeit höher anzusetzen als bei einfacher Maschinenarbeit.
- Sicher wird auch die den Arbeiter besonders belastende Kontrolle des Vorgesetzten weniger in Erscheinung treten. Dieser wird sich im allgemeinen auf die Feststellungen beschränken können, daß der Prozeß einwandfrei abläuft und die Zustandswerte eingehalten werden.
- Für Eigeninitiative und persönliche Entscheidungen bieten jedoch auch solche Arbeitsverfahren kaum Chancen. Es sei denn, daß der Arbeiter rechtzeitig eingreifen muß, wenn es eine

Problemsituation verlangt. In solchen Fällen kann man jedoch höchstens von Geistesgegenwart und Reaktionsfähigkeit sprechen, nicht jedoch von Kreativität und gestaltender Initiative.

Die Funktionen, die der Arbeiter zu erfüllen hat können sich auf folgende Arbeitsgänge erstrecken:

Vorbereitung des Arbeitsprozesses durch das Einführen von Fertigungsmaterial oder der zu verarbeitenden Stoffe
Das Einstellen der Produktionswerte und das Ingangsetzen des Prozesses
Das Kontrollieren des Produktionsprozesses selbst
Die Entnahme bzw. Weiterleitung der Erzeugnisse
Das Abstellen der Aggregate nach Beendigung der Arbeit
Die Säuberung der Anlage.

Alle diese Vorgänge sind soweit vorgeschrieben, daß sie kaum Gelegenheit zu selbständigem Handeln und Eigenintiative bieten. Auch Erfolgserlebnisse sind bei dieser Tätigkeit nicht zu erwarten. Es sei denn, man wertet den Tatbestand, daß eine Anlage einen Tag oder Monat störungsfrei und wirtschaftlich gearbeitet hat, als Erfolg. Ob sich jemand bei der Überwachung von Automaten wohlzufühlen vermag, ist letztlich Sache der Veranlagung. Ehrgeizige, dynamische Menschen werden sich sicher eine Tätigkeit wünschen, die ihnen neben Verantwortung auch mehr Selbständigkeit einräumt. Eine Selbständigkeit, bei der man nicht nur in Ruhe gelassen wird, sondern auch gelegentlich eigene Entscheidungen treffen kann.

Welche Umstände bestimmen außerdem die Einstellung des Arbeiters zu seinem Betrieb?

- Die Massenmedien geben jedem einzelnen Aufklärung über seine Rechte. Er weiß, daß er in einer freiheitlichen Gesellschaftsordnung selbst ein freier Mensch ist, dem man Achtung entgegenbringen muß.
- Die Konsummöglichkeiten unserer Marktwirtschaft erlauben es jedem sein Privatleben nach Wunsch zu gestalten. Überall, bei sportlichen oder kulturellen Veranstaltungen, auf Reisen oder im Kreise seiner Bekannten ist der Arbeiter gleichberechtigter

Mitbürger, von dessen Verhalten es allein abhängt, wie ihn die Gesellschaft aufnimmt.

Auch im Betrieb, in dem er acht Stunden täglich zubringt, der ihm die Grundlagen seiner Existenz bietet, möchte er ebenso als Mensch anerkannt werden. Jedoch abgesehen von der wenig befriedigenden Arbeit bestehen in den Betrieben heute noch Herrschaftsprinzipien, die sonst in unserer Gesellschaft nicht mehr denkbar sind.

- Der Arbeiter muß Befehle entgegennehmen
- Er muß sich den Ton seines Vorgesetzten gefallenlassen und daß dieser ihn mit »Du« anredet
- Daß Herrschaftsverhältnis und die Überlegenheit des Vorgesetzten kommen in dessen Kontrollstil besonders deutlich zum Ausdruck
- Der Arbeiter fühlt sich oft allein und entmutigt, wenn er selbst und seine Leistungen kaum bemerkt werden. Dann findet er auch zu seinem Vorgesetzten keinen Kontakt. Das Verhältnis ist distanziert und oft durch Abneigung belastet.

Diese Umstände tragen nicht minder dazu bei, daß keine Arbeitsfreude aufkommt. Wenn heute oft die Meinung anzutreffen ist, Arbeiter müßte man ständig antreiben, man könne keine Initiative oder Selbständigkeit von ihnen erwarten, man dürfe sie nicht aus den Augen lassen, wenn man Leistungen erzielen und Fehler vermeiden will, so handelt es sich hier um Merkmale, die sich zwar unter gewissen Arbeits- und Umgangsbedingungen bilden können, die jedoch nicht angeboren sind.
Was für eine Tätigkeit wünscht sich der Arbeiter wirklich, wie möchte er behandelt werden? Von einer einheitlichen klassenbewußten Arbeiterschaft wird man heute nicht mehr sprechen können. Wenn die Menschen in den Werkshallen zwar auch heute noch Lohnempfänger sind und im Gegensatz zum weißen Kittel oder dem eleganten Anzug des Angestellten den blauen Overall tragen, so sind doch die Ansprüche, denen sie heute genügen müssen und die sie vielleicht auch selbst stellen können, anders als früher. Die Spanne geht von dem ganz einfachen Fremdarbeiter,

der eben erst in den industriellen Arbeitsprozeß eingetreten ist, bis zum hochqualifizierten Fachmann, der als Kundendienstmonteur komplizierte Geräte instandsetzen muß.
Während der Fremdarbeiter an seine Arbeit noch keine Ansprüche zu stellen wagt und zufrieden ist, wenn er einigermaßen gut behandelt wird, stellt der andere wesentlich höhere Ansprüche, weil er vielleicht schon darauf hinweisen kann, daß seine Arbeit in ihren Ansprüchen mancher Bürotätigkeit überlegen ist. Es ist verständlich, daß solche Leute eine ihren Fähigkeiten angepaßte Arbeit erstreben, ein Vertrauensverhältnis zu ihrem Vorgesetzten suchen und ihre Leistungen anerkannt wissen möchten.
Aufgrund des Verhaltens der arbeitenden Menschen und der Ergebnisse von Befragungen darf wohl angenommen werden, daß das Verlangen nach immer höheren Formen der Arbeitszufriedenheit geht. Diese kann nur eine Arbeit gewähren, bei der der Mensch sein Selbstwertgefühl, sein Selbstbewußtsein, zu steigern vermag.

- Durch eine Tätigkeit, die er als wichtig empfindet, bei der er Erfolge erleben kann
- Durch eine Behandlung, bei der er sich auch als Mensch beachtet fühlt, dessen Leistungen anerkannt werden.

Der fortschrittliche Arbeiter gibt sich heute nicht mehr allein mit einer leistungsgerechten Bezahlung und einem sicheren Arbeitsplatz zufrieden

- er möchte auch eine Tätigkeit ausüben, die für den Betrieb von Bedeutung ist und auch unter seinen Kollegen und in der Gesellschaft anerkannt wird. Eine Tätigkeit, die Qualifikationen verlangt, die er erreichen kann.
- Er wünscht sich auch ein gewisses Maß an Selbständigkeit, nicht nur im Hinblick auf das Arbeitstempo und Bewegungsfreiheit am Arbeitsplatz. Er möchte auch selbst situations- und arbeitsbezogene Entscheidungen treffen können und nicht in allen Einzelheiten den Anweisungen des Vorgesetzten gehorchen müssen.
- Er wünscht sich eine Tätigkeit mit Eigenverantwortung, die

auch die Möglichkeit zu einer selbständigen Kontrolle des Arbeitsfortschritts bietet.

- Man wünscht sich bei Planungen und Entscheidungen mitwirken zu dürfen, die eigene Angelegenheiten betreffen und in solchen Fragen auch informiert zu werden.
- Nicht zuletzt besteht auch der ausgeprägte Wunsch in einer freundlichen Umgebung und Atmosphäre arbeiten zu können.

Vergleichen wir nun mit diesen Wünschen die noch vorherrschenden Tatbestände, d. h. die Wunschvorstellungen, die viele Arbeiter als Sollzustand empfinden mit dem Istzustand, so werden wir verstehen, warum so viele im Konflikt zu ihrer Arbeitswelt leben. Wir werden verstehen warum

- die Leute so uninteressiert sind
- die Leistung zu wünschen übrig läßt
- dasVerhältnis zum Vorgesetzten oft unerfreulich ist
- die Zusammenarbeit in den Arbeitsgruppen so wenig befriedigt
- warum mehr Ausschuß, Unfälle und Fehlzeiten auftreten, als es für die Firma und ihre Wettbewerbssituation zuträglich ist.

Dieser enttäuschende Unterschied zwischen Erwartung und Tatsachen, kann nur durch eine gute, gerechte und individuelle Menschenführung erträglich gemacht werden. Menschenführung ist notwendig, sie kann nicht durch Anweisungen und Befehle ersetzt werden.

- Die Arbeitskräfte müssen von der Bedeutung ihrer Arbeit überzeugt werden. Umsonst zahlt die Firma keine Löhne. Auch die einfachste Arbeit muß getan werden. Den Preis der Arbeit bestimmen übrigens Angebot und Nachfrage. Aus dieser Sicht kann eine einfache Arbeitskraft gefragter sein als ein Akademiker.
- Der Vorgesetzte muß zu seinen Leuten guten Kontakt aufrecht erhalten, er sollte sie als Menschen achten und ihre Probleme kennen.
- Er sollte sie so führen und erziehen, daß sie selbständiger werden und daß er sich auf sie verlassen kann. Es trägt nur zu seiner Entlastung bei, wenn er sich nicht dauernd um sie zu kümmern braucht.

Unsere Rechtsordnung verlangt zwar, daß alle Arbeitskräfte gleich zu behandeln sind, trotzdem ist eine individuelle, die Eigenarten jedes einzelnen berücksichtigende Führung nicht zu umgehen. In dem einen Falle haben wir es noch mit Arbeitern zu tun, die unter schwierigen Verhältnissen arbeiten müssen, den Vorschlaghammer schwingen oder schwere Lasten wuchten. Diese meinen, wenn sie an die Verbesserung ihrer Situation denken, vielleicht nur eine Lohnerhöhung. Ein anderer, der ebenfalls nur an einer Lohnerhöhung interessiert zu sein scheint, ist sich vielleicht selbst nicht ganz darüber im klaren, daß seine Aggressionen nur aus seinem beeinträchtigten Selbstwertgefühl kommen, weil er sich zu einer qualifizierteren, verantwortungsvolleren Arbeit berufen und an seinem gegenwärtigen Arbeitsplatz unterbewertet fühlt.

Eine Frau wiederum wäre mit ihrer einfachen Tätigkeit völlig zufrieden, wenn sie nur bessere Kontakte zu ihren Kolleginnen hätte. Vielleicht paßt sie nicht in die Arbeitsgruppe, die den Umgang mit ihr meidet. Da sie sich von ihrer Arbeit mehr Abwechslung und Partnerschaft versprochen hatte als Prestige, wirkt sich das schlechte Verhältnis zu ihren Kolleginnen sehr negativ auf ihre Leistung aus. Sie ist so enttäuscht, daß ihr seelisches Mißbefinden auch ihre Gesundheit beeinträchtigt.

Menschen müssen also geführt werden, daß sie in ihrer Einstellung und ihrem Verhalten auf die richtige Bahn kommen. Im personellen Bereich kann noch viel mehr erreicht werden, als bei weiteren Rationalisierungsmaßnahmen im maschinellen und verfahrensmäßigem. Hier werden bereits alle Möglichkeiten systematisch ausgeschöpft. Um den Menschen hat man sich bis jetzt vielerorts noch zu wenig gekümmert. Es ist längst Zeit sich seiner anzunehmen und vor allem seine Erwartungen und Anliegen näher kennenzulernen. Der Mensch ist keine Maschine, kein Produktionsfaktor. In ihm warten Eigenschaften auf ihre Erschließung und Entwicklung, die den Betrieben noch großen Nutzen bringen können. Es wäre unverzeihlich sie verkümmern zu lassen.

Gerade in der Werkstatt ist Menschenführung eine schwierige Aufgabe. Die Arbeitsgruppe, die ein Meister zu führen hat, ist in der Regel größer, als die Zahl der Mitarbeiter, die anderen Vorge-

setzten unterstellt sind. Zwischen diesen Menschen können, wie wir gesehen haben, auch große Unterschiede in der fachlichen und sozialen Reife bestehen. Häufig ist der Meister aus rein fachlichen Gründen in diese leitende Stellung aufgerückt. Er ist wohl ein hervorragender Fachmann, fleißig und zuverlässig, versteht es aber nicht mit Menschen umzugehen. Er versucht seine Autorität durch Abstand zu wahren und bringt es oft nicht fertig, den richtigen Kontakt zu seinen Leuten herzustellen.
Solche Vorgesetzte sollten jedoch bedenken, daß die Aufgaben des Meisterbereiches nicht durch den Meister selbst, sondern unter seiner Führung mit Hilfe seiner Arbeitskräfte vollbracht werden. Um seine Leute für freiwillige, nicht erzwungene Arbeitsleistungen zu gewinnen, muß der Vorgesetzte zu enger Zusammenarbeit mit ihnen bereit sein. Er muß überzeugend auf sie einwirken können. Ein Meister hat neben seinen Fachaufgaben auch Führungsaufgaben zu erfüllen. Es wäre ein verhängnisvoller Irrtum, wenn man glauben wollte, daß man als nur fachlich perfekter Vorgesetzter auch ohne Fähigkeiten der Menschenführung erfolgreich sein könnte.

2. Führungsaufgaben des Meisters

Mit dem Wachsen der Industrien und Betriebe sind auch die Produktionsmengen und die mit ihnen zu bewältigenden Aufgaben immer größer geworden. Es erwies sich als rationell, den ganzen Arbeitsprozeß in spezialisierte Tätigkeiten aufzugliedern. Jeder Spezialist, jede Spezialistengruppe, kann zwar durch Übung und Erfahrung ein Höchstmaß an Leistung vollbringen, aber diese Leistungen müssen koordiniert werden. Ihre Vorbereitung verlangt die Planung, Organisation und Einteilung der Arbeit. Fügen wir noch hinzu, daß die Arbeitskräfte angewiesen, informiert, aktiviert und kontrolliert werden müssen, so haben wir die wesentlichen Führungsaufgaben eines Vorgesetzten umrissen.
Wir können uns die Führungsaufgaben eines Meisters folgendermaßen schaubildlich vorstellen:

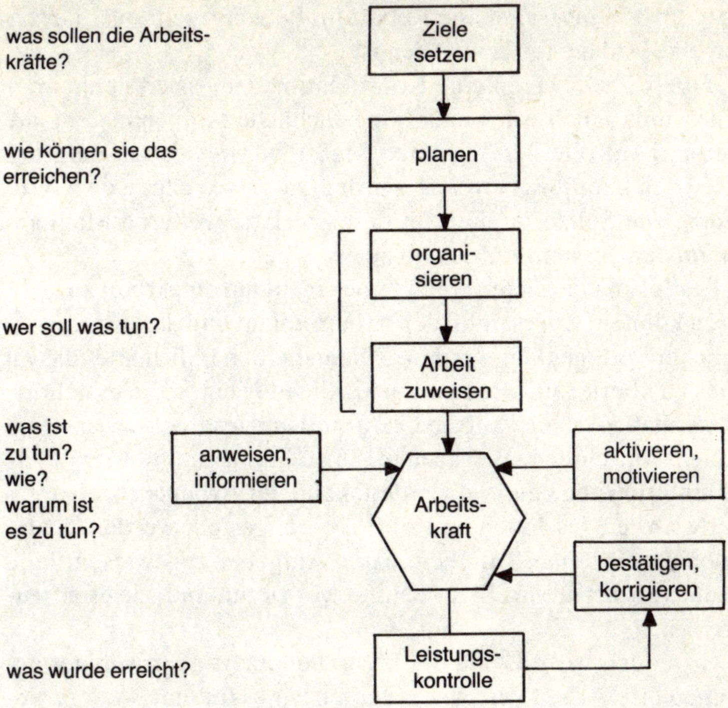

Die Führungstätigkeit beginnt mit dem Festlegen von Zielen, Normen oder Standards, welche Leistungen von den Mitarbeitern zu erbringen sind. Ziele werden bereits in der Führungsspitze des Unternehmens geplant. Z. B. die Absatzmengen, die im Hinblick auf die Aufnahmefähigkeit des Marktes und die Marktposition des Unternehmens vorausgeschätzt und festgelegt werden können. Von diesen ausgehend, kann der Produktionsplan entwickelt werden. In diesem wird festgelegt, was in den einzelnen Betriebsstätten für den Absatz oder das Lager zu produzieren ist.
In den weiteren Führungsebenen gelten dann für die Abteilungsleiter und Meister Teilpläne, die aus der Gesamtplanung hervorgehen. Sollten diese Pläne erfüllt werden, so müssen alle Tätigkeiten termingerecht ablaufen. Die auszuführenden Arbeiten müssen genau festgelegt und terminiert werden: was in einem gewissen Zeitabschnitt zu produzieren ist, wer was im Laufe des Ta-

ges zu tun hat, bis wann eine Reparatur beendigt sein soll oder bis wann eine Anlage fertigzustellen ist.

Ohne diese Ziele wäre keine Koordination der Arbeit denkbar. Ebenso unmöglich wäre auch eine sachliche Kontrolle. Für die Leistungskontrolle benötigt man Maßstäbe, mit denen man das vergleichen kann, was erreicht wurde. Die Abweichung des Istzustandes vom Sollzustand ergibt den Anlaß zu weiteren Maßnahmen um den geplanten Zustand zu erreichen.

Das Festlegen von Zielen genügt noch nicht um die Arbeit aufnehmen zu können. Zuerst muß der Arbeitsablauf und das, was ihn ermöglichen soll, geplant werden. Planen heißt nämlich alles das im voraus zu überlegen, was zur Verwirklichung eines Zieles gehört. Erst wenn die Arbeitsgänge geplant sind und festliegt, welche Materialien, Maschinen, Werkzeuge, Vorrichtungen und Geräte für die Durchführung benötigt werden, kann der Arbeitsprozeß organisiert, sowie Maschinen und Mittel bereitgestellt werden. Dann werden die einzelnen Tätigkeiten und Aufgaben zugewiesen. Jede Arbeitskraft erhält ihre Anweisung, was zu tun und wie es auszuführen ist.

Da wir jedoch wissen, daß die Menschen mehr oder weniger gezwungen ihre Arbeit verrichten, halten wir es für eine weitere wesentliche Aufgabe des Meisters und überhaupt jedes Vorgesetzten, daß er seine Arbeitskräfte so aktiviert, daß sie williger und mit mehr Aufgeschlossenheit an ihre Arbeit herangehen. Wenn sich ein Betrieb wettbewerbsfähig erhalten will, kommt er auf die Dauer nicht mit unselbständigen, resignierenden oder unzufriedenen Arbeitskräften aus. Er braucht Mitarbeiter, die nicht als Befehlsempfänger erst auf jede Anweisung warten, sondern die bereit sind mitzudenken, ihre Erfahrungen mitzuteilen und rechtzeitig zu handeln, ehe es irgendwo splittert und kracht.

Für diese, so wichtige Aufgabe jedes Vorgesetzten, seine Mitarbeiter für mehr Engagement bei der Arbeit und höhere Leistungen zu aktivieren, hat die Führungspsychologie den Begriff »motivieren« geschaffen. Jemanden zu motivieren heißt, ihn dazu zu veranlassen, etwas willig zu tun, indem man ihm klar macht, daß es auch in seinem eigenen Interesse liegt. Beispielsweise durch das Versprechen einer Belohnung. Allerdings muß dieses Versprechen ernst gemeint sein, sonst wäre es nur der Versuch einer Manipulation. Bei einer Manipulation liegt nämlich der Nutzen nur auf der Seite des Manipulierenden, während der Manipulierte leer ausgeht.

Der Begriff »motivieren« geht vom Wort »Motiv« aus. Motive oder Beweggründe entstehen durch unsere Bedürfnisse und deren hat jeder Mensch viele. Zunächst bestehen nicht nur die Grundbedürfnisse nach Nahrung, Ruhe und Sicherheit, sondern auch die Wünsche nach guter Behandlung, geselligen Kontakten, Freundschaft und Anerkennung, die sich auf verschiedene Weise äußern können. Für die Befriedigung solcher Bedürfnisse ist der Mensch gerne bereit manches zu tun oder auf sich zu nehmen. Den Weg von einem Bedürfnis bis zu seiner Befriedigung können wir uns folgendermaßen vorstellen:

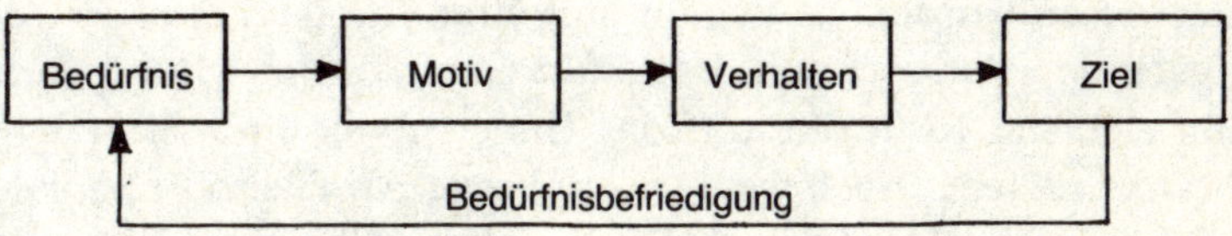

Ein vorhandenes Bedürfnis löst Motive aus, die zu einem Verhalten führen mit dem Ziel, das Bedürfnis zu befriedigen. Jeder Mensch wünscht sich z. B. Anerkennung. Sie steigert sein Selbstwertgefühl. Aus diesem Bedürfnis entstehen Motive, sich so zu verhalten, daß der Betreffende auf Anerkennung rechnen darf. Das Lob, das er dann erhält, trägt zur Befriedigung seines Bedürfnisses bei.

Da jeder von uns eine Reihe unbefriedigter Bedürfnisse hat, von denen das eine oder andere vorherrschen kann, wird auch unser Verhalten oft durch verschiedene Motive gleichzeitig bestimmt. So kann jemand von dem Bedürfnis beherrscht sein höhere berufliche und soziale Geltung zu erlangen aber gleichzeitig seine Arbeitssituation zu erleichtern und mit weniger Anstrengung seine Ziele zu erreichen.

Wir bezeichnen die Kräfte, die unser Verhalten steuern, als Motivation. Entsprechend dem Charakter des einzelnen und der Situation, in der er sich befindet, kann die Motivation der Menschen sehr unterschiedlich sein. Wenn wir Arbeitskräfte motivieren wollen, indem wir ihnen die Befriedigung von Bedürfnissen in Aussicht stellen, falls sie sich erwartungsgemäß verhalten

- so müssen wir die Menschen und ihre Bedürfnisse kennen
- wir sollten uns als Vorgesetzte darüber ins klare kommen, welche Möglichkeiten wir in der Hand haben, um genügend Anreiz zu einer positiven Verhaltensänderung der Geführten bieten zu können.

Bevor wir uns jedoch mit diesen Fragen beschäftigen, sollten wir erst auf die weiteren Führungsaufgaben eines Vorgesetzten eingehen.
Ist die Arbeit zugeteilt und sind die Arbeitskräfte für ihre Arbeit unterwiesen worden, so beginnt mit ihrer Tätigkeit die Kontrollaufgabe des Vorgesetzten. Bei erfahrenen, loyalen Mitarbeitern, kann sich die Kontrolle auf das Endergebnis ihrer Arbeit beschränken. Neue, noch weniger erfahrene Arbeitskräfte, müssen noch häufiger, während ihrer Tätigkeit kontrolliert und überwacht werden, damit sie rechtzeitig vor Fehlleistungen bewahrt werden können.
Ebenso wichtig ist es, daß die Leute bei guten Leistungen und zufriedenstellendem Verhalten auch bestätigt und zu weiteren Bemühungen ermutigt werden. Sinnvolle Kontrolle und guter Kontakt zu seinen Arbeitskräften ermöglichen es auch dem Meister seine Mitarbeiter richtig beurteilen zu können und sie gegebenenfalls für eine bessere, vielleicht leitende Position vorzuschlagen.

Neben seinen Führungsaufgaben hat jeder Vorgesetzte in größerem oder geringerem Umfang auch Sachaufgaben selbst zu erledigen, die er anderen nicht übertragen kann. Das sind Aufgaben, für die er allein aufgrund seiner Fähigkeiten, Erfahrung, Position oder Autorität kompetent ist. Ein Meister kann z. B.:

- an Besprechungen teilnehmen, in denen es um Investitionsentscheidungen oder die Entwicklung neuer Produkte geht

- er kann mit Arbeitsberichten oder Statistiken für die Betriebsleitung beschäftigt sein
- Es kann auch sein, daß er selbst technische Aufgaben übernimmt, für die er aufgrund seiner Praxis mehr Erfahrung und Einfühlungsvermögen besitzt, als er von seinen Mitarbeitern erwarten kann.

Mit steigender Rangordnung im Unternehmen nimmt der Umfang der Sachaufgaben zugunsten der Führungsaufgaben ab.

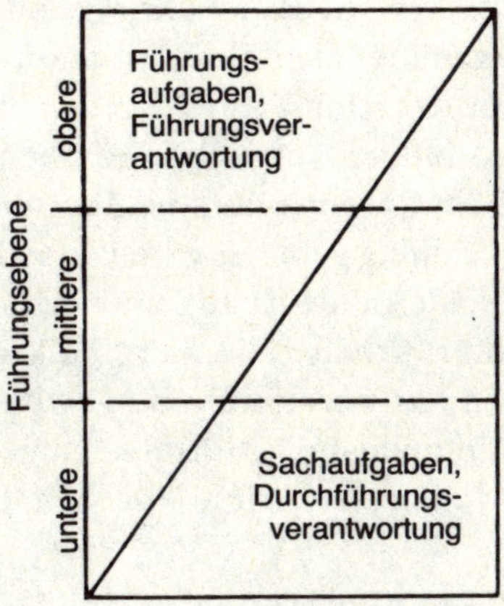

Die leitenden Herren der oberen Führungsebene behalten sich nur wenige, besonders wichtige Sachaufgaben vor, die sie aufgrund ihrer Autorität und ihrer Zuständigkeiten selbst am besten erledigen können. Sie führen Verhandlungen mit Behörden oder bedeutenden Geschäftspartnern, besuchen Großkunden oder beteiligen sich an Entscheidungen bei der Steuerung des Unternehmens.
Wesentlich umfangreicher ist jedoch der Anteil ihrer Führungsaufgaben: die Besprechungen mit Mitarbeitern, deren Lenkung und Beurteilung.
Auch in der unteren Führungsebene, die durch Gruppenführer, Hilfsmeister, Vorarbeiter, Einrichter und Kolonnenführer vertreten wird, sind Führungsprobleme nicht zu übersehen. Auch bei

diesen Führungskräften kommt es sehr darauf an, wie sie sich gegenüber ihren Mitarbeitern verhalten, wie sie als Autorität und Vorbild wirken und ob sie es verstehen gute Kontakte zu ihnen anzuknüpfen. Danach wird sich auch das Verhalten der Leute ihnen und der Firma gegenüber richten. Auf diese Weise vermögen Vorgesetzte ihre Mitarbeiter durch ihr Verhalten zu Leistung und Loyalität zu verpflichten.

Der Meister steht als Leiter einer Fertigungsabteilung in der mittleren Führungsebene. Auf ihn entfallen, von der Planung und Koordination der Arbeiten bis zur Beurteilung und Förderung seiner Mitarbeiter, bereits sehr wichtige Führungsaufgaben. Er trägt dem Unternehmen gegenüber die Führungsverantwortung für seine Mitarbeiter. Die vorgesetzten Stellen werden ihn nicht danach fragen, wie lange und intensiv er selber gearbeitet und was er selbst zuwege gebracht hat, wenn es um Fehlleistungen seiner Arbeitsgruppe, seiner Abteilung geht. Es wird vielmehr die Frage erhoben werden, ob er seine Leute richtig unterwiesen hatte, ob er es verstand, sie bei ihrer Arbeit zu lenken, Fehler rechtzeitig zu verhüten und für einen leistungsfördernden Arbeits- und Teamgeist zu sorgen. Die Stimmung in der Gruppe kann dabei zum ausschlaggebenden Beurteilungskriterium für den Führungserfolg werden.

Im Gegensatz zu seiner Führungsverantwortung trägt der Vorgesetzte, für Arbeiten die er selbst durchzuführen hat, die Sach- oder Durchführungsverantwortung. In diesem Falle ist nicht die Frage nach seinen Führungsqualitäten, sondern nach seinem Fachkönnen und Leistungswillen zu beantworten.

In unserer leistungsorientierten, arbeitsteiligen Wirtschaft, bewältigen wir große Aufgaben durch das Zusammenwirken vieler Arbeitskräfte. Für deren Gesamtleistung ist der Vorgesetzte verantwortlich. Er ist letztlich dafür verantwortlich, mit welcher Produktivität und Wirtschaftlichkeit seine Gruppe arbeitet.

Im Gegensatz zu technischen Anlagen, die mit einem hohen Wirkungsgrad arbeiten, wenn sie in Ordnung sind, kann der Wirkungsgrad menschlicher Arbeit sehr unterschiedliche Werte annehmen. Es kommt auf den Leistungswillen an, mit dem die Arbeitsziele verwirklicht werden.

2.1. Durch Mitarbeiter Ziele verwirklichen

Wenn Arbeitsziele erreicht werden sollen, geht es nicht nur darum, daß die Arbeit zu einem bestimmten Zeitpunkt erledigt ist und die Termine eingehalten werden. Es geht ebenso um die Qualität und den Aufwand mit dem die Arbeit getan wird, also die Wirtschaftlichkeit. Ziele sind nur dann erreicht, wenn sich das Arbeitsergebnis im Rahmen der Vorstellungen hält, die der Vorgesetzte von der zu erzielenden Leistung hat, also der Standards, die er als Kontrollmaßstäbe verwendet.

Der Arbeiter kann nicht für alle Fehler und Schäden verantwortlich gemacht werden, die während der Arbeit auftreten können. Sie dürften z. T. auch durch Dispositions-, Material- oder Maschinenmängel verursacht werden. Trotzdem können durch die Aufmerksamkeit und das betriebsgerechte Verhalten der Arbeiter viele Schäden und andere Verlustquellen vermieden werden. Nur qualifizierte und zuverlässige Arbeitskräfte kann man sich bei der Arbeit selbst überlassen. Andere, denen man solche Qualitäten noch nicht zutrauen darf, müssen nicht nur überwacht sondern auch gelenkt werden.

Ein guter Führungsstratege wird sich mit dem Erreichen von Arbeitszielen allein nicht zufrieden geben. Er wird vielmehr versuchen, seine Arbeitskräfte weiter zu entwickeln, sie durch seine Führung zu einem besseren Arbeitsverhalten und zu besseren Leistungen zu bringen. Er wird bemüht sein, aus weniger qualifizierten aber willigen Arbeitskräften Mitarbeiter zu machen, auf die er sich verlassen kann, die ihn bei der Arbeit entlasten und ihn durch Verbesserungsvorschläge unterstützen.

Wenn sich auch nicht alle Arbeitskräfte solchen Zielsetzungen als zugänglich erweisen, so sollten doch die Bestrebungen jedes Meisters darauf gerichtet sein, seine Leute einer höheren fachlichen und sozialen Reife zuzuführen.

Stellen wir uns die Führungstätigkeit eines Meisters als Regelungsprozeß vor. Der Vergleich mit einem Regelungsablauf, bei dem, wie z. B. bei einem Thermostat, eine bestimmte Zielgröße, die Temperatur, eingehalten werden soll, eignet sich besonders gut für die Darstellung eines situationsabhängigen Führungsverhaltens.

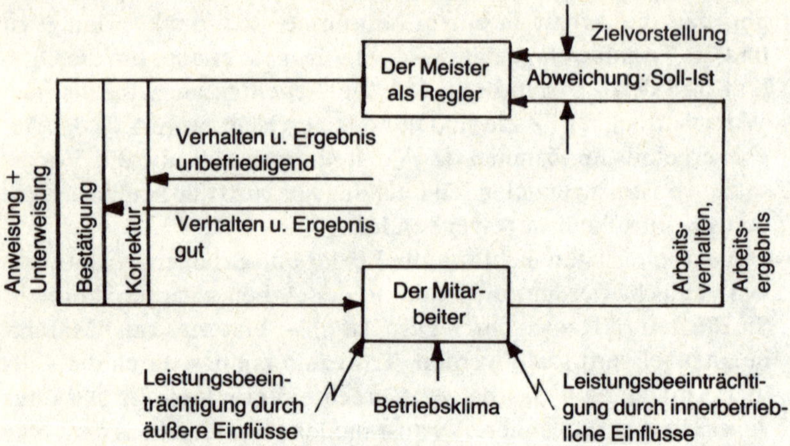

Ein Arbeiter, der morgens die Werkstatt betritt, sollte wohlgemut und ausgeruht zur Arbeit antreten. Manchmal ist er jedoch in weniger guter Stimmung, da ihm der Betrieb an und für sich nur wenig anziehendes zu bieten hat. Kommen noch Ärgernisse dazu, die er von zuhause in den Betrieb mitbringt, so ist der Mensch unlustig und aggressiv. Die verschiedenen Reibereien des Arbeitsalltages vermindern noch weiter die Impulse des Arbeiters zu Leistung und guter Zusammenarbeit. Was er nun tut, verrichtet er mehr aus Zwang und Furcht vor den Folgen, wenn er mit seiner Arbeit nicht fertig wird.

Dagegen gibt es Mitarbeiter in anderen Abteilungen, im Versuch, im Verkaufsmanagement, sogar in einfacheren Bürostellungen, wie im Rechnungswesen, die von ihrer Arbeit so eingenommen sind, daß sie bei Dienstschluß manchmal beinahe auf das Nachhausegehen vergessen. Diese Einstellung kann man von einem Arbeiter, der eine Drehbank in Gang setzten oder gar eine Grube ausschachten soll, nicht erwarten. Nur in bestimmten Fällen wird der Meister in der Lage sein, die Arbeitsbedingungen seiner Mitarbeiter wesentlich zu verbessern. Er vermag jedoch sehr viel zur Hebung der Stimmung und zur Verbesserung des Betriebsklimas

beizutragen. In einem entspannten Betriebsklima wird es ihm auch leichter fallen seine Ziele zu erreichen.
Durch die Bestätigung zufriedenstellender Leistungen, sei es durch eine Anerkennung oder nur durch ein kurzes Zunicken, können Mitarbeiter dazu ermutigt werden, in gleicher Weise weiter zu arbeiten. Eine Korrektur, die rechtzeitig erfolgt, bevor noch ein Fehler eingetreten ist, entmutigt nicht. Durch lenkende Eingriffe des Vorgesetzten gewinnen die Mitarbeiter mit der Zeit die nötige Erfahrung und Sicherheit, um selbständiger arbeiten zu können.
So entscheidend, wie sich die Motivation auf die Einstellung und das Verhalten eines Mitarbeiters auswirken kann, so schwierig ist es meist die Erwartungen und Bedürfnisse der Leute zu erkennen und sie daraufhin richtig zu behandeln. Nicht jeder sagt, was er wirklich denkt und mancher weiß nicht einmal genau, was er will. Der eine kann sich nicht mit seinen Kollegen vertragen und ereifert sich über seine Arbeit, ein anderer wünscht sich eine interessante Tätigkeit und gibt an, mit dem Lohn nicht zufrieden zu sein, um nicht zugeben zu müssen, daß er sich unterbewertet fühlt.
Ein Vorgesetzter, der die Probleme seiner Mitarbeiter nicht erkennt, hat ihnen zuwenig Aufmerksamkeit geschenkt. Vielleicht hat er überhaupt zuwenig Kontakt zu ihnen. Das Verhältnis zwischen einem Vorgesetzten und seinen Mitarbeitern sollte überhaupt so sein, daß die Mitarbeiter eine gute Zusammenarbeit mit ihm als Verhaltensmotiv empfinden. Verhält sich der Meister in der Praxis so,

- daß seine Gegenwart und seine Worte als aufmunternd empfunden werden?
- daß seine Leute zu ihm Vertrauen haben und seinen Worten auch Glauben schenken?
- daß man freiwillig seinen Anweisungen folgt, wenn sie auch nicht immer bequem oder ganz zu begreifen sind?

Sind solche Erwartungen bei den gegenwärtig herrschenden Einstellungen und Stimmungen in der Arbeiterschaft vielleicht ungerechtfertigt? Die Situation, in der sich der Industriemeister befindet, ist keineswegs einfach. Der Betrieb erwartet von ihm

- daß er die Interessen des Arbeitgebers vertritt
- Leistungen erzielt, für Ordnung und Wohlverhalten sorgt
- dabei die Haltung eines Vorgesetzten einnimmt
- und sich nicht mit seinen Arbeitskräften solidarisiert.

Im Gegensatz dazu erwarten die Arbeiter
- daß der Meister ihre Interessen gegenüber der Geschäftsleitung vertritt
- daß er sich notfalls schützend vor sie stellt und für ihre Probleme volles Verständnis hat
- daß er für Fehler der Betriebsführung, für die man gewöhnlich ihn verantwortlich macht, geradesteht.

Wie sollte sich denn der Meister als Vorgesetzter verhalten, um allen Interessen gerecht zu werden und seinen Verpflichtungen nachzukommen?
- Sollte er etwa auf Abstand bedacht sein?
- Sollte er befehlen oder überzeugen?
- Sollte er hart auftreten, oder auf einen kameradschaftlichen Ton bedacht sein?

Die jeweils vorhandenen Unstände können so verschieden sein, daß man auf allgemein gültige Verhaltensratschläge verzichten muß. Ein Tadel, den ein empfindlicher Mensch bereits als Kränkung empfindet, wird von anderen kaum beachtet oder leichtfertig abgetan. Es kann im Betrieb Katastrophensituationen geben, in denen man sofortigen, unbedingten Gehorsam verlangen muß, ohne erst lang erklären zu können, warum. Es wird unverbesserliche Menschen geben, denen gegenüber man sich nur mit Härte durchsetzen kann. Muß man solche Leute anschreien? Vielleicht, wenn einer sich nicht anders helfen kann. Besser ist jedoch ein Vorgesetzter, der auch unter solchen Bedingungen mit Ruhe sein Ziel erreicht. Einer, der dem anderen mit wenigen aber festen Worten klarmachen kann, daß er auf kein Verständnis für seine Verhaltensweise mehr hoffen darf, und mit Konsequenzen rechnen muß, wenn sich der Zustand nicht bald ändert.
Wie führten die Meister früher, wie führen sie auch noch vielfach heute? Der Meister früherer Zeiten war den Arbeitern nicht nur

durch seine Stellung, sondern auch durch sein Können in allem überlegen. Es gab noch nicht so große Betriebe, noch nicht dieses Maß an Arbeitsteilung, noch nicht diese Vielfalt an Tätigkeiten und keine Automaten. Der Meister konnte alles besser überblikken, die Arbeiter waren unselbständiger und abhängiger. Das Vorgesetztenverhältnis war ein Herrschaftsverhältnis.

- Der Meister konnte befehlen
- er sah auf Abstand und setzte sich bei Widersetzlichkeiten mit Härte durch
- er fällte selbst die Entscheidungen im Arbeitsprozeß und traf danach seine Anweisungen.

Dieses, durch die Autorität des Meisters geprägte Abhängigkeitsverhältnis, bei dem es nur auf das handwerkliche Geschick und den Gehorsam des Arbeiters ankam, möchten manche Betriebe auch noch heute aufrechterhalten. Das ist jedoch nicht möglich, da der Meister bei der Vielfalt der Aufgaben kaum noch alle Tätigkeiten so beherrschen kann, wie seine Spezialisten. Die Abhängigkeit hat sich verringert, das Selbstbewußtsein der Arbeiter ist gewachsen. Der Meister ist in stärkerem Maße auf gute Zusammenarbeit mit seiner Gruppe und das Mitdenken seiner Leute angewiesen.
Wer seine Mitarbeiter führen und für ihre Arbeit motivieren will, muß vor allem Kontakt zu ihnen herstellen und auf gute Beziehungen bedacht sein.

- Er sollte seine Leute so gut kennenzulernen versuchen, daß er ihr Verhalten und ihre Reaktionen beurteilen kann
- Die Mitarbeiter wiederum sollten ihren Meister soweit kennen und ihm vertrauen, daß sie in der Lage sind seine Entscheidungen richtig zu interpretieren. Sie dürfen keine Ursachen für Mißverständnisse und daraus resultierende Konflikte bilden.

Wer Kontakte wünscht, muß sie auch suchen. Schon bei dem ersten Gang durch die Werkstatt bietet sich Gelegenheit zu kontaktförderndem Verhalten. Trotz eiliger Aufgaben sollte der Meister keinen seiner Mitarbeiter übersehen. Gleich, ob er den einen nur kurz grüßt oder mit dem anderen ein paar Worte wechselt, wenn

sich dafür Gelegenheit bietet. Die Leute wollen beachtet und als Menschen geachtet werden. Auch der ausländische Arbeiter, der vielleicht zuhause als Familienoberhaupt oder in seiner kleinen Gemeinde in der Heimat als Bürger, besondere Achtung genießt. Achtung, die man Menschen entgegenbringt, verpflichtet sie zu entsprechendem Gegenverhalten. Der Meister ist auf die Initiative jedes Mitarbeiters angewiesen, wenn es um die Verhütung von Schäden und Unfällen geht. Vielleicht würde uns dieser Ausländer auch freundschaftlich und hilfreich begegnen, wenn wir ihm in seiner Heimat entgegentreten würden.
Ein weiteres Verhaltensmerkmal, das die Menschen an uns achten, das uns ihre Sympathie erschließt, ist die Toleranz, die wir ihnen gegenüber gelten lassen.

- Man sollte nicht darauf aus sein, seine Meinung kompromißlos durchzusetzen, wenn man nicht überzeugt ist, daß man in jeder Beziehung Recht hat. Jeder Mensch fühlt sich geachtet und anerkannt, wenn man seine Meinung ernst nimmt. Zweifel schafft man nicht dadurch aus der Welt, daß man sie unterdrückt.
- Man sollte auch geduldig zuhören können, wenn der andere etwas zu sagen hat und nicht versuchen ihn zu unterbrechen, wenn er sich vielleicht eine Last von der Seele reden will.

Wer ein gutes Verhältnis zu seinen Mitarbeitern sucht und um freiwillige, gute Zusammenarbeit mit ihnen bemüht ist, sollte sie nicht mit Befehlen zu Gehorsam zwingen, wenn es die Situation nicht unbedingt verlangt. Ein Vorgesetzter, der seine Anweisungen begründet, appeliert dadurch nicht nur an den Verstand, sondern auch an das Selbstbewußtsein und den guten Willen seiner Mitarbeiter. Keiner wird bereit sein, sich für eine Sache einzusetzen, die er nicht begreift oder irrtümlicherweise gar mißbilligt. Erachtet aber ein Meister einen Mitarbeiter für würdig, ihn ins Vertrauen zu ziehen und ihm etwas zu erklären, so gewinnt er diesen Menschen auf die natürlichste Weise.
Von nicht minderer Bedeutung sind für die Mitarbeiter auch Informationen über den Betrieb und alle Vorgänge des Betriebslebens, die sich in seiner näheren Umgebung abwickeln. Jeder ist an Informationen über technische und personelle Planungen und

Veränderungen in seiner Arbeitsumwelt interessiert. Ein Vorgesetzter, der seine Mitarbeiter auch darüber informiert, motiviert sie als Mitwisser zum Mitdenken. Im entgegengesetzten Falle trägt er nur zum Entstehen von Mißverständnissen, falschen Vermutungen und leistungsstörenden Gerüchten bei.
Vor allem im Kontrollverhalten kann der Meister zum Ausdruck bringen, daß er nicht beabsichtigt den Vorgesetzten herauszukehren, sondern daß er bemüht ist, seinen Mitarbeitern kameradschaftlich zu helfen. Dadurch läßt er keine Minderwertigkeitsgefühle und Resignation aufkommen. Ein Vorgesetzter, der seinen Mitarbeitern mehr Freiheit bei der Arbeit einräumt und bei kleineren Fehlern, bei denen man ja erst lernt, Toleranz zeigt, gibt ihnen Selbstvertrauen und stärkt dabei seine eigene Autorität.
Um die Interessen seiner Mitarbeiter vertreten zu können, um ihnen bei Konflikten zu helfen, muß der Meister auch ihre Probleme kennen. Er wird es selber merken müssen, wie weit er sich für ihre persönlichen Angelegenheiten interessieren darf. Jeder Mensch hat seine Privatsphäre, in die er niemanden eindringen lassen möchte. Durch sein Interesse für die Menschen, die ihm unterstellt sind und ihre persönlichen Geschicke, zeigt der Meister, daß er sie nicht bloß als Nummern oder Roboter betrachtet, sondern daß sie ihm näher stehen und zu ihm Vertrauen haben dürfen.
Wer sich mit diesen Verhaltensgrundsätzen ernstlich beschäftigt, wird sicher zu der Überzeugung kommen, daß es keine Frage ist, ob man sich zu seinen Leuten sachlich knapp oder freundlich verhalten sollte. Jede Situation wird auch das entsprechende Auftreten verlangen. Der Arbeiter sollte jedoch merken, daß sich der Meister ihm nicht als strenger oder überlegener, gelegentlich auch leutseliger Befehlshaber nähert. Gegen solche Verhaltensweise sind Menschen mit höherer sozialer Reife meist allergisch. Die Mitarbeiter sollten einfach das Wohlwollen ihres Vorgesetzten erkennen, der immer bereit ist, ihnen im Notfall Hilfestellung zu geben. Es ist nur ein Vorteil, wenn ein Vorgesetzter heute zu seinen Führungseigenschaften auch pädagogische Fähigkeiten zählen kann und wenn er außerdem mit den Grundsätzen erfolgreicher Gesprächsführung vertraut ist.
Wenn ein Meister mit seinen Bemühungen gute Kontakte und Be-

ziehungen zu seinen Mitarbeitern zu schaffen erfolgreich sein will, sollte er sich in allen Fällen an zwei Grundregeln halten.

- Er sollte versuchen das Selbstwertgefühl seiner Mitarbeiter zu stärken
- Er sollte es unter allen Umständen vermeiden ihr Selbstwertgefühl anzugreifen oder herabzusetzen.

Jeder Mensch hat eine körperliche und eine seelische Gesundheit. Der Maßstab für die körperliche Gesundheit ist das körperliche Wohlbefinden. Maßstab der seelischen Gesundheit ist das Selbstwertgefühl des Menschen. Der Zustand des Selbswertgefühls wirkt sich in hohem Maße auf das körperliche Wohlbefinden aus. Ein Mensch, dessen Selbstwertgefühl gelitten hat, fühlt sich elend. Mitarbeiter, die weder beim Vorgesetzten noch in ihrer Arbeitsgruppe Anerkennung finden, die ständig gekränkt oder gedemütigt werden, können in Depressionen verfallen. Oft versuchen sie sich ihrer Umgebung durch Flucht in die Krankheit zu entziehen.

Jeder Mensch ist also bewußt oder unbewußt darauf bedacht, sein Selbstwertgefühl zu stärken. Man erfährt eine Stärkung des Selbstwertgefühls

- wenn man sich mit anderen vergleicht und der Vergleich zum eigenen Vorteil ausfällt
- wenn man eine Anerkennung, ein Lob erhält.

Der Meister stärkt das Selbstwertgefühl seiner Mitarbeiter nicht nur dadurch, daß er sie vor anderen auszeichnet, sie anerkennt und sie ins Vertrauen zieht oder ihnen eine verantwortungsvolle Aufgabe überträgt. Oft genügen schon ein paar freundliche Worte, um das Selbstwertgefühl eines Mannes aufzurichten, der sich bis jetzt für unbeachtet hielt. Der Betroffene erhält dadurch von seinem Meister etwas was für ihn so hilfreich ist, wie für einen Kranken die Medizin. Eine kurze freundliche Anrede kann die Stimmung des Mannes augenblicklich verbessern, wenn ihm bis jetzt der Kontakt zu seinem Vorgesetzten gefehlt hatte. Der Mitarbeiter fühlt sich daraufhin seinem Meister gegenüber verpflichtet und ist nunmehr seiner Führung zugänglicher.
Die entgegengesetzte Wirkung löst ein Führungsverhalten aus,

durch das das Selbstwertgefühl der Mitarbeiter beeinträchtigt wird. Vorwürfe, Befehlston und die Mißachtung der Leute, die von oben herab behandelt werden, kann ihre Stimmung so beeinträchtigen, daß sie unsicher werden und zu keiner Handlung fähig sind, wenn sie nicht ständig angetrieben werden.

Wer als Vorgesetzter durch seine Mitarbeiter Leistungen erzielen will, muß sich um sie kümmern und für gute Stimmung im Betrieb sorgen. Bei den meisten Menschen ist es, wie gesagt, nicht nur die Art der Arbeit, die ihre Beziehungen zum Betrieb bestimmt. Maßgebend sind auch die Bedingungen unter denen sie arbeiten müssen und das Betriebsklima. Mit Recht erklärte der Enkel Henry Fords: »Das Hauptproblem der Gegenwart ist nicht die Verbesserung des Fließbandes, sondern die Schaffung einer erträglichen Atmosphäre«.

2.2. Die Zusammenarbeit in der Arbeitsgruppe gewährleisten und verbessern

»Als Gruppe« wollen wir ganz allgemein eine Anzahl von Personen bezeichnen, die ein gewisses, gemeinsames Merkmal besitzen, nach dem wir sie »gruppieren« können. Wir können uns z. B. eine Gruppe Italiener vorstellen, also Leute, die gleiche, ihrer Nationalität entsprechende Merkmale besitzen. Zu den Merkmalen einer Gruppe können auch die Ziele gehören, die sie verfolgt, oder die gemeinsame Tätigkeit, die ihre Mitglieder ausüben. Wenn wir die Belegschaft eines Betriebes nach ihren Merkmalen gruppieren wollen, so werden wir feststellen

- daß es Arbeitsgruppen gibt, die für bestimmte Funktionen oder Aufgaben offiziell organisiert wurden. Zu diesen »formellen« Gruppen zählen nicht nur die auf unbefristete Zeit organisierten Abteilungen und Arbeitsgruppen, sondern auch kurzfristig zusammengestellte Arbeitskolonnen, die eine bestimmte Aufgabe zu erfüllen haben.
- Andererseits werden wir nicht übersehen können, daß Menschen zusammenfinden und miteinander in Kontakt treten, die ihre gemeinsamen Interessen und Ziele verfolgen. Diese frei-

willigen, oft sehr dauerhaften Gruppierungen, bezeichnen wir als »informelle« Gruppen.

Die Interessen, die Mitglieder informeller Gruppen verbinden, können sehr unterschiedlicher Natur sein. Es kann sich beispielsweise um Ausländer handeln, die sich gegenseitig mit Rat und Informationen unterstützen. Es können ebenso Sportsfreunde, Kegelbrüder oder andere Betriebsangehörige sein, die beliebige gemeinsame Zielsetzungen verfolgen – sei es auch nur, um gegen den Betrieb und seine Leistungsnormen zu opponieren.
Informelle Beziehungen überschreiten oft die Grenzen der formell organisierten Gruppen. So können Angehörige mehrerer Betriebsabteilungen in einer informellen Gruppe engste Beziehungen zueinander unterhalten. Das erschwert natürlich dem Vorgesetzten die Führung der eigenen Arbeitsgruppe.
Die Führung einer Menschengruppe ist ein noch komplizierteres Problem, als das Führen einzelner Mitarbeiter. Die Verhaltensweise einer Gruppe ist mit dem Verhalten einzelner kaum vergleichbar. Tritt ein neuernannter Vorgesetzter zum erstenmal vor seine Abteilung oder die ihm zugewiesene Arbeitsgruppe, so richtet sich die Stimmung, mit der er empfangen wird, nach dem Ruf, der ihm vorauseilt. Bald wird er bemerken, ob sie freundlich, skeptisch oder gar feindlich ist. Holt sich der Vorgesetzte aus einer Gruppe, die ihm ablehnend und undurchschaubar gegenübersteht, einen der Leute zu einem kurzen Gespräch, so kann es geschehen, daß der Mann plötzlich unsicher wird und seine ablehnende Haltung aufgibt, da der unmittelbare Gruppeneinfluß nicht mehr auf ihn einwirkt. Dabei braucht keineswegs Feigheit im Spiele zu sein.
Eine abweisende Haltung können Gruppen auch ungeliebten Aufgaben oder neuen Arbeitsverfahren entgegensetzen. Sehr leistungsstörend wirken sich Feindseligkeiten zwischen Gruppenmitgliedern aus, da sie die Zusammenarbeit beeinträchtigen. Daher muß sich der Vorgesetzte

- um gute Beziehungen zu seiner Arbeitsgruppe als Einheit bemühen
- er muß dafür Sorge tragen, daß zwischen den Mitarbeitern kei-

ne Spannungen entstehen bzw. vorhandene gelöst werden und die Voraussetzungen für gute Zusammenarbeit gegeben sind
- daß die Gruppe für den Betrieb und ihre Aufgaben positiv eingestellt ist und mit optimalem Wirkungsgrad arbeitet.

Um bei Zwistigkeiten oder Spannungen rechtzeitig eingreifen zu können, muß der Vorgesetzte die Vorgänge innerhalb seiner Gruppe beobachten und zu erkennen suchen. Das ist nicht einfach, denn die Kommunikation zwischen den Gruppenmitgliedern ist dicht und stellt ein Kraftfeld dar, das ständigen Veränderungen unterworfen ist. Stellen wir uns vor, daß jedes Gruppenmitglied zu allen anderen Verbindungen aufrecht erhält, die positiv oder negativ sein können, so kommen wir schon bei sechs Beteiligten zu so vielen Beziehungen, daß es schwierig wird, die Übersicht zu behalten.

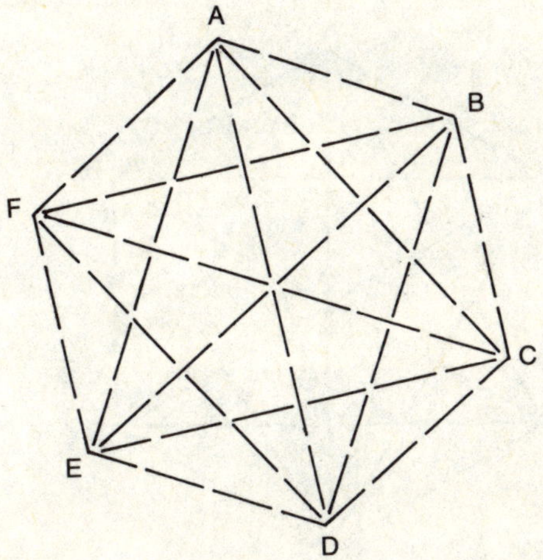

Diese Beziehungen sind durch die unterschiedlichen Einstellungen, Erwartungen und Stimmungen der Gruppenmitglieder geprägt. Sie können, je nach Interessenlage, Sympathie oder Antipathie, eine lose oder feste Verbindung darstellen, sie können freundschaftlich, aber auch feindselig sein.
In diesem Beziehungsfeld können jederzeit Spannungen auftre-

ten, da es in jeder Gruppe zu Wettbewerb um den Rang in der Gemeinschaft, Streit bei Meinungsverschiedenheiten, Egoismus und Rücksichtslosigkeiten gegenüber anderen kommen kann.
Bezeichnen wir Sympathie und Interessengleichheit mit einem Symbol gegenseitiger Annäherung:

Wählen wir dagegen für Streit und Ablehnung ein Symbol der Konfrontation:

so können wir, als Beispiel, bestimmte Beziehungen im Kommunikationsfeld einer kleinen Gruppe wie folgt darstellen:

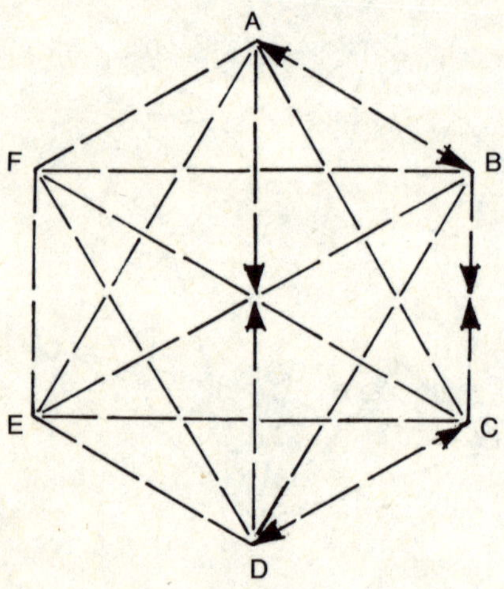

A sei der Vorgesetzte der Gruppe. D sei A nicht gewogen, da er ihn beispielsweise wegen seiner Jugend oder seines Führungsverhaltens ablehnt. B hält es mit A, da er seine Ansichten teilt. C, ein älterer Mitarbeiter, fühlt eine gewisse Sympathie für D, da er ebenfalls den jüngeren Vorgesetzten nicht leiden kann und den Standpunkt von D teilt. B und C gehören also zwei entgegenge-

setzten Parteien an und befinden sich daher in Konfrontation. Ähnlich werden sich auch die Beziehungen bei den übrigen Gruppenmitgliedern gestalten.
Wird der junge Vorgesetzte plötzlich versetzt und nimmt seine Stelle dann ein älterer Meister ein, so kann sich das Beziehungsbild der Gruppe völlig verändern. Ihr Zusammenhalt kann sich plötzlich verbessern, oder auch verschlechtern. So lebt eine Gruppe, gleich ob sie auf formellem, oder informellem Wege entstanden ist, in einem ständigen Kraftfeld, dessen Veränderungen wir unter dem Begriff »Gruppendynamik« zusammenfassen.

- Jeder Vorgesetzte wird also das Kräftespiel in seiner Gruppe ständig beobachten müssen, um aus den Verhaltenssymptomen seiner Mitarbeiter ihre Motive zu erkennen
- um alle Spannungen, die durch Wettbewerb, Streit oder die Fluktuation von Mitarbeitern entstehen können rechtzeitig und wirksam zu beseitigen.

Ohne Zusammenhalt kommt es zu keiner gedeihlichen Zusammenarbeit, die für die Gruppenleistung von ausschlaggebender Bedeutung ist. Eine Gruppe, die zusammenhält ist auch leichter zu lenken. Insbesondere dann, wenn der Vorgesetzte die Gruppenziele kennt. Wenn diese nicht den Betriebszielen im Wege sind, läßt sich vielleicht sogar zwischen beiden eine Verbindung herstellen. Liegen die Ziele der Gruppe in der gleichen Richtung wie die Betriebsziele, so bedarf es keines besonderen Ansporns, um Leistungen zu erzielen, vielleicht nur einer Erläuterung des Zusammenhanges. Eine Gruppe, die auf den Verdienst aus ist, oder ein Team, dem an seinem guten Ruf viel gelegen ist, werden sich leichter zu einer Arbeit, die Überstunden erfordert, bewegen lassen, als eine Gruppe von Mitarbeitern, denen sehr an ihrer Freizeit gelegen ist.
Die Kenntnis der Interessen und Ziele einer Gruppe ist für den Vorgesetzten sehr wichtig, wenn er sie positiv beeinflussen will. Nach diesen richten sich alle Gruppenmitglieder. Jeder Mensch hat seine eigenen Ziele und Interessen, aber in der Gruppe folgt er den gemeinsamen. Er verhält sich überhaupt anders als Gruppenmitglied, als er sich als Einzelindividuum verhalten würde. Daß

die Führung von Gruppen etwas anderes ist, als die Führung von Einzelmenschen, beachten zu wenige Vorgesetzte.

Führungsaufgaben gegenüber der Gruppe

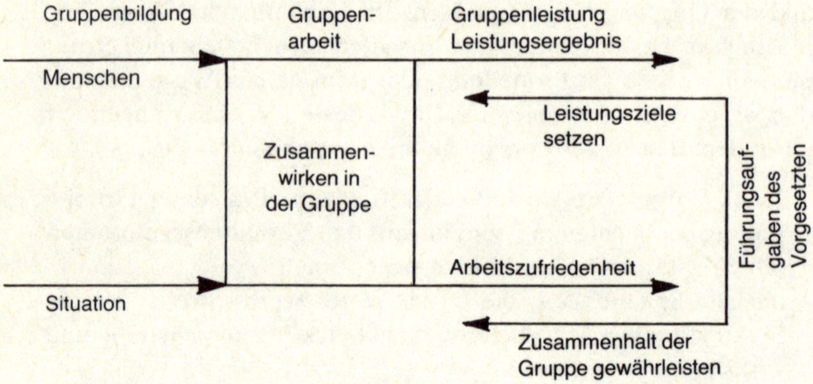

In einer »formellen« Arbeitsgruppe werden Menschen zusammengebracht, die sich ihre Partner nicht ausgesucht haben: aktive, weniger aktive, ältere, jüngere, friedfertige und aggressive. Menschen verschiedener Herkunft und Auffassung. Solche, die die Initiative ergreifen und solche, die sich mitziehen lassen oder gar opponieren. Jeder Mensch ist ein Individuum für sich, er denkt und sendet auf seiner eigenen Wellenlänge. Seine Behauptungen und Ansichten kommen bei den anderen mehr oder weniger gut an. Es bilden sich Meinungen, und Vorurteile. In Abhängigkeit von der Situation können auch Gerüchte entstehen, deren Verbreitung um so schwerer kontrolliert werden kann, je größer die Gruppe ist.

Unter der Einwirkung vieler wird der einzelne unkritisch. So kommen Stimmungen auf, die von spontaner Begeisterung bis zu feindseliger Ablehnung gehen können. Um so wichtiger ist es für den Vorgesetzten die Ursachen solcher Stimmungen zu kennen, um in jeder Situation durch das richtige Verhalten die Führung in der Hand zu behalten.

Auch die Gruppenleistung ist nicht die Summe der Einzelleistungen. Die Kräfte, die hier aufeinander einwirken, gehen nicht in die gleiche Richtung. Die Erwartungen der einzelnen sind so verschieden, wie ihre Veranlagungen. Oft versuchen die Menschen gleichartige Ziele auf unterschiedlichen Wegen zu erreichen. Der eine vermag sich alles einfach vorzustellen, der andere denkt viel komplizierter. Das Zusammenwirken von zwei Menschen kann man sich noch am leichtesten am Kräfteparallelogramm vorstellen.

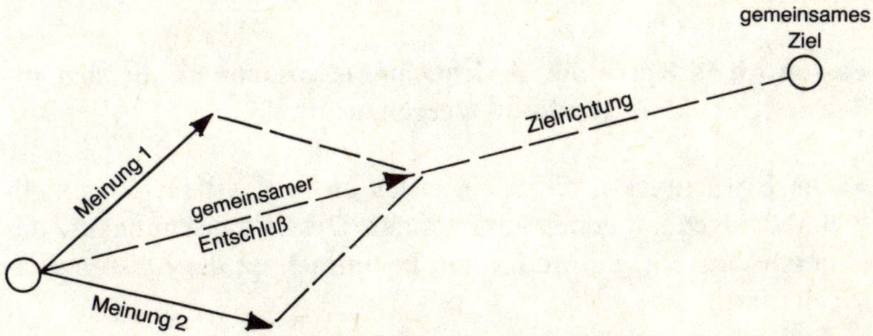

Die Meinungen von zwei Mitarbeitern über die Verwirklichung eines Zieles können zwar auseinandergehen, aber ihr gemeinsamer Entschluß kann trotzdem als Ergebnis positiver Zusammenarbeit besser sein, als die individuellen Entscheidungen der beiden. Unter Berücksichtigung dieser Erkenntnisse hätte ein Vorgesetzter folgende Aufgaben gegenüber seiner Arbeitsgruppe zu erfüllen:

- Guten Kontakt mit der Gruppe herzustellen
- Die Vorgänge in der Gruppe im Auge zu behalten
- Aufkommende Spannungen und Differenzen durch Gespräche und positive Einwirkung auf die Mitarbeiter zu beseitigen
- sich um gute Beziehungen in der Gruppe zu bemühen
- Gute Zusammenarbeit durch sein persönliches Vorbild und die Anerkennung der gemeinsamen Leistungen zu fördern
- Durch die Aufgabenstellung und gemeinsame Erfolgserlebnisse Teamgeist zu entwickeln
- Durch Information und Motivation alle positiven Kräfte auf die Aufgaben zu richten und sie durch die Bestätigung guter Leistungen in der Zielrichtung zu halten.

Gute Gruppenführung kann dem Betrieb noch große Leistungsreserven erschließen. Kaum ein anderer Faktor vermag den Betrieb durch Leistungsmängel und Kostenverursachung mehr zu schädigen, als inaktive oder widersetzliche Personengruppen. Nichts wirkt sich dagegen positiver für Leistung, Wirtschaftlichkeit und Betriebssicherheit aus, als die gute Zusammenarbeit bei einer Aufgabe, an der alle interessiert sind.

Fassen wir in Kürze die Gesichtspunkte zusammen, die sich aus den ersten beiden Abschnitten ergeben.

- Die Erwartungen, die der Mensch an sein Arbeitsleben stellt und die Realität gehen auseinander. Die Enttäuschung, die dadurch entsteht, entmutigt und beeinträchtigt die Leistungsbereitschaft.
- Außerdem sind die Arbeitskräfte meist unselbständig und zu wenig über den Betrieb und den Sinn ihrer Arbeit orientiert – sie müssen geführt werden.
- Jeder Vorgesetzte hat Fachaufgaben und Führungsaufgaben zu erfüllen. Zu den letzteren zählen
  - das Planen, Koordinieren und Zuweisen der Arbeit
  - das Informieren und Motivieren der Mitarbeiter
  - die Kontrolle und Lenkung der Arbeitskräfte – nicht nur um gute Arbeitsleistungen zu erzielen, sondern auch um die Mitarbeiter zu einer höheren fachlichen und sozialen Reife zu entwickeln.
- Alle Mitarbeiter müssen gerecht und objektiv behandelt werden und jeder Mitarbeiter beansprucht für sich als Einzelmensch eine individuelle Führung.
- Der Vorgesetzte muß zu seinen Mitarbeitern guten Kontakt halten
  - um sie und ihre Probleme kennenzulernen
  - ihr Vertrauen zu gewinnen
- Er sollte jedem Mitarbeiter tolerant begegnen und ihn als Mensch achten
  - er sollte sich bemühen sein Selbstwertgefühl zu stärken und es

unbedingt vermeiden das Selbstwertgefühl auch des einfachsten Mitarbeiters herabzusetzen.

- Das Führen von Gruppen erfordert einen besonders guten Kontakt zu den Leuten und vor allem die aufmerksame Beobachtung der internen Vorgänge in der Gruppe.
- Der Mensch wird in der Gruppe ständig von den anderen Gruppenmitgliedern beeinfußt. Ob das in positivem oder negativem Sinne für den Betrieb geschieht, hängt von den vorherrschenden Erwartungen und Stimmungen ab.
- Hohe Gruppenleistungen erzielt ein Vorgesetzter
  - der für gute Zusammenarbeit sorgt, Spannungen und Rivalitäten abbaut, gute Beziehungen in der Gruppe herstellt und fördert und Teamgeist zu entwickeln versteht.
  - Der die Gruppeninteressen für die Betriebsaufgaben zu nutzen versteht und die Gruppe für den Betrieb und die Arbeit zu interessieren vermag.

3. Die Reife des Mitarbeiters, der Arbeitsgruppe und der Führungsstil

Seit den 30er Jahren zerbricht man sich den Kopf, wie Menschen in den Betrieben zu führen seien, um ihr Können und Wollen für ihre Aufgaben voll zu mobilisieren. Um die Leistungsbereitschaft und den Wirkungsgrad des sozialen Bereiches ebenso erfolgreich zu steigern, wie das im technischen Bereich gelungen war.
Psychologen erforschten die Bedürfnisse und Neigungen der arbeitenden Menschen. Das Ergebnis dieser verdienstvollen Tätigkeit waren Erkenntnisse von oft so verblüffender Einfachheit, daß man denken konnte, der Weg zu einem universalen, alleingültigen Führungsstil sei bereits gefunden. Es käme lediglich darauf an, sich auf neue Führungsmethoden umzustellen und dann werde der Erfolg nicht mehr lange auf sich warten lassen.
Es zeigte sich jedoch, daß dieser Optimismus verfrüht und ungerechtfertigt war. Umstellungen im Führungsstil können nicht von heute auf morgen vollzogen werden, weil die Arbeitskräfte ein-

fach nicht dazu in der Lage sind, das veränderte Verhalten ihres Vorgesetzten gleich zu begreifen und ohne weitere Vorbereitung eine völlig neue Einstellung zu ihrer Arbeit zu gewinnen. Soll diese Veränderung in positivem Sinne erfolgen, so kann es sich nur um eine Entwicklung zu höherer fachlicher und sozialer Reife handeln, die der Vorgesetzte bei seinen Mitarbeitern einleiten und betreuen muß. Erst wenn sich diese zu vollziehen beginnt, darf der Vorgesetzte von seinen Mitarbeitern immer mehr verlangen. Nicht jedoch dann, wenn er plötzlich sein Führungsverhalten ändert. In so einem Falle dürfte er höchstens auf Verwunderung, wenn nicht auf Ablehnung stoßen.

Wie kam man nun auf die Idee, daß der Führungsstil von so ausschlaggebender Bedeutung für das Leistungsverhalten der Mitarbeiter sein könnte? Man braucht nur in einem Betrieb verschiedene Abteilungen bei ihrem Arbeitsverhalten zu beobachten.

Da wäre z. B. die Arbeitsgruppe des Meisters A, des Gießereimeisters. Die Gruppe setzt sich aus qualifizierten Gießern und aus Hilfsarbeitern zusammen, die für Handlangerdienste, Transport- und Aufräumearbeiten eingesetzt sind. Die Arbeitsbedingungen in der weiten, zugigen Halle sind hart, der Umgangston ist rauh. Alle arbeiten unter Zeitdruck, auch die Gießer, die bei ihrer Tätigkeit etwas selbständiger sind. Meister A ist auch ständig hinter seinen Leuten her, treibt an, duldet keinen Verzug und rügt auch kleinere Verfehlungen scharf. Nichts bleibt seinen Augen verborgen. Überall erscheint er unerwartet und wo er sich zeigt, arbeiten die Leute noch hastiger.

Das Gegenteil tritt jedoch ein, wenn er plötzlich zu einer Besprechung gerufen wird, sei es nur für eine Stunde. Das Arbeitstempo wird auf einmal langsamer. Selbst die Gießer, die Elite dieser Abteilung, kümmern sich nicht mehr um den Arbeitsablauf. Einige zünden sich Zigaretten an und da und dort kommt es zu kurzen Gesprächen. Wie sollte auch der Meister schon feststellen können, wieviel Zeit vergeudet wurde? Er treibt ja nur immer und stellt erst vor Betriebsschluß fest, was geleistet wurde. Wir werden es schon rechtzeitig merken, wenn er wieder auftaucht, denken die Arbeiter.

Mit diesen Führungsmethoden hält Meister A die Abteilung in

Schwung. Es kommt zwar zu keinen größeren Beanstandungen seitens der Betriebsleitung, man hält ihn sogar für tüchtig, aber er ist geschafft, wenn er abends nachhause kommt. Für ihn gibt es keine Freizeit, er muß frühzeitig zur Ruhe. Er traut sich auch keinen Urlaub zu nehmen. »Nicht auszudenken, was die Leute ohne mich anfangen würden« – meint er – »so faul und unselbständig, wie die sind, brauchen die ja einen, der ewig hinter ihnen steht«.
Endlich fordert die Betriebsleitung Meister A mit Nachdruck dazu auf, einmal für drei Wochen Urlaub zu nehmen und etwas für seine Gesundheit zu tun. A geht mit schwerem Herzen. Als sein Vertreter wird ein fachkundiger Vorarbeiter aus einer anderen Abteilung eingesetzt, der dort für kurze Zeit abkömmlich ist.
Der Vorarbeiter spricht mit den Leuten und erklärt ihnen, daß er Vertrauen zu ihnen hat und sich auf sie verlassen möchte. Er macht auf sie keinen schlechten Eindruck. Im Verlauf der Arbeit zeigt es sich, daß auch ihm nichts entgeht. Er rügt jedoch nicht nur, sondern er sagt auch gelegentlich ein paar anerkennende Worte. Die Arbeiter merken, daß der neue Vorgesetzte nicht treibt, sondern eher bemüht ist, mit Rat zu helfen und Schwierigkeiten aus dem Wege zu räumen. Man fürchtet sich nicht vor ihm.
Wenn sich auch die Einstellung der Arbeitskräfte zum Betrieb und ihrer Arbeit vorläufig kaum ändert, so gewinnt der Betriebsleiter doch den Eindruck, daß der Vertreter mit weniger Druck und Aufwand mindestens die gleiche Arbeitsleistung erzielt, wie Meister A. Diese Beobachtung teilt er dem von seinem Urlaub Zurückgekehrten mit und dieser schüttelt nur den Kopf.
Im zweiten Gebäude hinter der Gießerei befindet sich die Versuchsabteilung der Fabrik für Ackerschlepper, um die es sich hier handelt. Versuchsleiter Braun kommt eben von einer Besprechung mit leitenden Herren der oberen Führungsebene des technischen Bereiches und des Verkaufsbereiches. Der Verkaufsgebietsleiter Süd hatte eben auf dieser eiligst anberaumten Sitzung mitgeteilt, in den letzten Tagen seien einige schwere Schäden an neuen Schleppern von Kunden reklamiert worden. Es handle sich um Brüche der Kurbelkammer, immer an der gleichen Stelle. Den Ursachen dieser Schäden müsse sofort nachgegangen werden, wenn der Verkauf nicht zum Stillstand kommen soll.

Braun verspricht sofort eine Versuchsreihe durchzuführen und begibt sich mit diesem Vorsatz zu seinen Leuten. Die Ingenieure des Versuchsteams haben den zu untersuchenden Schleppertyp in vielen Überstunden, nach manchen Mißerfolgen, endlich zur Verkaufsreife entwickelt. Sie sind stolz auf ihre Arbeit und kennen sich durch ihre Erfahrung bei allen Versuchsarbeiten soweit aus, daß sie auch jetzt keine Anweisungen brauchen. Sie überlegen gemeinsam, wie die Versuchsreihe am besten durchzuführen wäre und wer was tun soll. Versuchsleiter Braun überlegt mit und stimmt im wesentlichen zu.
Da man einhellig der Meinung ist, daß die Ergebnisse schnellstens vorliegen müssen, wenn man noch rechtzeitig Maßnahmen ergreifen soll, um Schlimmeres zu verhindern, beschließt man gleich morgen zu beginnen, obwohl es Feiertag ist und jeder eigentlich schon andere Pläne hatte. Keiner schließt sich aus und die Tatsache bestätigt sich wieder, daß sich in dieser Gruppe einer auf den anderen verlassen kann. Man ist sich bei dieser Tätigkeit, ihren Problemen und gemeinsamen Erfolgen auch menschlich näher gekommen.
Die geschilderten Extremfälle menschlichen Arbeitsverhaltens sind nicht unrealistisch, sie können überall vorkommen. Aus dieser Sicht läßt sich auch die X-Y-Theorie verstehen, die von Douglas McGregor aufgestellt wurde.

Nach der X-Theorie
- ist der Mensch jeder Arbeit abgeneigt
- er besitzt keinen Ehrgeiz
- er erwartet, daß man ihm seine Arbeit vorschreibt und ihn ständig dazu nötigt seine Aufgaben auszuführen.
- Für Neuerungen ist er nicht aufnahmebereit, er muß dazu gezwungen werden, sie zu akzeptieren.

Die gegenteilige Meinung vertritt die Y-Theorie:
- Arbeiten ist für den Menschen ebenso natürlich, wie Spielen oder Schlafen
- Der Mensch kann in der Arbeit sogar Befriedigung finden, er ist ihr nicht abgeneigt

- Wenn Menschen mit ihrer Arbeit unzufrieden sind, so müssen die Gründe in der Führung oder bei den Arbeitsbedingungen gesucht werden.

Aus beiden Theorien ergibt sich die Erkenntnis, daß die Menschen, die sich so verhalten, wie es die X-Theorie schildert, offenbar nicht richtig geführt und für ihre Arbeit erzogen wurden. Nur durch ständige Bevormundung und Einschüchterung kann sich der unselbständige X-Typ entwickeln.
Andere Arbeits- und Führungsbedingungen verlangt die Y-Theorie. Menschen, die in einer angenehmen Arbeitsatmosphäre tätig sind, zeigen mehr Arbeitszufriedenheit, Leistungsbereitschaft und Initiative. Anstelle des verbreiteten autoritären Führungsstils wurde von den Vertretern der neuen Richtung der kooperative Führungsstil als erstrebenswerte Lösung empfohlen.
Bei der autoritären Führung bezieht der Vorgesetzte seine Autorität sowohl aus seiner Stellung als auch aus seinem Wissen und Können, mit dem er seinen Untergebenen überlegen ist.

- Er trägt allein die Verantwortung für alles, was getan wird
- er bestimmt auch allein, was zu tun ist und informiert seine Leute nur über das nötigste, was sie für ihre Arbeit brauchen,
- er läßt ihnen bei der Arbeit keine Freiheit und kontrolliert und gängelt sie ständig.

Das Ergebnis dieser Führung ist das Verhalten des X-Typs:

- Die Leistung muß auf die Dauer erzwungen werden
- Die Arbeitskräfte werden verunsichert und unselbständig
- Sie fühlen sich als Befehlsempfänger und Untergebene
- Das Betriebsklima ist gespannt

Bei der kooperativen Führung dagegen

- gibt der Vorgesetzte seinen Leuten soviel Selbständigkeit wie möglich
- Er informiert sie nicht nur über ihre Arbeit, sondern auch über ihre Umwelt und den Betrieb
- Er zeigt sich nicht als strenger Vorgesetzter, sondern als hilfsbereiter Berater, der sich auch gelegentlich von seinen Mitarbeitern beraten läßt.

Das Ergebnis dieses Führungsstiles ist ein Mitarbeiter, der im Gegensatz zum Untergebenen

- wo es erforderlich ist, Initiative und Verantwortungsbereitschaft zeigt
- der zu anhaltenden guten Leistungen bereit ist
- Dem kooperativen Gedanken entsprechend entwickelt sich bei dieser Führung auch ein gutes Betriebsklima

Der Vergleich beider Führungsstile, als Grenzfälle, stellt sich folgendermaßen dar:

Merkmale	**autoritäre Führung**	**kooperative Führung**
Beziehung	Distanz	guter Kontakt
Auftreten der Führung	befehlend, auf Überlegenheit bedacht	sachlich, hilfsbereit, überzeugend
Handlungsmotive der Geführten	Zwang	Einsicht, Verantwortung
Betriebsklima	gespannt, Mißtrauen, Unterordnung	gut, vertrauensvoll, gelöst
Vorteile	rasche (aber erzwungene) Handlungen, hohe (aber nicht dauerhafte) Leistungen	Eigeninitiative, Mitdenken, Mitverantworten
Resultat:	Untergebener	Mitarbeiter

Die Konzeption der kooperativen Führung wirkt so logisch und überzeugend, daß man glaubte in ihr die Lösung des Führungsproblems gefunden zu haben. Trotzdem begegneten ihr viele Führungskräfte mit Skepsis. Sie glaubten einfach nicht durch das propagierte Führungsverhalten bei ihren Leuten Erfolge erzielen zu können. Andere Vorgesetzte erzielten wiederum mit entgegengesetzten oder stark abweichenden Verhaltensweisen ihre besten Resultate.

So kam man zu der Überzeugung, daß die gegebene Situation ein ganz bestimmtes Führungsverhalten verlangt.
Die Situation wird durch mehrere Faktoren bestimmt:

- Die Arbeit selbst: ist sie rein mechanisch? Erlaubt sie die Beteiligung des Mitarbeiters bei der Zielsetzung und besteht die Möglichkeit ihm freie Hand bei ihrer Durchführung zu geben?
  Bietet sie Spielraum zur Übertragung von Verantwortung? Ermöglicht sie die Eigenkontrolle des Ausführenden?
- Die Arbeitsumstände: steht die Arbeit unter hohem Zeitdruck, handelt es sich vielleicht um wichtige Aufträge, Angebote, oder gar eine Katastrophensituation?
- Die fachliche Reife der Arbeitskräfte: sind sie der Arbeit gewachsen?
- Die psychologische und soziale Reife: sind sie zu guter Zusammenarbeit fähig? Wie ist ihre Einstellung gegenüber der Arbeit und dem Betrieb?
- Der Vorgesetzte: Welches sind seine Stärken oder Schwächen, wie kommt er am besten mit seinen Mitarbeitern zurecht?
- Der Führungsstil: welche Anschauungen vertritt die Betriebsführung, was erwartet sie von den Vorgesetzten, welche Hilfestellung gibt sie ihnen bei ihren Führungsaufgaben?

Es ist kein Wunder, daß sich bei den verschiedenen Situationen, die sich durch das Zusammenwirken dieser Faktoren ergeben können, auch verschiedene Formen und Arten des Führungsverhaltens bewähren. Situationen verändert man nicht von heute auf morgen. Deswegen wird es auch keinen allgemein gültigen Führungsstil geben, den man sofort verwirklichen könnte. Es ist vielmehr die Aufgabe des Vorgesetzten, seine Mitarbeiter, ausgehend von der durch die Arbeitsbedingungen und ihre eigenen Interes-

sen und Fähigkeiten gegebenen Situation, weiter zu entwickeln und zu aktiven Arbeitskräften zu machen.
Ausgehend von Erkenntnissen, die in der letzten Zeit zu dem Begriff der »Situativen Führung« geführt haben, kann man sich die Entwicklung des Führungsverhaltens mit zunehmender Reife der Mitarbeiter folgendermaßen vorstellen:

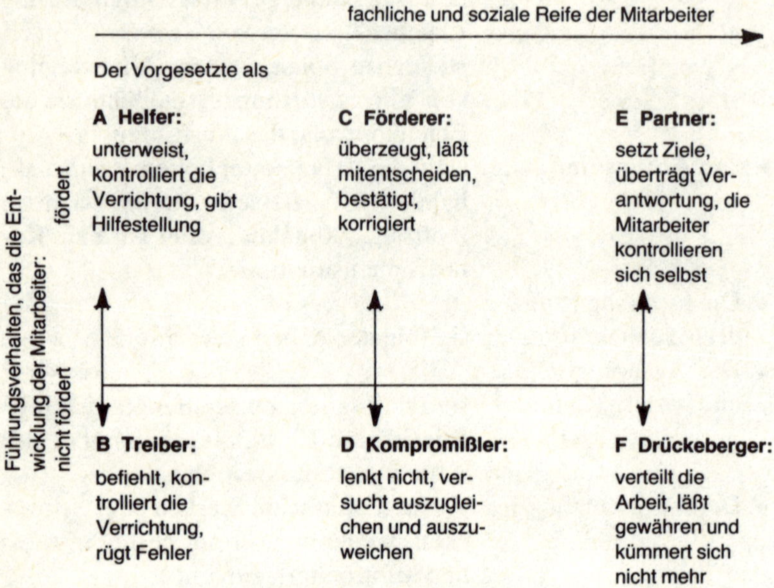

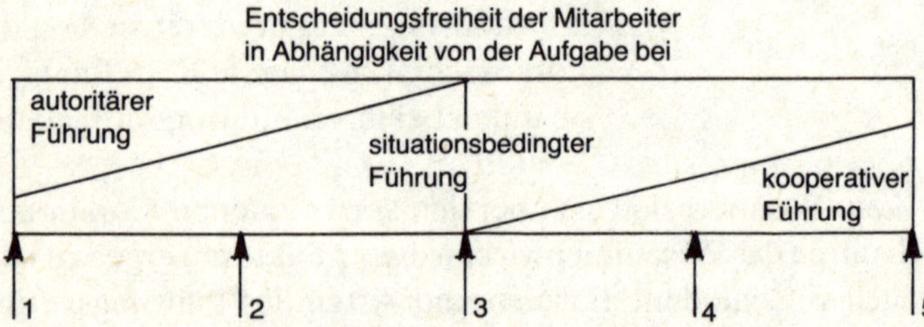

1. Der Vorgesetzte entscheidet allein
2. Er läßt Stellungnahmen zu
3. Er läßt mitentscheiden und zieht auch gegenteilige Meinungen in Erwägung
4. Er billigt den Mitarbeitern in bestimmten Grenzen Entscheidungsfreiheit zu
5. Die Mitarbeiter (Gruppe) entscheiden allein

Das in dem Schaubild dargestellte Feld in der Praxis vorkommender Führungsverhalten, ist zweidimensional. Von links nach rechts gesehen, entwickelt sich das Verhalten des Vorgesetzten bei zunehmender Verselbständigung der Mitarbeiter vom Lehrer zum Partner, der sich in seine Gruppe als »Erster unter Gleichen« integriert. In vertikaler Richtung stehen sich zwei Verhaltensextreme gegenüber. Die nach oben gerichteten Pfeile mit den dazugehörigen Buchstaben A, C und E, kennzeichnen Verhaltensweisen, die für die Entwicklung und Verselbständigung der Mitarbeiter förderlich sind. Aber auch die mit B, D und F gekennzeichneten Verhaltensweisen können in der Praxis vorkommen. Trotz ihres negativen Charakters können sie in manchen Sonderfällen sogar zielführend sein.
Der Fall A entspricht dem Verhalten des Urlaubsvertreters des Meisters in dem Gießereibeispiel. Hier handelt es sich um eine Gruppe, die aus einigen Gießern, der Elite, und einer Mehrzahl von Hilfsarbeitern besteht, deren fachliche und soziale Reife nur gering zu bewerten ist. Als soziale Reife wollen wir ihr Verständnis für die Probleme des Betriebes und ihre Bereitschaft und Fähigkeit zur Zusammenarbeit verstehen. Damit ist es bei ihnen nicht weit her. Sie ignorieren durch ihr Unverständnis die wirtschaftlichen und sozialen Probleme des Betriebes und prägen durch ihre kurzsichtige, gleichgültige Einstellung den Charakter der Gruppe.
Der Urlaubsvertreter des Meisters, ein aufgeschlossener Mensch, erkennt sofort, daß bis jetzt nicht im geringsten versucht wurde, diese Leute darüber aufzuklären, daß in einem Betrieb alle an einem gemeinsamen Strang ziehen. Daß andere unter ihrer Verantwortung genauso zu tragen haben, wie sie unter der Last ihrer Arbeit. Sie fühlen sich wie Arbeitstiere behandelt und ausgenützt und hegen keine Sympathiegefühle für ihren Vorgesetzten. Durch ihn ist ihr Verhältnis zum Betrieb gespannt, ihn machen sie auch für das Klima und die Arbeitsbedingungen verantwortlich.
Der Vertreter nähert sich vorsichtig den Leuten und spricht mit ihnen, damit sie erkennen, daß er jetzt ihr Vorgesetzter ist, aber sie nicht beherrschen möchte. Er zeigt ihnen als Mensch Verständnis und versucht etwas Sympathie zu gewinnen. Rasch erkennt er ihre

Unselbständigkeit. Er unterweist sie sorgfältig, wo er ihre Unsicherheit merkt und fragt von Zeit zu Zeit, ob er auch verstanden wurde. Die Leute gewinnen langsam etwas Sicherheit und Zutrauen zu sich selbst und ihrem neuen Vorgesetzten. Dieser kontrolliert ihre Tätigkeit, um sofort eingreifen zu können, wenn ihm etwas auffällt, was besser sein könnte. Dadurch vermeidet er, so gut es geht, Fehler und Rügen.

Die Hilfsarbeiter fühlen eine Erleichterung, weil sie sich nicht mehr zu fürchten brauchen und auch bei den Gießern bessert sich die Stimmung, weil sie merken, daß niemand mehr auf das Tempo drückt, gleich ob ein zwingender Grund vorhanden ist, oder nicht. Wenn nicht der Meister nach drei Wochen von seinem Urlaub zurückgekommen wäre, hätte der Vertreter unbeirrt sein Werk fortgesetzt. Er hätte die Leute im Rahmen ihrer bescheidenen Tätigkeit zu mehr Selbständigkeit und Zuverlässigkeit erzogen. Das hätte sich sicher auf die Leistung und das Klima positiv ausgewirkt.

Aber auch das Verhalten nach Grenzfall B kann im Betrieb u.U. nötig werden, wenn auch nur in ganz bestimmten Fällen und vorübergehend. Wenn z. B. ein Auftrag für einen Großkunden schnellstens durchgeführt werden muß und alles andere liegenbleibt. Es kann sich auch, wie im vorhergehenden Beispiel, um zu zahlreich auftretende Reklamationen handeln, die den ganzen Verkauf gefährden.

In solchen Fällen muß sich ein Vorgesetzter nötigenfalls mit Härte gegen den Widerstand seiner Leute durchsetzen können. Wenn sie auch anfänglich Sinn und Notwendigkeit seiner Anordnungen nicht begreifen, so werden sie doch bald einlenken, wenn er sonst gute Beziehungen zu ihnen aufrecht erhält und sie ihn als stets hilfsbereiten, objektiven Vorgesetzten kennengelernt haben.

In jeder Gruppe findet sich hin und wieder ein Mensch, der durch ständiges Zuspätkommen, Eigenmächtigkeiten oder Stänkereien mit Kollegen Ärger verursacht. Auch solchen Leuten gegenüber ist Härte am Platze, wenn wiederholte Ermahnungen nicht fruchten. Besser haben es Vorgesetzte, die sich nicht mit Lautstärke oder gestikulierend durchzusetzen brauchen, sondern es dem Unverbesserlichen mit wenigen ernsten, eindringlichen Worten klar

machen können, daß sie mit ihrer Geduld am Ende sind. Die Autorität des Vorgesetzten ist um so größer, mit je mehr Ruhe und Überlegenheit er es versteht, seinem Gesprächspartner die Gewissheit zu geben, daß er bei weiteren Verfehlungen auf keine Nachsicht mehr rechnen darf.
Bei guter Unterweisung und Führung wird sich der Sachverstand in der Gruppe immer weiter entwickeln. Man wird auch bei einfacheren Tätigkeiten von einer höheren fachlichen Qualifikation sprechen können, wenn der Mensch nicht mehr seine Arbeit nur nach Anweisung, rein mechanisch durchführt, sondern langsam selbständiger zu arbeiten und eigene Erfahrungen zu sammeln und anzuwenden beginnt. Er wird über seine Tätigkeit nachzudenken beginnen und sich über manches eine eigene Meinung bilden, die nicht immer mit der Meinung und den Anordnungen des Vorgesetzten übereinstimmt.
Diese Entwicklung ist ein langsamer Prozeß. Ist sie für den Betrieb unerwünscht? Sollte sie der Meister stoppen, oder sollte er auch gelegentlich seine Leute anhören und sich ihre Erfahrung zu Nutze machen? Leidet darunter nicht etwa seine Autorität? Das ist keineswegs der Fall, wenn er dabei nur richtig vorgeht. Nicht als Ratsuchender sollte sich der Meister an seine Mitarbeiter wenden. Ebenso wenig sollte er auch ihre Vorschläge mit einer Handbewegung abtun, vielleicht mit der hintergründigen Angst, sie könnten bessere Gedanken haben als er selbst. Er sollte vielmehr bereit sein, die Stellungnahme eines Mitarbeiters als Sachverständiger objektiv zu prüfen. Ist sie verwertbar, so wird er sie anerkennen. Andernfalls wird er den Mitarbeiter sachlich zu überzeugen versuchen, warum seine Idee nicht verwirklicht werden kann oder warum eine Änderung des Betriebsablaufes unter den gegebenen Umständen nicht möglich ist.
Mit diesem Stadium, das die Gruppe zu erreichen beginnt, nähern wir uns dem Zustand, bei dem der Meister auch die noch weniger aufgeschlossenen und weniger kritischen seiner Leute zu selbständigerem Mitdenken aktivieren sollte, um nach und nach mit seinen Mitarbeitern das Stadium C zu erreichen.
Wer mitdenkt und dabei seine Erfahrungen zu Rate zieht, kann manchmal bei Problemen, die die eigene Arbeit betreffen, zu

praktischeren Lösungen kommen, als der Meister selbst. Einem Arbeiter, der eine bestimmte Tätigkeit täglich verrichten muß, fallen die Schwachstellen des Arbeitsablaufes leichter auf, als dem Meister, der sich ja nicht mit jeder Einzelheit beschäftigen kann. Nimmt dieser die Vorschläge seiner Mitarbeiter zur Kenntnis, so erschließt er damit auch ihre Erfahrungen dem Betrieb. Diskutiert er ihre Vorschläge mit ihnen, in der Bereitschaft sie zu realisieren, wenn sie nützlich sind, so beteiligt er sie dadurch auch an wichtigen Entscheidungen.
Trotz seines Bemühens, die Gedanken seiner Mitarbeiter bei solchen Diskussionen nicht durch Zwang, sondern durch Überzeugen in die richtige Bahn zu lenken, muß er sich doch als Vorgesetzter und Hauptverantwortlicher das letzte Wort vorbehalten, wenn man sich nicht einigen kann. Der positive Effekt des Mitentscheidens ist das stärkere Interesse, das die Leute nun an ihrer Arbeit haben, da sie sich mitverantwortlich fühlen und nach ihrem Mitwirken bei der Entscheidung auch auf das Erfolgserlebnis warten.

Im Falle C wird der Vorgesetzte seinen Mitarbeitern mehr Freiheit einräumen und sie weniger häufig kontrollieren. Trotzdem darf er nicht ihrer Weiterentwicklung seine Aufmerksamkeit entziehen. Er wird sie zu fördern suchen, indem er gute Leistungen und zufriedenstellendes Arbeitsverhalten durch Zustimmung bestätigt. In besonderen Fällen wird auch eine Anerkennung am Platze sein. Die Leute sollten es merken, daß ihr Vorgesetzter mit ihnen zufrieden ist und daß sie in der gleichen Weise fortfahren sollten.
Jeder, der sich etwas zutraut macht auch manchmal Fehler. Diese sind kaum zu vermeiden, wenn man den Mann nicht dauernd beaufsichtigt. In solchen Fällen, in denen nicht böswilliges Verschulden vorliegt, sollte die Korrektur des Meisters nicht als Kritik empfunden werden. Sie sollte dem Mitarbeiter das Gefühl geben, daß ihm sein Vorgesetzter gewogen ist und ihm nur helfen möchte weitere Fehler zu vermeiden.
Im Gegensatz zu dem Förderer (C), kann sich der Kompromißler (D) bei seiner Gruppe nicht durchsetzen. Er lenkt nicht, sondern er überläßt es den Leuten sich bei Meinungsverschiedenheiten zusammenzuraufen. Er strebt bestenfalls Kompromisse an.

Bei Meinungsverschiedenheiten wird es manchmal nicht ausbleiben, daß diese die Grenzen des Sachlichen überschreiten und persönlich werden. In solchen Fällen kann nur ein Vorgesetzter mit natürlicher Autorität eine von beiden Seiten akzeptierte Einigung herbeiführen. Nicht jedoch ein unentschlossener Kompromißler, der vielleicht sogar bei den Stärkeren Halt sucht.

Noch schlimmer ist es, wenn ein Vorgesetzter einen Mitarbeiter durch Manipulation für eine Zustimmung oder Handlung zu gewinnen sucht, denn Manipulieren heißt, ihm eine Zusage, einen Entschluß, durch falsche Versprechungen zu entlocken, ihm falsche Tatsachen vorzuspiegeln, ihn aufs Glatteis zu führen.

Leute, die merken, daß man sie manipuliert hat, tun zwar das, zu was sie sich verpflichtet haben, aber nur unwillig. Manchmal halten sie sich auch nicht an ihre Zusagen. Einer, der einmal manipuliert wurde, ist meist weiteren Bemühungen des Vorgesetzten unzugänglich.

Ein auf die Verselbständigung seiner Mitarbeiter bedachter Vorgesetzter wird ihnen in immer breiterem Rahmen Entscheidungs- und Handlungsfreiheit zubilligen. Allerdings müssen auch dafür seitens der Arbeit die nötigen Voraussetzungen gegeben sein. Es versteht sich, daß die Mitarbeiter genügend Erfahrung und Selbstkritizismus besitzen sollten, um die Folgen ihrer Entscheidungen richtig beurteilen und ihre Leistungen selbst kontrollieren zu können.

Als erstrebenswerter Sachverhalt kann schließlich der Zustand E erreicht werden, bei dem der Vorgesetzte seinen Mitarbeitern nur noch Ziele zu setzen braucht und ihnen mit der Verantwortung für deren Erfüllung auch die nötigen Befugnisse überträgt. Es hängt von der Aufgabe ab, welche fachliche Reife der Mitarbeiter besitzen muß, um die Verantwortung für ihre Ausführung übernehmen zu können. Geistig-psychologische Voraussetzungen, sind nicht nur die Fähigkeit zur Selbstkontrolle, sondern auch Loyalität und Offenheit gegenüber dem Vorgesetzten, der ehrlich und vertrauensvoll über alles unterrichtet werden sollte was er über die Durchführung der Aufgabe wissen muß.

Eine Gruppe, die diesen Reifegrad erreicht hat, sehen wir in den Mitarbeitern der Versuchsabteilung unseres Beispiels. Es handelt sich um hochqualifizierte Leute, die sofort im Bilde sind, was zu tun ist. Es wäre falscher Ehrgeiz des Chefs, ihre Initiative zu bremsen, um einen eigenen Plan durchzusetzen, wenn er nicht überzeugt ist, daß er zu einem besseren Resultat führt. Das wäre seiner Autorität keineswegs zuträglich. Der Versuchsleiter folgt jedoch den Ausführungen seiner Ingenieure mit Aufmerksamkeit und zeigt, daß er einverstanden ist, durch seine Zustimmung.

Die Mitarbeiter bei diesem Verantwortungs- und Selbständigkeitsgrad noch bei ihrer Arbeit kontrollieren zu wollen, würde als überflüssig und kränkend empfunden. Durch seine Anwesenheit in der Versuchshalle, zeigt der Versuchsleiter jedoch, daß ihn jeder bei unerwarteten Schwierigkeiten ansprechen kann. Schließlich wird man ihm über das Ergebnis der Versuchsreihe eingehend berichten. Auch über Beobachtungen, die für spätere Versuche als Erfahrungen dienen können, wird man ihn informieren. Der Chef wird mit anerkennenden Worten danken und mit Recht auf die gemeinsame Leistung verweisen, durch die man diese dringende Aufgabe gemeistert hat.

Da es sich bei den Versuchsingenieuren um eine hochqualifizierte, geachtete Gruppe im Betrieb handelt, kann mit Recht die Frage erhoben werden, ob auch der Arbeiter zu ähnlichen Vertrauensleistungen fähig ist. Diese Frage kann aus Erfahrung bejaht werden. Nicht zu vergessen ist jedoch, daß die Anforderungen an die fachlichen, geistigen und psychischen Fähigkeiten eines Mitarbeiters vor allem von der zu stellenden Aufgabe abhängen.

In der geschilderten Versuchsabteilung ist seit Jahren ein älterer Arbeiter tätig, der nicht nur wegen seiner Erfahrungen, sondern auch als Mensch geachtet wird. Der Mann hat den früheren Versuchsleiter auf manchen Dienstreisen begleitet. Zum Meister wurde er nicht ernannt, da er trotz seiner Selbständigkeit und Menschenkenntnis nicht die notwendigen Führungseigenschaften besitzt. Einer der jüngeren Versuchsingenieure erhält nun den Auftrag mit Unterstützung dieses Arbeiters die Fördereigenschaften einer Einspritzpumpe festzustellen. Hierzu muß der Arbeiter einen Prüfstand aufbauen. Das tut er anhand einer Skizze völlig selbständig. Er ist mit den Funktionen eines solchen Prüfstandes völlig vertraut. Nach dessen Fertigstellung, deren Zeitpunkt man ihm überlassen konnte, benachrichtigt er den Ingenieur. Dieser dankt und begibt sich in die Versuchshalle. Ein Dank genügt diesem bewährten Mitarbeiter. Der Versuch des jungen Ingenieurs seine Arbeit zu loben, z. B. mit den Worten: »Das haben Sie aber wieder gut gemacht, Herr ...« würde von diesem wahrscheinlich mit einem nachsichtigen Lächeln zur Kenntnis genommen werden.

Unter solchen oder ähnlichen Bedingungen kann sich die Beziehung zwischen Vorgesetztem und Mitarbeitern zu einem partnerschaftlichen Verhältnis gestalten. Voraussetzung dafür ist jedoch die soziale Reife der Mitarbeiter, die die Entscheidungen und Anordnungen des Vorgesetzten, die aus einer höheren Verantwortung kommen, freiwillig anerkennen.

Eines Tages wird der ältere Arbeiter wieder dem jungen Ingenieur zugeteilt. Plötzlich beginnt es in Strömen zu regnen, so daß die Erprobungsfahrten, die mit den Schleppern im Freien durchgeführt werden, plötzlich abgebrochen werden müssen. Alle versuchen die Versuchshalle so schnell wie möglich zu erreichen. Der Ingenieur gibt in diesem Augenblick dem Arbeiter die Weisung, seinen Schlepper, der ziemlich weit draußen steht, noch unter Dach zu bringen. Dieser widersetzt sich unerwartet mit dem Hinweis, daß das bei solchen Maschinen nicht nötig sei. Wie hätte der Ingenieur nun vorgehen sollen, um seine Autorität zu wahren?

- Hätte er auf seiner Weisung bestehen müssen?
- Hätte er, wie im Falle F (Drückeberger), einer Auseinandersetzung aus dem Wege gehen und die Worte des Mitarbeiters ohne Erwiderung einfach überhören sollen?
- Oder hätte er dem Arbeiter Recht geben und seine Anweisung zurücknehmen können?

Obwohl ein Führungsverhalten nach den Merkmalen »F« abzulehnen ist, hatte es im vorliegenden Falle keine weiteren Folgen, daß der Ingenieur die Worte des Arbeiters einfach überhörte und seinen Weg zur Versuchshalle fortsetzte, ohne sich weiter umzusehen. Das Verhältnis zwischen den beiden blieb auch weiterhin achtungsvoll und wohlwollend. Das war bei einem so gereiften Menschen, wie dieser Arbeiter, auch zu erwarten.

Im Grunde ist die Einstellung eines Vorgesetzten, der sich wie im Falle »F« verhält, keineswegs wohlwollend seinen Mitarbeitern gegenüber. Sie sind ihm gleichgültig oder er fürchtet sich sogar vor ihnen. Er geht ihnen aus dem Wege, vermeidet Kontrollen und Auseinandersetzungen. Sie merken bald, daß keine Autorität vorhanden ist und verfallen in ihren eigenen Trott.
In bezug auf ihre Bemühungen um die Entwicklung zu fachlicher und sozialer Reife ihrer Mitarbeiter können wir das Führungsverhalten der Vorgesetzten folgendermaßen charakterisieren:

1. Um die fachliche und soziale Reife bemühte Vorgesetzte: Helfer (A), Förderer (C), Partner (E)
   Ziel: Mitarbeiter, die mitdenken, mitentscheiden, mitverantworten
2. Die Entwicklung hemmende Vorgesetzte: Befehlshaber, Treiber (B)
   Ziel: Gehorsam erzwingen, Untergebene die ohne Überlegung jedem Befehl folgen, zur Verfügung zu haben
3. Vorgesetzte ohne Einfluß: Kompromißler (D), Drückeberger (F)
   Sie haben kein Ziel, es sei denn, der Verantwortung aus dem Wege zu gehen.

Man kann von drei Arbeitsgruppen, die nach den dargestellten Merkmalen geführt werden, folgende Leistungsentwicklung erwarten:

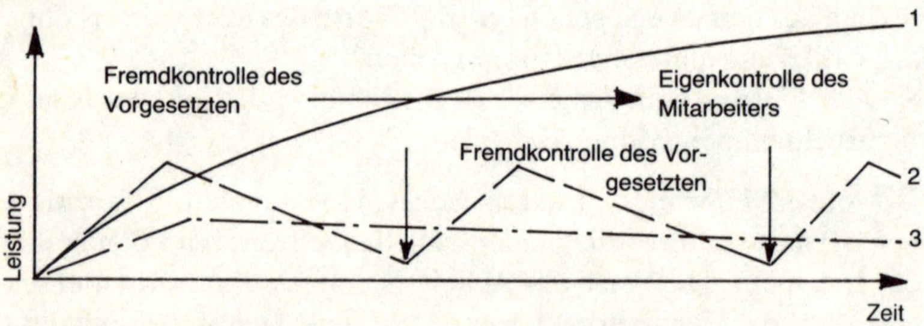

Im Falle 1 entwickelt sich die Zusammenarbeit unter der Förderung des Vorgesetzten zur Partnerschaft. Entsprechend hoch ist auch der Leistungsstand, der erreicht wird.

Im Falle 2 vermag der Vorgesetzte durch Einschüchtern und Antreiben vorübergehend höhere Leistungen zu erzwingen. Diese müssen jedoch durch ständige Kontrolle und erneutes Antreiben hochgehalten werden, damit das Niveau nicht absinkt. Sobald der Vorgesetzte sich abwendet, sinkt die Leistungsbereitschaft.
Im Falle 3 wird die Gruppe alleingelassen. Sie fühlt sich anfänglich zwar gefordert und zu Initiative verpflichtet, da sie plötzlich keinen Druck spürt, in Kürze merkt sie jedoch, daß sie keinen Vorgesetzten hat, der ihre Leistungen anerkennt oder korrigiert. Die Leute lassen nach und mit der Leistung sinkt auch die Arbeitszufriedenheit immer weiter.

Fassen wir die Vorteile zusammen, die sich aus der Verselbständigung der Mitarbeiter ergeben:

- Die Initiative und Erfahrung der Mitarbeiter werden dem Betrieb bei der Arbeit und durch Verbesserungsvorschläge erschlossen
- Der Vorgesetzte wird für wichtigere Aufgaben entlastet, da er sich nicht mehr um alle Einzelheiten zu kümmern braucht
- Durch Selbständigkeit im Denken und Eigenverantwortung beim Handeln steigert sich das Interesse der Mitarbeiter an der Arbeit. Das führt zu höheren Leistungen.
- Erfolgserlebnisse aus selbständiger Tätigkeit führen zu mehr Arbeitszufriedenheit. Das Betriebsklima und die Einstellung der Mitarbeiter zum Betrieb werden besser.

3.1. Voraussetzungen für die Verselbständigung der Mitarbeiter; Die Aufgabe, der Vorgesetzte, der Betrieb

Irgendwo wird das Streben nach Verselbständigung der Mitarbeiter seine Grenzen finden. Mit der Aufgabe wächst der Mensch: seine fachliche und psychische Reife, seine Persönlichkeit. Ein technischer Direktor oder Bereichsleiter hat ganz andere Einblikke in das Betriebsgeschehen, als ein einfacher Arbeiter in der

Werkstatt oder ein Sachbearbeiter im Büro. Für ihn ist es Selbstverständnis, was der andere oft nicht begreifen kann, da jener die Hintergründe nicht kennt.

Wenn wir Menschen fachlich und als Mitarbeiter weiterbringen wollen, so sollten wir uns erst überlegen, welche Aufgaben wir ihnen überhaupt stellen können. Aufgaben, an denen sie lernen und sich bewähren sollen.

- Verlangt die Aufgabe eine Fachausbildung, über die unser Mitarbeiter verfügt, kann er fachlich noch etwas dazulernen?
- Werden Erfahrungen gefordert, kann der Mitarbeiter durch die Tätigkeit Erfahrungen hinzugewinnen?
- Verlangt die Tätigkeit Initiative – können Schwierigkeiten oder gar Gefahren auftreten, denen der Mitarbeiter begegnen muß? Darf man von ihm die notwendige Handlungsfähigkeit erwarten, oder müßte man ihm erst durch Erfahrungen bei anderen Tätigkeiten das nötige Selbstvertrauen geben?
- Verlangt die Tätigkeit Intelligenz, müssen plötzlich auftretende Probleme gelöst werden, muß eine Entscheidung getroffen und zwischen mehreren Lösungsmöglichkeiten die beste gewählt werden? Kann ich als Meister von meinem Mitarbeiter verlangen, daß er seine Probleme selbst löst, wenn es um die Arbeit, Hilfsmittel, Vorrichtungen oder kleinere Schäden geht?
- Muß ich die Ziele und Standards oder Etappen der Arbeit festlegen oder vermag sich der Mitarbeiter selbst kurzfristige Ziele zu setzen, nach denen er seine Arbeitsfortschritte kontrollieren kann, z. B. was er bis zu einer bestimmten Zeit getan haben muß, wenn er mit seiner Arbeit rechtzeitig fertig werden will?
- Kann der Mitarbeiter die Hilfsmittel und Vorgehensweisen bei seiner Arbeit selber bestimmen?
- Was kann ich als Meister meinen Mitarbeitern für Möglichkeiten bieten? Nur einfache oder auch anspruchsvollere Tätigkeiten, an denen sie lernen und sich weiter entwicklen können?

Es gehört im weiteren Sinne zu den Führungsaufgaben des Vorgesetzten, sich solche Aufgaben für seine Mitarbeiter zu überlegen, bei denen sie Erfahrungen hinzugewinnen und sich fachlich verbessern können. Der Meister sollte es sich nicht zu leicht machen, denn mit den praktischen Anforderungen einer Aufgabe steigert sich auch ihr Lehrwert.

Die Voraussetzung für einen erfolgreichen Lernprozeß ist natürlich die Bereitschaft und Befähigung des Vorgesetzten.

- Ein Meister sollte seine Leute so weit kennen, um ihre Fähigkeiten auch richtig beurteilen zu können, wenn er ihnen eine Aufgabe stellen will.
- Er sollte selbständige Aufgaben und klare Ziele festlegen können. Das erfordert planerische Fähigkeiten, denn es ist nicht immer einfach für andere so zu denken, daß sie auch in der Lage sind die geforderten Ziele zu realisieren. Mitarbeiter, die sich überfordert fühlen, werden unlustig und unterstellen dem Vorgesetzten, daß er die Arbeit, die er selbst nicht zu tun braucht, gar nicht kennt. Sonst würde er realistischere Ziele setzen. Aus solchen Konflikten entstehen Spannungen zwischen den Mitarbeitern und dem Vorgesetzten.

Nicht immer wird ein Mitarbeiter gleich für eine neue, anspruchsvollere Tätigkeit zu gewinnen sein, vor allem dann, wenn sie Initiative und Anpassung von ihm verlangt. Er muß erst davon überzeugt sein, daß ihn diese Tätigkeit weiterbringt und für ihn einen Nutzen bedeutet. Dieses Bewußtsein vergrößert sein Interesse an der Arbeit. Der Vorgesetzte muß es also verstehen, einen Mitarbeiter über die Bedeutung, die eine bestimmte Aufgabe für ihn haben kann, zu orientieren. Bloße Hinweise, was zu tun ist, genügen nicht wenn der Mitarbeiter für seine Arbeit motiviert werden soll. Der Typ des X-Arbeiters verhält sich ja nur deswegen so ablehnend und gleichgültig gegenüber seiner Arbeit, weil er der Meinung ist, daß ihm seine Tätigkeit keine persönlichen Vorteile bringt außer dem Lohn, den er sich auch mit einem Mindestmaß an Anstrengungen verdienen kann. Ein Vorgesetzter, der seine Mitarbeiter überzeugen will, muß neben seinem Fachwissen auch Menschenkenntnis besitzen. Er muß psychologisch richtig denken können.
Ebenso wichtige Eigenschaften eines Vorgesetzten, der seine Mitarbeiter fördern will, sind Geduld und Toleranz. Er muß ihre Ent-

scheidungen auch billigen können, wenn er ihnen einmal Entscheidungsfreiheit eingeräumt hat. Er darf nicht gleich dreinreden, wenn ihm das manchmal auch schwerfällt. Es sei denn, die Überlegung eines Mitarbeiters ist falsch und eine Korrektur unvermeidlich. Wie soll sich denn bei Mitarbeitern, die ständig einen Einspruch befürchten müssen, der Mut zu Eigeninitiative entwikkeln?

Ein Vorgesetzter sollte auch Fehler seiner Mitarbeiter ertragen können und nicht gleich die Ruhe verlieren. Ohne Fehler gibt es ja kein Lernen. Wie sollte einer den Mut zur Selbständigkeit aufbringen, wenn er für einen Fehler, der ihm nur aus Mangel an Erfahrung unterlaufen ist, gleich gerügt wird? Schwere Fehler sollten allerdings nicht vorkommen. Dann wäre der Preis des Lernens zu hoch. Der Vorgesetzte sollte also rechtzeitig erkennen, wo sich ein schwerer Fehler anzudeuten beginnt, um rechtzeitig eingreifen zu können. Er muß also Wichtiges und Unwichtiges voneinander unterscheiden können und darf sich nicht mit Nebensächlichkeiten aufhalten.

Wenn ein Vorgesetzter seinen Mitarbeitern Selbständigkeit einräumen und ihnen Verantwortung übertragen will, darf er sich nicht vor tüchtigen Leuten fürchten. Andererseits darf er sich aber auch seine Mitarbeiter nicht über den Kopf wachsen lassen. Er muß genügend Autorität besitzen, um von ihnen respektiert und geachtet zu werden, auch dann, wenn er sich gelegentlich gegen ihren Willen und ihre Meinung durchsetzen muß. Die formelle Autorität der Stellung, die ihm vom Betrieb übertragen wurde, genügt kaum allein dazu. Es gibt leider genug Vorgesetzte, die sich nur durch Härte behaupten können oder ihren Mitarbeitern ausweichen. In Wirklichkeit kommt es jedoch nur auf die persönliche, menschliche Autorität des Vorgesetzten an, auf das Vorbild, das er für seine Mitarbeiter darstellt.

Wie geführt wird und wie sich dabei die Mitarbeiter entwickeln, hängt schließlich auch in einem gewissen Maße von dem Betrieb und seiner Atmosphäre ab. Es gibt Betriebe, in denen, allein durch die härteren Arbeitsbedingungen, auch ein härterer Umgangston herrscht. Ein anderer Umgangston herrscht beispielsweise in einem Hüttenwerk oder auf einer Baustelle, als in einer

Kleiderfabrik oder einem Werk für Präzisionsgeräte. Sicher ist auch die Fachqualifikation der Arbeiter in den verschiedenen Fabriken sehr unterschiedlich. Viele Arbeiter hegen aufgrund ihrer primitiven und harten Arbeitsbedingungen kaum die Erwartung, daß sich an ihrem Los etwas bessern könnte oder daß ihr Vorgesetzter die Absicht verfolgen dürfte und es auch möglich wäre, sie einer höheren fachlichen und sozialen Reife zuzuführen.
Wer realistisch denkt, wird zugeben müssen, daß die Chancen der Führungskräfte etwas für ihre Leute tun zu können sehr unterschiedlich sind. Erschwerend wirkt auch der Umstand, daß Arbeitsgruppen oft nur für bestimmte Aufgaben zusammengestellt werden. So können beispielsweise einem Vorarbeiter auf einer Baustelle Leute zugewiesen werden, die lediglich bestimmte Schalungs- oder Ausschachtungsarbeiten durchzuführen haben. Aber unsere Wettbewerbswirtschaft verlangt auch von einem Baubetrieb wirtschaftliche und termingerechte Leistungen.
Mitarbeiter sind keine Maschinen, die man nur einzuschalten und auf die gewünschte Leistung zu bringen braucht. Bei ihnen kommt es auf die Fähigkeit des Vorgesetzten an, Menschen zu verstehen und zu führen. Wenn es ihm auch nicht gelingt weitergehende positive Veränderungen an seiner Gruppe zu erzielen, so müßte er doch in der Lage sein die Sympathie seiner Leute zu gewinnen und ihre Einstellung zu seinen Anordnungen und zur Arbeit zu verbessern. Freiwillige Leistungen sind auf die Dauer höher als erzwungene.
Auch bei einem betriebsüblich rauhem Umgangston sollte sich der Vorgesetzte mit der seelischen Struktur seiner Mitarbeiter vertraut machen. Den einen kann man härter anfassen, während man bei anderen schon mit Vorwürfen vorsichtig sein muß, wenn man sie nicht verschüchtern will. Wenn der Meister oder Vorarbeiter auch nicht seine Leute mit Samthandschuhen anfassen kann, so sollten sie doch nicht nur die Entschlossenheit, sondern auch das Wohlwollen seiner Worte empfinden.

- Jeder, auch der einfachste Arbeiter sollte die Gewißheit haben, daß er von seinem Vorgesetzten als Mensch geachtet und anerkannt wird, auch wenn er seinen Weisungen gehorchen muß.

- Die Leute sollten es merken, daß ihr Vorgesetzter gutes Verhalten bestätigt und ihre Leistungen nicht übersieht
- Daß er nicht nur Anweisungen gibt, sondern gelegentlich auch sagt, warum er sie geben muß
- Die Mitarbeiter sollten in ihrem Vorgesetzten einen vertrauenswerten Menschen sehen, den man zwar achtet, vor dem man sich jedoch nicht zu fürchten braucht. Einen Menschen, dem man es offen sagen kann, wenn man irgendein Problem bei der Arbeit oder mit den Kollegen hat, weil man von ihm Hilfe erwarten darf
- Das wichtigste ist jedoch, wie der Vorgesetzte als Mensch und Autorität auf seine Mitarbeiter wirkt, ob er ein Vorbild ist, oder ob er selbst mit den Fehlern behaftet ist, die er an seinen Mitarbeitern verurteilt.

Wer sich als Vorgesetzter nur diese Verhaltensregeln überlegt und auch anwendet der wird selbst die Sympathie der einfachsten seiner Mitarbeiter gewinnen und sie sich verpflichten, auch wenn der Bestand einer Arbeitsgruppe nur von begrenzter Dauer ist. Die Leute merken das echte Wohlwollen eines Vorgesetzten ebenso rasch, wie übermäßige Härte, Schwäche oder Unentschlossenheit, die sie besonders verurteilen. Gute Behandlung verpflichtet zu Gegenseitigkeit, zu Loyalität und zu freiwilligem Gehorsam.

In manchen Betrieben ist man noch heute der Meinung, daß die Durchsetzungsfähigkeit eines Vorgesetzten neben seinen fachlichen Qualitäten zu seinen wichtigsten Eigenschaften gehört. Dieser Einstellung entsprechend, werden nicht nur Mitarbeiter, die gute Fachleute sind, sondern sich auch durchsetzen können, zu Vorgesetzten befördert. Also Leute, die mit den verschiedenen Situationen und Menschentypen, die ihnen in ihrer Führungspraxis begegnen, ohne viel Federlesens fertig werden. Das Resultat eines solchen Vorgehens sind Spannungen zwischen ihnen und ihren Mitarbeitern, schlechtes Betriebsklima, unbefriedigende Leistungen, oft auch Fehlzeiten und Unfälle.

Der Betrieb erkennt meist die Folgen falschen Führungsverhaltens zu spät und sucht dann nach Rezepten oder einer raschen Schulungsmöglichkeit, um das Verhalten seiner Führungskräfte auf schnellem Wege zu verbessern.

Daß eine plötzliche Verhaltensänderung um 180 Grad zu keinen Erfolgen führt und auch seitens der Vorgesetzten nicht möglich ist, hat die Praxis längst erwiesen. Selbst Vorgesetzte, die unter Berücksichtigung der gegebenen Situation, ihren Mitarbeitern rasch näher kommen und das Verhältnis zu ihnen verbessern möchten, können nur selten auf die Unterstützung der Betriebsleitung und der höheren Führungsebene rechnen. Man lehnt die »weiche Welle« ab mit dem Bemerken, man hätte sich eben auch durchsetzen müssen und das habe immer noch am raschesten zum Ziele geführt.

Beschäftigen wir uns einmal mit folgendem Beispiel: In einer Fertigungsabteilung ist ein relativ hochqualifizierter Mitarbeiter beschäftigt. An seiner Leistung gibt es nichts auszusetzen, auch nicht an der Qualität seiner Arbeit. Seit einiger Zeit hat er sich jedoch angewöhnt, täglich zu spät zu kommen.

Der Meister, ein noch jüngerer, pflichtbewußter Mann, der seine Leute nach fortschrittlichen Gesichtspunkten zu führen und zu fördern versucht, bittet den Mitarbeiter zu einem Gespräch. Um für eine positive Gesprächsatmosphäre zu sorgen, erwähnt er zuerst anerkennend die Leistung seines Mitarbeiters und seine Bereitschaft zu guter Zusammenarbeit. Dann geht er jedoch auf das eigentliche Gesprächsthema ein und erklärt dem Arbeiter, daß er von ihm diese ständigen Verspätungen am wenigsten erwartet hätte, als einem Mann, der doch in Termin- und Qualitätsfragen immer korrekt gewesen sei. Er sei sich wohl dessen nicht bewußt, daß auch andere durch sein Verhalten nicht unbeeinflußt bleiben und für sich gleiche Freiheiten beanspruchen.

Da stößt der Meister bei seinem Mitarbeiter auf unerwarteten Widerstand: Er sei nun schon seit vielen Jahren im Betrieb und habe trotz guter Leistungen noch nie einen Wunsch geäußert. Er habe erschwerte Zufahrtsbedingungen und halte das Vorgehen des Meisters für kleinlich. Hartnäckig verbleibt er bei dieser Einstellung und läßt sich nicht mit guten Worten überzeugen. Trotzdem versucht der Meister seinen Mitarbeiter in positiver Stimmung zu entlassen, indem er der Überzeugung Ausdruck gibt, er werde bei dessen sonst gutem Verhalten, auch diesmal mit seiner Einsicht rechnen dürfen.

Nach 14 Tagen kommt es zu einer abermaligen, diesmal harten Aussprache zwischen den beiden, da der Arbeiter sich weiter verspätet und sein schlechtes Verhalten in der Abteilung Schule zu machen beginnt. Der Meister fürchtet nicht nur eine Leistungsminderung durch verspäteten Arbeitsbeginn, sondern auch eine allgemeine Auflockerung der Disziplin und Arbeitsmoral. Auch diesmal gelingt es ihm nicht seinen Mitarbeiter davon zu überzeugen, daß er zu weitgehenden disziplinarischen Maßnahmen entschlossen sei und sich gegebenenfalls sogar von ihm trennen müßte, wenn er sein Verhalten nicht ändern wolle. Der Arbeiter glaubt jedoch die Verhältnisse im Betrieb zu kennen, er hält sich für unentbehrlich und versucht sich weiterhin mit seinen Verspätungen durchzusetzen.
Der Meister geht zum Betriebsleiter und berichtet ihm kurz den Fall. Er schlägt eine Versetzung des Mitarbeiters aus seiner Abteilung vor. Der Betriebsleiter runzelt die Stirne: »Ja hören Sie mein Lieber, das geht nicht so ohne weiteres. Der Mann ist seit Jahren eingearbeitet, wir brauchen ihn eben an diesem Platz. Sie müssen doch mit den paar Verspätungen fertig werden können. Zeigen Sie doch den Leuten wer Sie sind. Wenn ich da an Ihrem Platze wäre....!«
Der Meister geht gedrückt. Es ist ihm klar geworden, daß man nicht nur mit Mitarbeitern, sondern auch mit Vorgesetzten reden und sie überzeugen können muß. Man hätte vielleicht anschaulicher argumentieren und an das Selbstwertgefühl des Vorgesetzten appelieren sollen: »Bitte sehen Sie, der Mann kommt täglich zu spät. Ich habe alle Verspätungen, auch die der anderen Mitarbeiter notiert. Der Zeitverlust beträgt in der vergangenen Woche ... Stunden. Bei unserem letzten Gespräch habe ich den Mann auf die Folgen seines Verhaltens noch einmal aufmerksam gemacht und daraufhin äußerte er sich folgendermaßen: ... Um höhere Leistungseinbußen nicht in Kauf nehmen zu müssen, schlage ich die Versetzung des Mannes vor. Die Auswirkung dieser Maßnahme wäre für den Betrieb aus folgenden Gründen ... günstiger. Die Versetzung würde jedoch meine Kompetenzen überschreiten, daher hoffe ich auf ihre Hilfe als Betriebsleiter.« Vielleicht hätte diese, etwas präzisere Darlegung den Betriebsleiter überzeugt.

Gibt es in einer Abteilung schwierige Fälle, Mitarbeiter, die sich der Zusammenarbeit entziehen oder widersetzlich verhalten, so wäre zu überlegen:

- Ist der Mann nur ein unzugänglicher Eigenbrötler, der seine Umgebung sonst in Ruhe läßt, vielleicht ein Mensch, der im Leben schlechte Erfahrungen gemacht hat, so läßt man ihn am besten auch in Ruhe, wenn dem Betrieb durch sein Verhalten keine Schäden entstehen und wenn er sonst seine Arbeit gewissenhaft verrichtet
- Geht es jedoch um einen Menschen, der sich offen und böswillig widersetzt und andere damit ansteckt, so werden die Interessen des Betriebes gefährdet. Läßt sich der Mitarbeiter nicht zu einer Verhaltensänderung umstimmen, so müssen Beweise gegen ihn gesammelt werden. Erst wenn man bestimmte Tatbestände schriftlich festlegen muß, erkennt man, ob sie wirklich stichhaltig sind und wieweit sie überzeugen können.

Bei ähnlichen Führungsentscheidungen ist zuerst zu prüfen

- welche dem Betrieb und allen Beteiligten den größten Gesamtnutzen bringt
- ob diese auch eine dauerhafte Lösung des Problems gewährleistet.

Erzwungene Lösungen oder Scheinkompromisse können nur kurzfristig wirksam sein. Sie schaffen das Problem nicht aus der Welt.

3.2. Fachliche und soziale Reife der Mitarbeiter

Jeder Vorgesetzte sollte seine Mitarbeiter immer wieder beurteilen, um sein Führungsverhalten danach ausrichten zu können. Sind sie noch so unselbständig, daß sie sich in der Verhaltenssituation A befinden und einen Helfer brauchen, der sie in allem unterweist und ständig bereit ist ihnen Hilfestellung zu geben? Oder genügt es, wie bei C, ihr Verhalten durch Korrektur und Bestätigung zu lenken? Wieviel Selbständigkeit darf er ihnen einräumen und wo?

Wichtig ist, daß der Vorgesetzte nicht nur die ganze Gruppe, sondern auch jeden einzelnen beurteilt, um ihm im Rahmen der Gemeinschaft die richtigen Aufgaben zuweisen zu können. Durch immer anspruchsvollere Aufgaben lernt man sich mit immer schwierigeren Problemen auseinanderzusetzen, man lernt denken und gewinnt Urteilskraft. Die Aufgabe muß nur so gestellt werden, daß sie auch Gelegenheit zu selbständigem Überlegen bietet und die Arbeit nicht zur Routine wird, wie dann, wenn der Vorgesetzte selbst alles plant und anordnet.
Gleichzeitig mit den fachlichen Qualitäten sollte der Vorgesetzte auch, wie bereits gesagt, versuchen, den Leistungswillen und das soziale Verhalten seiner Mitarbeiter positiv zu beeinflussen. Seine Führung bleibt auch nicht ohne Einfluß auf ihre charakterlichen Eigenschaften.

- Durch Bestätigung und Anerkennung fördert er bei ihnen den Mut zu Selbständigkeit, Initiative und Verantwortungsbereitschaft
- Durch Motivation erzieht er sie zu Fleiß und Ausdauer
- Gute Beziehungen zu den Mitarbeitern fördern bei ihnen Offenheit, Loyalität und Toleranz.

Aus diesen Voraussetzungen entwickeln sie Kameradschaft, Leistungsbereitschaft und Teamgeist.

Die Qualitäten der Mitarbeiter können sehr unterschiedlich sein: Der eine ist fleißig und loyal, besitzt aber, wie z. B. viele Ausländer, nur geringe fachliche Qualifikationen. Der andere ist fachlich versiert und erfahren, aber ohne Initiative und Leistungswillen. Der Vorgesetzte muß also beide individuell und richtig behandeln, wenn er seine Ziele erreichen will: er muß versuchen, dem ersten vor allem mehr Fachwissen und Erfahrungen zu vermitteln, den zweiten jedoch für seine Arbeit und den Betrieb zu gewinnen.
Oft ist es schwer das Problem eines Mitarbeiters, der sich gleichgültig oder ablehnend verhält, zu erkennen. Aber mit der Kenntnis des Problems, bietet sich auch meist die Lösung an. Über die Entwicklung seiner fachlichen, geistigen und charakterlichen Qualitäten gelangt ein Mitarbeiter zu immer höherer sozialer Reife. Der Vorgesetzte und der Betrieb können immer mehr von ihm

verlangen. Er gewinnt auch immer mehr Vertrauen und Anerkennung in der Arbeitsgruppe und in der Gesellschaft, denn Erfolg und Anerkennung im Arbeitsleben spielen eine bedeutende Rolle bei der Beurteilung eines Menschen durch seine Umwelt. Ebenso entscheidend sind sie auch für seine Arbeitszufriedenheit und sein Selbstwertgefühl.

Die soziale Reife eines Mitarbeiters äußert sich für den Betrieb nicht nur in seiner Fähigkeit und Bereitschaft zu Verantwortung, Leistung und guter Zusammenarbeit, sie kann sich auch in Führungsqualitäten äußern, die den Mitarbeiter für die Stelle eines Vorgesetzten befähigen.

Wie wir uns die Auswirkung verschiedener geistiger und seelischer Eigenschaften eines Mitarbeiters auf seine soziale Reife vorstellen können, zeigt uns die Graphik S. 70. In ihr sind auch die Beeinflussungsmöglichkeiten des Vorgesetzten dargestellt.

Wenn man einen Mitarbeiter richtig führen und einsetzen will, muß man seine Fähigkeiten und persönlichen Eigenschaften richtig beurteilen können. Das ist nicht immer einfach

- weil diese Eigenschaften sehr unterschiedlich sind und weil neben positiven, auch gleichzeitig negative auftreten können
- weil man den Menschen im Arbeitsalltag oft erst nach längerer Beobachtung ihre wirkliche Veranlagung anmerkt.

Wenn es um die Beurteilung der Fähigkeiten und Eigenschaften geht, wird es für jedes Merkmal, gleich ob es um ein fachliches, geistiges oder charakterliches geht, eine breite Beurteilungsskala geben müssen, die von »unerwünscht« bis »sehr erwünscht« oder »optimal« reicht. Wie beispielsweise bei dem charakterlichen Merkmal Mut – Entschlossenheit:

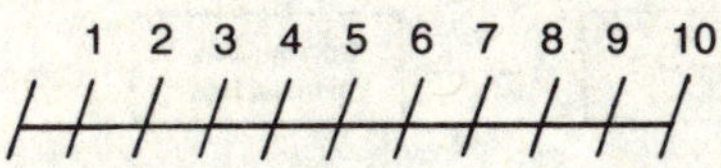

unerwünscht:
duckmäuserisch,
ängstlich, geht
Entscheidungen
aus dem Wege

sehr erwünscht:
wagemutig,
entscheidungsfreudig

Entwicklung zu höherer fachlicher und sozialer Reife durch Führung

– Soziale Reife eines Mitarbeiters in Abhängigkeit von seinen Fähigkeiten und Charaktereigenschaften –

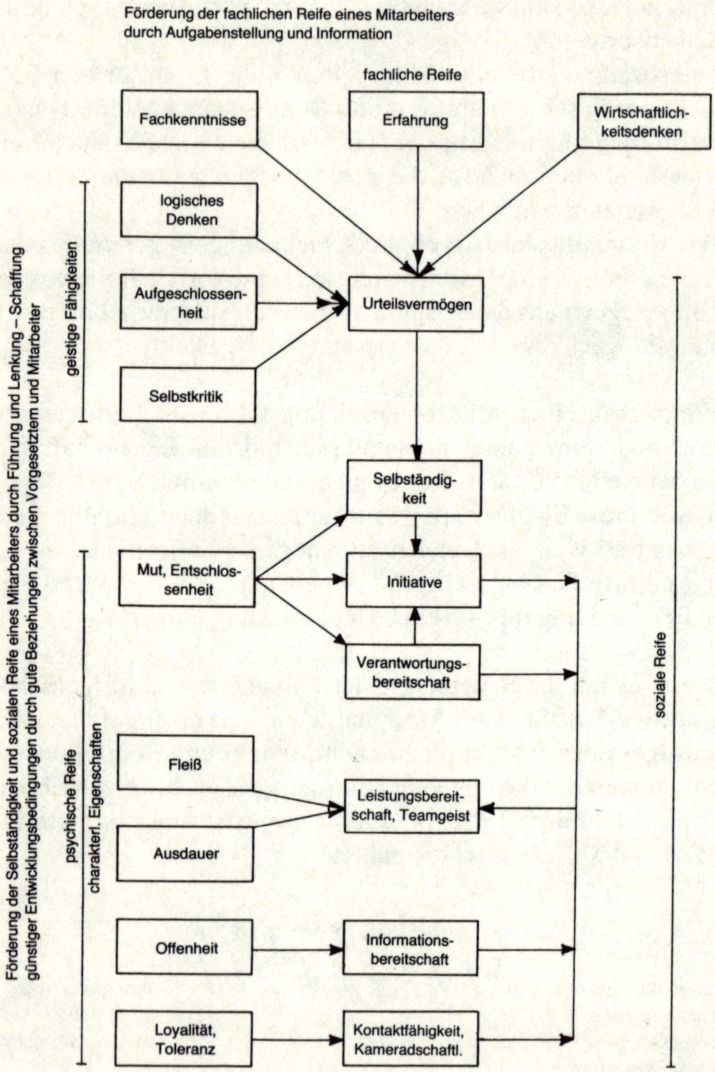

Teilen wir die Spanne zwischen den Grenzfällen »unerwünscht« und »sehr erwünscht« bei allen Merkmalen, die in der Graphik aufgeführt sind, in 10 Abschnitte ein, so können wir dadurch ausdrücken, daß die Beurteilung 1 als schlecht, 5 als mittelmäßig und 10 als sehr gut zu verstehen ist.
Schreiben wir die persönlichen Merkmale, nach denen wir unsere Mitarbeiter beurteilen wollen, untereinander und führen wir jeweils links den negativen und rechts den positiven Grenzfall auf, so erhalten wir, wenn wir den Zwischenraum, wie vorgeschlagen wurde aufteilen, ein Beurteilungsfeld, in dem wir unsere Mitarbeiter unterbringen können.

	1	2	3	4	5	6	7	8	9	10	
1. Fachliche Reife											
Fachkenntnisse oberflächlich, eng											sehr gründlich, breit
Erfahrungen keine, einseitige											gründliche, vielseitige
Betriebswissen keines											zweckorientiertes: über die Organisation, die Produkte, Betriebsziele, über Kosten u. Wirtschaftlichkeit
2. Geistige Fähigkeiten											
Logisches Denken denkt unsystematisch											geht systematisch vor, vermag sich Schwieriges einfach vorzustellen, Problemlöser
Aufgeschlossenheit steht Neuem ablehnend gegenüber											ist sofort bereit, sich mit neuen Dingen vertraut zu machen

	1	2	3	4	5	6	7	8	9	10	
Selbstkritisches Denken erkennt seine Fehler nicht, oder gibt sie nicht zu											beurteilt seine Leistung kritisch, fähig zur Selbstkontrolle
Urteilsvermögen unsicher, findet sich nicht zurecht, auf sein Urteil kann man sich nicht verlassen											erkennt sofort die Zusammenhänge, beurteilt d Situationen richtig, unterscheidet Wesentliches vor Unwesentlichem
3. Charakterliche Eigenschaften											
Mut, Entschlossenheit duckmäuserich, ängstlich, geht Entscheidungen aus dem Wege											wagemutig, entscheidungs freudig
Fleiß faul, Drückeberger, Spiegelfechter											arbeitsfreudig
Ausdauer gibt in Situationen, die körperliche oder geistige Anstrengungen fordern, rasch auf, erträgt keine Belastung											gibt nicht auf, wo noch Aussicht vorhanden ist, belastungsfähig
Offenheit verschlossen, verheimlicht seine wahre Gesinnung, zu keinen Auskünften bereit, Geheimnistuer											informationsbereit, verheimlicht nichts, bereit, eigene Fehler einzugestehen
Loyalität, Toleranz feindselig, aggressiv, rechthaberisch, duldet keine andere Meinung											positiv eingestellt gegenüber dem Betrieb, dem Vorgesetzten, den Kollegen. Vermeidet Streit und dulde auch die Meinung anderer

4. Soziale Reife

	1	2	3	4	5	6	7	8	9	10	
Selbständigkeit ist bei unerwartet auftretenden Schwierigkeiten hilflos											sucht nach eigenen Wegen, läßt sich nicht entmutigen, ist Vorbild für andere
Initiative Wartet erst auf die Anweisungen des Vorgesetzten. Ist in der Gruppe nur Mitläufer											geht selbständig an Aufgaben und Probleme heran, auch wenn die anderen unentschlossen sind. Besitzt die Fähigkeit, andere mitzureißen
Verantwortungsbereitschaft drückt sich bei jeder Verantwortung. Versucht, sie bei Entscheidungen auf andere abzuwälzen											fühlt sich als Betriebsangehöriger überall da mitverantwortlich, wo er zum Schutz oder Nutzen des Betriebes die Initiative ergreifen kann
Leistungsbereitschaft nicht vorhanden. Versucht jeder Arbeit auszuweichen oder sie abzuschieben											stets arbeitsfreudig und qualitätsbewußt. Leistungsbereit, auch unter erschwerten Umständen. Hilfsbereit anderen gegenüber
Informationsbereitschaft verschlossen, behält alles für sich, trägt höchstens zur Verbreitung von Gerüchten bei											unterrichtet seinen Vorgesetzten über alles, was er für wichtig hält, ohne etwas zu verheimlichen oder zu beschönigen. Äußert seine eigene Meinung, macht Verbesserungsvorschläge. Unterstützt seine Kollegen durch Ratschläge u. Hinweise bei der Arbeit.
Kameradschaftlichkeit, Zusammenarbeit, Teamgeist Eigenbrötler, zu keiner Zusammenarbeit bereit											Auf gute Zusammenarbeit u. gute Beziehungen bedacht. Kameradschaftlich, fühlt sich als Mitglied eines Teams

Mit diesem Prüffeld, das eine »Mehr- oder Mindereinstufung« erlaubt, sollte es Ihnen gelingen, jeden Ihrer Mitarbeiter zu beurteilen, wenn Sie annehmen dürfen, daß Sie seine persönlichen Merkmale genügend genau kennengelernt haben.

- Den Ausländer, der zwar fleißig und zuverlässig sein kann, jedoch über keine Fachausbildung und keine einschlägigen Erfahrungen verfügt, der bis jetzt auch noch keine Gelegenheit hatte seine geistigen Fähigkeiten zu trainieren.
- Den Arbeiter an der Maschine oder am Fließband, der vielleicht nur über einseitige Fachkenntnisse und Erfahrungen verfügt und der sich trotz geistiger Fähigkeiten unentschlossen und unselbständig verhält, da er von seiner Arbeit her, an keinen Handlungsspielraum gewöhnt ist.
- Z. B. einen Mann, der einen automatisierten Fertigungsprozeß überwacht. Einen Mitarbeiter mit gründlichen Fachkenntnissen, ausgeprägtem Urteilsvermögen, ausdauernd und verantwortungsbewußt, der sich jedoch um niemanden kümmert, und nur wenig Neigung zur Zusammenarbeit zeigt.

Die persönlichen Merkmale aller Ihrer Mitarbeiter können Sie in den Abstufungen von 1 bis 10 qualifizieren, je nachdem, ob sie mehr oder weniger erwünscht sind. Dadurch wird die Beurteilung nicht nur die guten Seiten, sondern auch die Schwächen jedes Einzelnen sichtbar machen.

Mit dem vorhandenen Zustand sollten Sie sich nicht zufrieden geben, wenn Sie die Arbeitszufriedenheit ihrer Leute heben und ihre Leistung verbessern wollen. Sie sollten versuchen jeden an den Platz zu bringen, dessen Anforderungen er entspricht und wo er mit seiner Aufgabe zufrieden ist. Sie sollten jedem die Rolle zuweisen, in der er sich wohlfühlt und sich bemühen jeden individuell zu behandeln: den Empfindlichen vorsichtig, den Unselbständigen, Unentschlossenen sollten sie ermutigen und aktivieren, den Reservierten oder Ablehnenden zu gewinnen versuchen.

Das Verhalten Ihrer Mitarbeiter wird sich bessern und mit der Zeit wird es Ihnen gelingen jeden im Rahmen seiner Tätigkeit, gleich ob sie einfacher oder anspruchsvoller Natur ist, zum Mitdenken zu gewinnen und ihn selbständiger und leistungsbereiter zu machen.

Fassen wir die Grundgedanken des dritten Abschnitts zusammen:

- Im personellen Sektor können den Betrieben noch beachtliche Leistungsreserven durch bessere Mitarbeiterführung erschlossen werden. Aber für Umstellungen im Führungsstil benötigt man Zeit.
- Arbeitsfreude und Leistungswille eines Mitarbeiters hängen vor allem davon ab, wie er von seinem Vorgesetzten behandelt und geführt wird. Von Natur aus ist der Mensch weder faul noch widerspenstig. Nur Unzufriedene sehen in ihrer Arbeit einen Zwang.
- Es wäre das Ideale, wenn man gleich den üblichen Kommandoton ablegen und die Arbeitskräfte nicht wie Befehlsempfänger, sondern wie Partner behandeln könnte. Wenn ihnen der Vorgesetzte mehr Selbständigkeit und Freiheit bei der Arbeit einräumen könnte und sie nicht ständig anzuleiten und zu überwachen brauchte. Leider fehlt es jedoch den Leuten meist an der fachlichen und sozialen Reife, um sie als vollwertige Arbeitspartner behandeln zu können.
- Der Vorgesetzte sollte sie zu aktiven Mitarbeitern entwickeln, um dadurch dem Betrieb ihre positiven Eigenschaften und Fähigkeiten zu erschließen.
- Er sollte sich als Helfer und Förderer bemühen seine Arbeitskräfte immer selbständiger zu machen, sie zum Nachdenken zu bringen und ihnen auch eigene Entscheidungen zu ermöglichen. Das steigert ihr Interesse an der Arbeit und deren Erfolg. Nur im Notfall darf er sich mit Härte durchsetzen, wenn das nicht zu umgehen ist.
- Arbeitskräfte, die im Betrieb als Mitarbeiter geführt und geachtet werden, erbringen freiwillig eine höhere und stabilere Leistung als solche, die unter Zwang arbeiten. Sie sind auch an ihrer Arbeit interessiert und unter diesen Bedingungen entwickelt sich auch ein besseres Betriebsklima.
- Befehlsempfänger dagegen, erbringen ihre Leistung nicht freiwillig sondern erzwungen. Um diese hochzuhalten müssen sie dauernd angetrieben werden. Arbeitskräfte, um die sich der

Vorgesetzte überhaupt nicht kümmert, lassen in ihrer Leistung bald nach. Sie fühlen sich alleingelassen und unbefriedigt.

- Selbständige, verantwortungsbewußte Mitarbeiter zeigen Initiative und Leistungsbereitschaft, sie entlasten ihren Vorgesetzten für seine Führungsaufgaben und haben mehr Freude an der Arbeit als Arbeitskräfte, die nur gehorchen und oft den Sinn ihrer Arbeit nicht verstehen. Ihre Einstellung zum Betrieb ist positiv.
- Ein Vorgesetzter sollte bei der Arbeitsplanung seine Mitarbeiter berücksichtigen und dazu muß er sich bemühen sie auch kennenzulernen.
- Wichtig ist, daß er sie auch zu informieren versteht, um ihr Interesse an ihrer Umwelt und am Betrieb zu heben und ihnen Sicherheit zu geben.
- Ein Vorgesetzter, der an der fachlichen Entwicklung seiner Mitarbeiter wirklich interessiert ist, sollte Geduld und Toleranz zeigen. Er darf nicht gleich bei jedem kleinen Fehler die Fassung verlieren. Das Entstehen größerer Fehler muß er jedoch rechtzeitig erkennen und verhüten.
- Für das Durchsetzungsvermögen eines Vorgesetzten ist seine menschliche Autorität, d. h. das Vorbild, das er seinen Mitarbeitern bietet, wichtiger, als die Geltung, die ihm seine Stellung gibt.
- Auch in Betrieben mit harten Arbeitsbedingungen, die nur geringe Entwicklungschancen bieten, muß es dem Vorgesetzten gelingen die Sympathie seiner Mitarbeiter zu gewinnen. Sie sollten Vertrauen zu ihm haben, merken, daß er ihnen zu helfen bereit ist und sein Wohlwollen empfinden. Gute Behandlung verpflichtet zu freiwilligem Gehorsam und Loyalität.
- Wenn ein Vorgesetzter seine Mitarbeiter richtig einschätzen will muß er sie so kennenlernen, daß er sie auch richtig zu beurteilen vermag. Ein Beurteilungsschema kann er sich, unter Berücksichtigung ihrer persönlichen Eigenschaften und Merkmale, auch selbst erstellen.
- Mit dem Bemühen ihre fachlichen Qualitäten zu verbessern sollte er auch versuchen ihr soziales Verhalten positiv zu beeinflussen. Gute Führung bleibt nicht ohne Einfluß auf die Charak-

tereigenschaften. Durch sie erlangen die Mitarbeiter eine höhere soziale Reife, die sich in Gemeinschaftsgeist, Verantwortungsbereitschaft und dem Willen zu guter Zusammenarbeit äußert.

- Wer seine Mitarbeiter richtig beurteilt, vermag sie nicht nur ihren Fähigkeiten entsprechend einzusetzen, sondern sie auch individuell zu führen. Die Erfolge werden sich einstellen, wenn auch nicht von heute auf morgen.

4. Der Meister als Autorität

Bei der Beurteilung einer Führungskraft spielt die Autorität, die sie bei ihren Mitarbeitern genießt, eine wichtige Rolle. Man sagt oft: »Ein Vorgesetzter ist eine Autorität« oder »Er ist keine Autorität!«, ohne sich vielleicht darüber Gedanken zu machen, was mit diesem Wort genau ausgedrückt werden soll.
Ob man Autorität zum Führen braucht, wird gleich deutlicher, wenn man den Begriff unter die Lupe nimmt. Im Lexikon findet man Erklärungen, wie Ansehen, Geltung, Einfluß. Soziologisch gesehen ist Autorität eine Macht, die nicht auf Gewalt, sondern der freiwilligen Anerkennung von Werten und Zuständigkeiten beruht. Demnach wäre auch Führen ein Überzeugen durch Wort und Vorbild, bei dem die Mitarbeiter freiwillig den Anordnungen ihres Vorgesetzten folgen, da sie seine fachliche Überlegenheit und seine menschlichen Werte anerkennen.
Bei weiterer Überlegung werden wir im Betrieb, also auch in der Meisterpraxis, drei Gründe feststellen, aus denen die Mitarbeiter die Überlegenheit ihres Vorgesetzten anerkennen.
Fachkenntnisse werden hoch bewertet. Sie zeigen deutlich die Überlegenheit eines Vorgesetzten, wenn er z. B. seine Mitarbeiter anleitet oder kontrolliert. Er vermag überall zu helfen und jede Frage zu beantworten.
Noch wichtiger ist die Anerkennung der menschlichen und charakterlichen Qualitäten. In welchen Fällen sich der Anspruch auf menschliche Überlegenheit aufrecht erhalten läßt, ist nicht leicht zu beantworten. Es gibt unter den Mitarbeitern Familienväter mit

hoher menschlicher und sozialer Reife, die in der Gesellschaft führende Rollen spielen können. Wenn auch ein junger Meister nicht die große Lebenserfahrung solcher Leute besitzt, so kann er doch durch solche Eigenschaften, wie Verantwortungsbewußtsein, Mut und Vertrauenswürdigkeit die Anerkennung und Sympathie auch dieser Mitarbeiter erwerben.

Die dritte Säule der Autorität ist die Anerkennung der Stellung des Vorgesetzten und seiner disziplinarischen Macht. Allerdings ist die Wirksamkeit der ihm zur Verfügung stehenden Druckmittel eingeschränkt.

Wie gestaltet sich das Verhältnis der Mitarbeiter zu einem Vorgesetzten, den sie als Autorität schätzen, welche Gefühle bringen sie ihm entgegen?

- Sie werden ihren Vorgesetzten in seinem Tun und Auftreten als vorbildlich anerkennen. Vielleicht werden sie ihn sogar wegen seiner Haltung im Stillen bewundern.
- Vielleicht empfinden sie für ihn Sympathie, weil sie sich ihm für Hilfe und Rat verpflichtet fühlen.
- Sie werden Vertrauen zu ihm haben, weil sie von seiner Erfahrung, Objektivität und Unbestechlichkeit überzeugt sind.
- Sie werden Kontakt mit ihm suchen und sich freuen, wenn er zu ihnen kommt und mit ihnen spricht.
- Aber niemals werden sie es wagen, sich anzubiedern oder auf eine ungehörige Weise vertraulich zu werden. Dazu ist ihre Achtung viel zu groß. Es wäre für sie peinlich, wenn sich der Vorgesetzte plötzlich brüsk und abweisend verhalten würde.
- Ein Mitarbeiter, der seinen Vorgesetzten als Autorität anerkennt, versucht ihm nachzueifern, er versucht durch Leistung und gutes Verhalten auch seine Anerkennung zu gewinnen, weil er auf sie Wert legt.
- Trotzdem sollte ein verantwortungsbewußter Mitarbeiter bereit sein, seine Meinung offen zu äußern, wenn er im Recht ist und dem Betrieb und dem Vorgesetzten damit einen Nutzen erweisen kann.

Auch ein autoritärer Vorgesetzter kann hervorragende menschliche Qualitäten besitzen, die jedoch den Mitarbeitern selten bewußt werden, vielleicht nur dann, wenn sie einmal merken, daß in der »rauhen Schale ein weicher Kern« steckt. Der Mitarbeiter eines autoritären Vorgesetzten

- beugt sich vor der Macht seiner Stellung und fürchtet sich meist vor ihm
- er gehorcht aus Zwang und fühlt sich freier, wenn ihm der Vorgesetzte des Rücken zukehrt
- er empfindet für ihn keine Sympathie und würde ihm auch nichts zuliebe tun.

Vorgesetzte, die bei ihrem Verhalten gegenüber ihren Mitarbeitern charakterliche Mängel herauskehren, sei es durch falsche Versprechungen, Unentschlossenheit oder Feigheit, müssen mit Ablehnung, Mißtrauen oder gar Verachtung rechnen. Zunächst sollte jeder Vorgesetzte auf verschiedene Verhaltensmängel aufmerksam gemacht werden, die in der Praxis vorkommen und die Beziehungen zu den Mitarbeitern gefährden. Sie entspringen nicht fachlichem Versagen, sondern Charaktermängeln und werden deswegen den Führungskräften kaum bewußt.

1. Ein Vorgesetzter sollte seine Mitarbeiter niemals täuschen, indem er ihnen etwas verspricht, was er nicht halten kann. Dadurch verliert er ihr Vertrauen, vielleicht für immer.
2. Er sollte das nicht tun, was er bei anderen rügt. Die Mitarbeiter erkennen in ihm ihre eigenen Schwächen und verlieren vor ihm ihre Achtung.
3. Er muß in seinem Verhalten und seinem Urteil stets objektiv bleiben. Begünstigt er Mitarbeiter bei der Arbeit oder bei der Beurteilung, bewußt oder unbewußt, so kommen ihm die anderen bald auf die Spur, sie werden mißtrauisch und geben nichts mehr auf sein Urteil.
4. Ein Vorgesetzter darf sich niemals feige verhalten, beispielsweise wenn er das Recht seiner Mitarbeiter vor seinem eigenen Vorgesetzten verteidigen soll. Er darf sich nicht vor Verantwortung oder bei Gefahrensituationen drücken, wenn er nicht die Achtung seiner Leute verlieren will. So ein Versagen macht einen fatalen Eindruck, der haften bleibt und nur schwer zu tilgen ist.

5. Die Autorität eines Vorgesetzten geht auch dann verloren, wenn er in einer Situation, die rasches Handeln verlangt, plötzlich den Kopf verliert, wenn z. B. ein Feuer ausbricht. Es wirkt um so übler, wenn ihm dann einer seiner Mitarbeiter, der die Ruhe bewahrt hat, zu Hilfe kommen und die Initiative ergreifen muß. Es gibt Leute mit einem ängstlichen Gemüt, die sich leicht in Panik steigern. Gerade diese sollten sich bemühen, ihre Furcht zu beherrschen. Vieles stellt sich bei näherem Hinsehen als minder gefährlich heraus als es die eigene Phantasie im ersten Schreck vorspiegelt.
6. Mancher ist unentschlossen, kann sich nur schwer zu einer Entscheidung durchringen und widerruft oft Anordnungen, wenn die Leute schon mit der Arbeit begonnen haben. Diese merken die Unsicherheit des Vorgesetzten und versuchen sich über ihn hinwegzusetzen.
7. Ein Vorgesetzter, der seine Fehler verheimlicht, läuft Gefahr, daß diese von seinen Mitarbeitern aufgedeckt werden. Dann verlieren sie die Achtung vor ihm, da sie argwöhnen, daß er öfter etwas zu verheimlichen hat und ihnen keineswegs überlegen ist.
8. In sehr ungünstigem Licht muß er auch seinen Mitarbeitern erscheinen, wenn er über Anordnungen schimpft, die von höherer Stelle kommen. Er stellt sich dadurch mit ihnen auf die gleiche Ebene, weil er ihre eigenen Schwächen herauskehrt.
9. Ein Vorgesetzter, der sich im Zorn hinreißen läßt, macht sich lächerlich, wenn sein Gehabe nicht zu seiner Person paßt. Er wird die Leute nicht von seiner Entschlossenheit überzeugen. Im Gegenteil, sie werden sich über ihn lustig machen.
10. Auch die äußere Erscheinung eines Vorgesetzten läßt auf charakterliche Merkmale schließen. Sie sollte den Umständen angepaßt, korrekt sein. Weder schlampig noch geckenhaft.

Da man sich solcher Verhaltensmängel oft selbst nicht bewußt wird, werden zur Verdeutlichung ähnlicher Situationen Beispiele eingefügt, Fälle aus der Praxis.

Meister Kurz ist der Leiter einer Fertigungsabteilung in einer

Herd- und Ofenfabrik. Es ist Freitag und er ist gerade dabei seine Wochenstatistik für die Betriebsleitung aufzustellen. Plötzlich wird die Türe hastig geöffnet und es erscheint der Betriebsleiter. »Herr Kurz« sagt er, »eben wurde ich benachrichtigt, daß von der Firma Rapp u. Co. drei Lastwagen mit Ofenrohren eintreffen sollen, die heute noch entladen werden müssen. Können Sie einige Männer dafür abstellen?« Kurz denkt nicht lange nach, er ist diensteifrig und rasch entschlossen. »Ich meine, die vier Ausländer, die im Lager Hilfsarbeiten verrichten, könnten das tun«, erwidert er. Der Betriebsleiter blickt auf die Uhr: »Es ist jetzt beinahe 11 Uhr. Um 15 Uhr ist heute Schluß, werden die das schaffen?« »Aber sicher« – beeilt sich Kurz mit seiner Antwort, »das kriegen wir schon hin«.
Der Betriebsleiter geht und Kurz läßt die vier Ausländer kommen. Er gibt ihnen den Auftrag die Lastwagen zu entladen und die Rohre in das Lager zu bringen. »Ihr habt bis 15 Uhr Zeit«, erklärt er ihnen, »bis dahin seid ihr längst fertig. Außerdem kriegt jeder von Euch 15 DM Stundenlohn für diese Arbeit, also insgesamt für drei Stunden«.
Die Arbeiter gehen vergnügt in den Hof, wo die Lastwagen eben eintreffen. Ihre Gesichter werden lang, wie sie die Ladungen sehen. Es schneit leicht und der Hof ist stellenweise vereist. Mehr als fünf der nassen Rohre können die Leute nicht auf einmal tragen. Die Zeit vergeht, geduldig schleppen die Männer weiter. Es wird 13 Uhr und eben erst wurde der erste Wagen entladen. Die Leute beschleunigen ihr Tempo. Es schneit stärker, sie rutschen. Um 16 Uhr ist der zweite Wagen entladen. Die Männer stolpern müde über den Hof. Der Fahrer des dritten Wagens ruft einem von ihnen böse zu: »Macht doch endlich, oder wollen wir hier übernachten?«
Da geht der Betriebsleiter vorbei, der eben nachhause will. Er sieht, wie die Arbeit steht, daß das Vertrauen der Leute mißbraucht wurde und daß sie recht mißmutig sind. Er beschließt noch zu Meister Kurz zu gehen, doch dieser hat pünktlich das Werk verlassen. Um 18 Uhr ist die Arbeit endlich getan. Es ist bereits finster, der Pförtner schließt und die Männer gehen todmüde in ihre Baracke.

Sie sind böse auf Meister Kurz, der ihnen ihren Freitag-Nachmittag verdorben hat. Sie fühlen sich betrogen und ausgenützt. Selbstverständlich berichten sie ihren Kollegen über ihr Mißgeschick. Einer von ihnen hat bereits einen ähnlichen Fall erlebt. Meister Kurz darf bei ihnen auf kein Vertrauen mehr rechnen. Bis jetzt nahm er solche Entscheidungen zu wenig ernst. Er ist ja sonst ein guter Mitarbeiter und wollte eigentlich nur der Betriebsleitung entgegenkommen. Oft entstehen aus Anlässen, die man nicht ernst genug nimmt, böse Folgen.

Meister Fink ist ein flotter jüngerer Mann, fachlich versiert und einfallsreich, wenn es z. B. darum geht eine Panne zu beseitigen. Trotzdem ist die Achtung seiner Leute vor ihm nicht besonders groß. Sie behandeln ihn beinahe wie ihresgleichen. Er hat nämlich einen Fehler. Wo man zusammenkommt, auf Betriebsausflügen, auf Feiern oder anderen Veranstaltungen, guckt er immer zu tief ins Glas. Er imponiert als Fachmann, aber als Mensch ist er wirklich kein Vorbild. Wenn er zuviel getrunken hat, biedert er sich an, und das, nicht nur bei männlichen Mitarbeitern.

Manche nehmen ihm das nicht weiter übel und verhalten sich am nächsten Arbeitstag wieder korrekt und zurückhaltend. Andere glauben jedoch den Ton beizubehalten und sich bei ihrem Meister durchsetzen zu können. Mit diesen Leuten hat Fink immer wieder Streit, wenn er etwas von ihnen verlangen muß, was ihnen nicht gerade paßt. Meist zieht er dabei den Kürzeren. Einmal kommt es zu einem riesigen Krach, der auch der Betriebsleitung nicht verhohlen bleibt. Fink wird vor den Betriebsleiter zitiert, der ihn mit unzweideutiger Härte ersucht, sein Verhalten zu ändern und ihm mitteilt, daß er ihn, wenn das noch einmal passieren sollte, versetzen muß.

Allerdings kann auch der umgekehrte Fall eintreten, daß einer als Vorgesetzter ungünstige Startbedingungen hat und erst seine Autorität begründen muß. Herr Kraft ist eben erst zum Meister ernannt worden. Die Betriebsleitung ist schon seit längerer Zeit auf ihn aufmerksam geworden. Er ist fachlich gut, ruhig, überlegt und gilt als kameradschaftlich. Man kann sich auf ihn verlassen. Ungünstig ist es jedoch für ihn, daß er gerade die Abteilung übernehmen soll, in der er sich an der Werkbank hochgedient hat.

Das paßt manchem nicht. Sie beginnen hinter seinem Rücken gegen ihn zu stänkern und einige zeigen auch offene Widersetzlichkeit. Als er durch die Werkstatt geht, hört er ganz zufällig die Worte eines Arbeiters, der sich unbeobachtet glaubt: »Der Esel soll jetzt unser Meister sein, auf den sollen wir hören? Der ist ja nicht gescheiter als wir! Den kenne ich noch aus der Zeit, wie er als Lehrling bei uns angefangen hat.«

Kraft erkennt, daß er mit den Leuten sprechen muß, wenn sich ihre Einstellung ihm gegenüber ändern soll. Er will ihnen sagen, daß er sich als ihr Vorgesetzter auch für sie verantwortlich fühlt, daß sie auf ihn rechnen können, daß er aber auch ihre Unterstützung braucht.

Mit klopfendem Herzen tritt er vor die in einer Ecke der Werkshalle versammelte Mannschaft und beginnt: »Liebe Arbeitskameraden, ich bin zwar zum Meister ernannt worden, aber an unseren guten Beziehungen soll sich nichts ändern. Zwar bin ich jetzt als Vertreter des Arbeitgebers für Ordnung und Leistung in der Abteilung verantwortlich, aber ebenso verantwortlich fühle ich mich auch für Euch. Ein jeder von Euch kann zu mir kommen, wenn er etwas hat. Wir kennen uns ja und wir werden uns schon verstehen. Aber zu allem brauche ich Eure Mithilfe. Ich darf doch auf Euer Verständnis rechnen?« »Jawohl« – ertönen einige Stimmen. »Dann freue ich mich also auf eine gute Zusammenarbeit«, beendigt Kraft seine Worte. Die Männer gehen an ihre Arbeitsplätze und tuscheln miteinander. Die Atmosphäre scheint entspannt zu sein. Der erste, an dessen Arbeitsplatz Kraft vorbeigeht, lächelt ihm bereits zu.

Wenn man vor allem das charakterliche Versagen einer Führungskraft anprangert, so denkt man an die üblen Folgen, die solche Verfehlungen haben können. Jedoch auch fachliche Mängel, die mit der Zeit auftreten, können einen Vorgesetzten als Führungskraft untauglich machen. Oft wird ein Mitarbeiter, vor allem wegen seiner fachlichen Fähigkeiten, zur Führungskraft ernannt. Aber die einmal erworbenen Fachkenntnisse geben einem Vorgesetzten noch nicht die Gewähr, sich in seiner Position auf lange behaupten zu können, wenn er sich nicht weiterbildet und selbst eine höhere fachliche Reife zu erlangen sucht.

Gerade in unserer Gegenwart unaufhaltsamer technischer Entwicklung sind Aufgeschlossenheit und Interesse an Weiterbildung unerläßliche Eigenschaften eines Vorgesetzten, wenn er seinen Mitarbeitern gegenüber eine gewisse Überlegenheit wahren und von ihnen als Fachautorität anerkannt werden will. Wie steht es aber mit den Weiterbildungschancen eines Meisters? Hat er nach einem anstrengenden Arbeitstag noch genügend Energie und Aufnahmefähigkeit, um Bücher zu lesen? Wer sagt ihm, womit er sich beschäftigen sollte und welche Bücher zu empfehlen sind?
Es gibt Arbeitstagungen über Fachfragen, Menschenführung und Kostenwissen, die von verschiedenen Veranstaltern durchgeführt werden. Auch kürzere Fachseminare zählen zu diesen Veranstaltungen. Sie geben wertvolle Orientierung und der Meister sollte sich die Programme und Einladungen der Veranstalter bei der Personalabteilung erbitten, um gelegentlich der Betriebsleitung für ihn geeignete Fortbildungsmöglichkeiten vorschlagen zu können. Nur einige gute Anregungen können sich schon positiv auf das Verhalten und den Erfolg eines Vorgesetzten auswirken.
Wenn es um das notwendige Wissen eines Meisters geht, müssen wir die Anforderungen auch auf andere Bereiche als Fachtechnik und Menschenführung erweitern, die ihm aus Führungsgründen nicht fremd sein sollten. Dazu gehören auch etwas Betriebswirtschaft und Kostenwissen. Die rein technische Leistung genügt nicht, wenn sie nicht wirtschaftlich erbracht wird, denn Produkte mit zu hohem Kostenaufwand erzielen keine Gewinne oder können überhaupt nicht verkauft werden.
Wissensmängel können einen Vorgesetzten in den Augen seiner Mitarbeiter sehr herabsetzen. Mangelhafte Fachkenntnisse, sei es, daß sie zu eng oder zu oberflächlich sind, erlauben es dem Meister nicht die rationellsten Anweisungen zu geben oder die Fragen seiner Leute befriedigend zu beantworten. Er muß sich mit fortschrittlichen Arbeitsmethoden beschäftigen, und nicht zu oberflächlich, so daß er auch ihre Zweckmäßigkeit beurteilen kann. Kein Mitarbeiter wird zwar von ihm erwarten, daß er alle internen Vorgänge, z. B. bei einer elektronisch gesteuerten Maschine exakt erklären kann, aber er sollte doch in der Lage sein, ihr Interesse zu befriedigen und die wesentlichen Zusammenhänge zu erläu-

tern. Alles muß ein Meister wirklich nicht im Kopf behalten, z. B. nicht die einzelnen Handgriffe bei einem Automaten. Diese kann er sich, wenn er dessen Wirkungsweise kennt, bald ins Gedächtnis zurückrufen, wenn er einen Mitarbeiter unterweisen muß.
Wer nicht bei den Vorfällen im Betrieb lernt und aus den Erfahrungen seiner Mitarbeiter profitiert, wird bald erleben, daß sie ihm überlegen werden. Der Vorgesetzte sollte alles, was er im Betrieb beobachtet, auswerten und überlegen, wie und warum es dazu gekommen ist und welche Konsequenzen sich für die Zukunft daraus ergeben können. Um sich die Erfahrungen seiner Mitarbeiter dienstbar zu machen, sollte er ihre Mitteilungen und Anregungen immer bereitwillig aufnehmen.
Wer seine Leute nicht über den Betrieb und den Sinn ihrer eigenen Arbeit informieren will, versäumt es ihr Interesse und ihren Leistungswillen auf natürliche Weise zu aktivieren. Die einen werden uninteressiert ihren Trott weitergehen, während andere versuchen werden ihre Neugierde auf informelle Weise zu befriedigen. Mitarbeiter, die keinen Sinn für die Werte haben, mit denen sie umgehen, werden auf Schritt und Tritt unnötige Kosten verursachen. Um die betriebliche Kostenwirtschaft und ihre Auswirkung auf den Gewinn zu begreifen, muß der Meister auch etwas von diesen Fragen verstehen. Häufig empfindet der Techniker im Betrieb das Kostenwissen als unnötige Belastung. Diese Einstellung ist jedoch falsch und überholt. Gerade unsere Wettbewerbswirtschaft verlangt von den Vorgesetzten, daß sie ihre Mitarbeiter über einfache wirtschaftliche Zusammenhänge aufklären und zum Kostendenken erziehen.
Jeder Vorgesetzte, auch der reine Praktiker, sollte sich eine Denksystematik aneignen, die es ihm ermöglicht, Zusammenhänge rasch zu erkennen und Schwieriges einfach zu sehen. Die Bezeichnung »Theoretiker« hat zwar im Betrieb keinen besonders guten Beigeschmack, weil man bei solchen Leuten vermutet, daß sie keine praktischen Erfahrungen haben und nicht praktisch denken können, aber dafür sollte ein guter Theoretiker in der Lage sein, schwierige Zusammenhänge einfach darzustellen. In dieser Beziehung ergänzen sich Ingenieur und Meister.
Der Ingenieur versteht es Abläufe und Funktionen in einem über-

sichtlichen Schema festzuhalten und in seinen Beschreibungen das wesentliche so hervorzuheben, daß die Zusammenhänge klar werden. Praktiker verlieren sich dagegen oft in Einzelheiten und ihre Beschreibungen sind manchmal komplizierter, als mancher wissenschaftliche Bericht. Sie fühlen sich eben durch die vielen praktischen Erfahrungen belastet, die der Theoretiker meist nicht hat. Da es jedoch darum geht, Sachverhalte schnell zu erfassen und sie den Mitarbeitern klar zu machen, sollte der Meister das Wissen und die Denksystematik des Ingenieurs nicht ablehnen.

Kurze Fachlehrgänge können auch hier die Wege zum Verständnis ebnen. Gerade bei überbetrieblichen Lehrgängen spielt die Denksystematik eine wichtige Rolle, da man den Vertretern der verschiedensten Branchen keine allgemein gültigen Rezepte vermitteln kann. Wer die wesentlichen theoretischen Zusammenhänge kennt und systematisch denken kann, braucht sich vor Problemfällen nicht zu fürchten. Er wird den Sachverhalt rascher und sicherer beurteilen als seine Mitarbeiter und damit ihre Anerkennung gewinnen.

Neben Fach- und Betriebskenntnissen gehören auch Menschenkenntnisse zu dem Anforderungsprofil eines Vorgesetzten. Nur wer Menschenkenntnis hat und über Erfahrungen im Umgang mit Menschen verfügt, kann seine Mitarbeiter richtig behandeln. Er hört aus ihren Worten nicht nur das heraus, was sie sagen wollen, sondern auch manches, was sie verheimlichen möchten. Er durchschaut ihre Gedanken und erkennt ihre wirklichen Probleme.

Wer als junger Meister noch nicht über genügend Menschenkenntnis verfügt, sollte es zwar selbst bald merken aber nicht seine Mitarbeiter merken lassen, wenn er nicht an Autorität einbüßen will. Er sollte vorsichtig in seinen Urteilen und Äußerungen sein und auch sie zu Wort kommen lassen. Ein Vorgesetzter der geduldig zuhört, erfährt nicht nur wichtige Einzelheiten, die Mitarbeiter empfinden ihn auch als sympathisch, weil er sie ernst nimmt.

Wenn ein Vorgesetzter keine Gespräche führen kann, befindet er sich bei seinen Mitarbeitern in einer schwachen Position. Es fördert die natürliche Autorität eines Menschen, wenn er seine Meinung überzeugend vertreten kann und seinen Willen nicht mit Druckmitteln durchsetzen muß. Es wirkt jedoch fatal, wenn er

sich von den Argumenten anderer an die Wand drücken oder sogar einschüchtern läßt.
Jeder Vorgesetzte sollte sich darüber ins klare kommen, daß die Fähigkeit guter Gesprächsführung für seine Führungspraxis von allerhöchster Bedeutung ist. Es gehört zur Gesprächstaktik, daß ein Gespräch in guter Atmosphäre begonnen und zielorientiert gesteuert wird. Ein guter Gesprächsführer muß auch ein guter Zuhörer sein. Er sollte sich bemühen, seinen Partner zu gewinnen und nicht einzuschüchtern, wenn er sein Ziel erreichen will.
Wie verhält man sich dagegen in den Betrieben? Kurz angebunden zu sein gilt als sachlich. Ein rauher Ton wird als männlich empfunden. Manche glauben ihre Überlegenheit erst richtig zeigen zu können, wenn sie anderen ihren Standpunkt mit schulmeisterlichen Worten klarzumachen versuchen. Doch weder ein rauher Ton noch heftige Standpauken können dem Gesprächsführer in den Augen seines Partners Achtung verschaffen, wenn dieser nicht zu überzeugen vermag. Wer nämlich überzeugen kann, der weiß es auch besser und gewinnt dadurch um so mehr an Ansehen. Der Meister sollte sich bei den Gesprächen mit seinen Mitarbeitern einmal selbst beobachten und dabei festzustellen versuchen, wie lange er seinem Partner zuhören kann, ohne ihn zu unterbrechen.
Wenn wir uns ein Gesamtbild von den Anforderungen verschaffen wollen, denen ein Vorgesetzter als Autorität genügen müßte, so sollten wir an die Eigenschaften und Fähigkeiten denken, die die soziale Reife eines Mitarbeiters bestimmen. In diesen Eigenschaften müßte der Vorgesetzte seine Mitarbeiter übertreffen, wenn er von ihnen als Autorität anerkannt werden will. Er sollte ihnen nicht nur in fachlicher, sondern auch in sozialer Reife überlegen sein, denn in letzterer äußert sich die Fähigkeit Menschen beeinflussen und führen zu können:

- Kontaktfähigkeit und Kontaktbereitschaft helfen dem Vorgesetzten gute Beziehungen zu seinen Leuten aufzubauen. Durch Wohlwollen und Hilfsbereitschaft gewinnt er ihr Vertrauen und ihre Zuneigung. Sie geben ihm gegenüber ihre Zurückhaltung auf, so daß es ihm leichter gelingt, sie kennenzulernen.
- Initiative zu haben, heißt eine Arbeit unverdrossen in Angriff zu

nehmen, auch wenn Schwierigkeiten vorkommen und nicht immer die besten Leute zur Verfügung stehen. Mit Initiative vorzugehen heißt, die Leute durch das eigene Beispiel zu aktivieren, mitzureißen und ihnen auch etwas zuzutrauen.

- Informationsbereit sollte jeder Vorgesetzte sein. Nicht nur um seinen Mitarbeitern bei der Arbeit durch Erläuterungen und Hinweise zu helfen, er sollte sie auch über alles orientieren, was dazu beitragen kann, ihnen ihre Arbeit interessanter und wichtiger erscheinen zu lassen.
- Verantwortungsbereit ist ein Vorgesetzter, der bereit ist, seine Anordnungen und Handlungen voll zu vertreten und nicht versucht, Mißerfolge mit dem Versagen seiner Mitarbeiter zu rechtfertigen. Ein Meister mit »breitem Buckel« besitzt die Anerkennung und Zuneigung seiner Leute.
- Jeder Vorgesetzte sollte sein Urteilsvermögen ehrlicher Selbstkritik unterziehen. Oberflächliche oder ungerechte Beurteilung stellt in den Augen eines Mitarbeiters eine schwere Verfehlung dar. Nicht nur eine Kritik, sondern auch eine Anerkennung muß als ehrlich und zutreffend empfunden werden. Aufrichtigkeit und Ehrlichkeit verpflichten zur Gegenseitigkeit.

Jeder Meister, jeder Vorgesetzte sollte sich prüfen, inwieweit er den Anforderungen, die an das soziale Verhalten von Führungskräften gestellt werden müssen, entpricht. Vielleicht ist er bis jetzt zu sehr an den fachlichen Leistungen seiner Mitarbeiter und zu wenig an ihren menschlichen Bedürfnissen interessiert gewesen. Möglicherweise ist ihm hin und wieder auch einmal einer der Fehler unterlaufen, die zuvor geschildert wurden. Vielleicht entdeckt er an sich scheinbar kleine Schwächen, die ihm jedoch beachtlich seine Führungsaufgabe erschweren.
Wer von seinen Mitarbeitern als Autorität anerkannt werden möchte, sollte ständig an sich arbeiten. Er sollte sich zu erinnern versuchen, welche Eigenschaften er einmal bei seinen früheren Vorgesetzten selbst bewundert hat. Vielleicht gab es einen, an dessen Anerkennung es ihm besonders lag und dessen Anordnungen er gern und freiwillig folgte. Könnte der nicht auch heute noch sein Vorbild sein?

4.1. Guter Kontakt zu den Mitarbeitern

Wer keinen oder nur wenig Kontakt zu seinen Mitarbeitern hat, wird sie nie richtig kennenlernen. Er vermag sie auch nicht individuell zu führen und zu beeinflussen. Ihr Verhalten wird ihm häufig unverständlich sein. Es ist also die erste Führungsaufgabe eines Vorgesetzten guten Kontakt zu seinen Mitarbeitern herzustellen. Wenn dieser einen dauerhaften Zustand einleitet, dann entwikkeln sich aus ihm gute Beziehungen. Sie sind die Grundlage erfolgreicher Führung.
Wann sind die Beziehungen eines Vorgesetzten zu einem Mitarbeiter als gut zu bezeichnen? Wenn sich beide gerne sehen und freundschaftlich miteinander sprechen? Freundschaft oder gar Vertraulichkeit müssen wir ablehnen. Solche Beziehungen würden der Autorität des Vorgesetzten nur schaden. Ein gewisser Abstand muß bestehen, sonst könnte der Vorgesetzte Kritiken und Spötteleien seiner Mitarbeiter kaum wirksam entgegentreten und hätte es schwer sich durchzusetzen, wenn es einmal sein muß. Die Beziehungen werden sich auf beiden Seiten nicht in gleicher Weise äußern.

- Der Mitarbeiter wird Folgebereitschaft gegenüber einem Vorgesetzten zeigen, den er als überlegen achtet und an dessen Anerkennung ihm gelegen ist.
- Der Vorgesetzte wird einem Mitarbeiter sein Vertrauen schenken, den er als Mensch achtet und auf den er sich verlassen kann.

Auf beiden Seiten sind diese Beziehungen durch Vertrauen und Sympathie gekennzeichnet. Ehe es jedoch zu solchen Empfindungen kommen kann, muß erst das Wohlwollen des Vorgesetzten die Brücke zwischen beiden Partnern schlagen. Er ist es, der den Kontakt herstellt und die Beziehungen anknüpft.
Wie bahnt ein Vorgesetzter Kontakt mit einem neuen Mitarbeiter an oder mit einem solchen, dem er bis jetzt noch nicht näher kommen konnte? Es gibt den formellen Kontakt auf dem Dienstwege. Die Arbeitsanweisung, die Unterweisung und andere Gesprächsformen, die nur mit dem Dienstwege zusammenhängen. Auf die-

sem offiziellen Wege kommt man sich aber kaum menschlich näher.

Für unseren Zweck ist der informelle Weg als Chance für persönliche Kontakte wesentlicher.

- Wir betrachten das Wort, das Gespräch, als wirksamstes Kommunikationsmittel. Es zeugt von dem Wohlwollen eines Vorgesetzten, wenn er sich z. B. nach längerer Krankheit seines Mitarbeiters mit freundlichen Worten nach dessen Gesundheit erkundigt. Es zeigt sich das Interesse des Vorgesetzten, wenn er sich kurz über den letzten Urlaub berichten läßt. Man empfindet diese kleinen Aufmerksamkeiten als Wohlwollen und es muß ein wirklich verbitterter oder hartnäckiger Mensch sein, der sich bei solchen Annäherungsversuchen seinem Chef verschließt.
- Ein gutes Kontaktmittel ist auch der Blick. Er eignet sich besonders dafür, Kontakte aufrecht zu erhalten. Wenn der Meister morgens die Werkstatt betritt, fehlt es ihm sicher an Zeit, um mit allen sprechen zu können. Ein Blick, ein Zunicken genügt jedoch, um seinen Mitarbeitern zu zeigen, daß sie nicht übersehen wurden. Nichts kann die Stimmung eines Menschen so beeinträchtigen, wie der Argwohn, daß man ihn nicht beachtet.
- Auch der Handschlag oder die Berührung der Schulter können als Kontaktmittel gelten. Allerdings sollte man mit dem Handschlag nicht zu freigebig umgehen und sich solche Anerkennungen lieber für geeignete Anlässe vorbehalten.

Manche Menschen sind kontaktfreudig, andere dagegen kontaktarm und dazu vielleicht noch wortkarg. Den ersteren fällt es zwar nicht schwer Kontakte zu knüpfen, entscheidend ist jedoch, was für Beziehungen sich daraus entwickeln. Ein paar gutgemeinte Worte hinterlassen oft einen stärkeren Eindruck, als man annehmen würde. Das Zusammenleben im Betrieb ist durch Sachlichkeit gekennzeichnet. Besondere Freundlichkeit könnte im täglichen Umgang leicht als Anbiederung empfunden und nicht zum Vorteil des Vorgesetzten ausgelegt werden. Ähnlich wie den Händedruck, sollte man auch sie für Situationen aufheben, in denen man einen Mitarbeiter besonders viel Mitgefühl, Menschlichkeit und Hilfsbereitschaft zeigen möchte. Die wahre Freundlichkeit eines Vorgesetzten äußert sich in der Achtung vor seinen Mitarbeitern. Diese müßte auch sein Verhalten bestimmen, das der Mitarbeiter als wohlwollend aber sachlich empfinden sollte.

Manchen Mitarbeitern kommt man trotz aller Bemühungen nicht näher. Bei Versuchen, sie positiv zu beeinflussen, zeigen sie immer die gleiche ablehnende Haltung. In solchen Fällen sollte der Vorgesetzte prüfen

- ob der Mitarbeiter gegen ihn Vorurteile hegt. Vielleicht haben ihm andere ein falsches, ungünstiges Bild von ihm vermittelt, vielleicht konnte er bis jetzt unter seiner Führung nur einseitige Erfahrungen sammeln und kennt noch nicht seine wahre Einstellung. In solchen Fällen kann eine persönliche Aussprache zwischen beiden helfen, bei der der Vorgesetzte einfach seinen Mitarbeiter fragt, ob er etwas gegen ihn hat und ihn dann zu überzeugen versucht, daß er es nur gut mit ihm meint.
- Bei manchen Mitarbeitern ist die Einstellung von Grund auf negativ. Nicht nur gegenüber dem Vorgesetzten, sondern auch gegenüber dem Betrieb und der Umwelt. Solche Leute haben oft schlechte Erfahrungen gemacht, mit Vorgesetzten oder Kollegen. Der eine findet als Ausländer keine Anerkennung und keinen Anschluß, dem anderen haftet als Mensch irgendein Mangel an, wegen dem ihn seine Kollegen verspotten oder unter Druck setzen. Vielleicht hat sich auch einer etwas zuschulden kommen lassen, an dessen Folgen er zu tragen hat.

Man kann einen Menschen nicht zwingen, seine Erlebnisse und Empfindungen zu offenbaren. Um sie kennenzulernen, muß man ein ständiger unauffälliger Beobachter sein. Es wäre jedoch schlecht, wenn die Mitarbeiter das Empfinden hätten, daß ihr Vorgesetzter sie beschattet. Noch schlimmer wäre der Versuch sich eines Betriebsspitzels zu bedienen. Das könnte zu einem völligen Vertrauensbruch führen.
Vielleicht ergibt sich die passende Gelegenheit näheres über einen Außenseiter zu erfahren, wenn sich in seiner Umgebung etwas än-

dert, wenn er beispielsweise einen anderen Arbeitsplatz erhält oder mit neuen Kollegen zusammengebracht wird. Wahrscheinlich äußern die sich über den Mann, wenn sie von dem Vorgesetzten gefragt werden, wie die Zusammenarbeit mit ihm funktioniert. So knapp auch die Zeit eines Meisters sein mag, er sollte sich doch ständig um seine Leute bemühen und sie richtig zu behandeln versuchen, wenn er ihr Vertrauen gewinnen will. Grundlage des Vertrauens und guter Beziehungen ist stets das Wohlwollen, das von ihm ausgeht und das seine Leute deutlich empfinden sollten.
Nicht nur die Beziehungen zum Meister sollten gut sein, die Leute müssen auch in der Arbeitsgruppe zusammenhalten, wenn man gute Zusammenarbeit von ihnen erwarten soll. Sie sollten sich gegenseitig unterstützen und ihre Leistung als gemeinsamen Erfolg anerkennen. In der Praxis gibt es jedoch oft Streit und Spannungen zwischen den Mitarbeitern, die durch Neid, Rivalität oder unfaires Verhalten ausgelöst werden. Mancher glaubt, daß ein anderer ihm zu Unrecht vorgezogen wird, mancher fühlt sich durch einen Kollegen übervorteilt oder schlecht behandelt.
Solche Spannungen können als Streit offen zutage treten oder man merkt die Abneigung, wenn sich zwei aus dem Wege gehen. Dann sollte der Meister einfach mit beiden Gegnern sprechen und sie auszusöhnen versuchen. Manchmal handelt es sich nur um Antipathie oder Gleichgültigkeit. Auch solche Empfindungen können die Zusammenarbeit lähmen. Sie lassen keinen Teamgeist aufkommen. Man merkt es gelegentlich an den Gruppenbildungen, da sich manche als zusammengehörig fühlen, andere dagegen ablehnen. Bei gemeinsamen Veranstaltungen oder Betriebsfesten wird man immer wieder feststellen, daß sich die Vertreter gleicher Gesinnungen zusammenfinden.
Wo sich Ablehnung und Gleichgültigkeit zeigen, sollte sich der Vorgesetzte bemühen, die Beziehungen zwischen seinen Leuten positiv zu gestalten. Zuerst müßte er jedoch versuchen die Konflikte zwischen den Mitarbeitern auszuräumen und die Spannungen zu beseitigen. Das wird ihm um so leichter gelingen, je besser sich sein eigener Kontakt zu den Leuten gestaltet.

4.2. Der Meister und die Probleme seiner Mitarbeiter

Es gehört zu den Führungsaufgaben eines Meisters, überhaupt jedes Vorgesetzten, seinen Mitarbeitern bei der Lösung ihrer Probleme behilflich zu sein. Probleme bedrücken einen Menschen und mindern seine Leistungsfähigkeit in Abhängigkeit von ihrem Gewicht. Wie weit sich jedoch ein Vorgesetzter mit den persönlichen Angelegenheiten seiner Leute befassen darf, hängt von dem Mitarbeiter und der gegebenen Situation ab.

An erster Stelle wären die persönlichen Probleme eines Mitarbeiters zu nennen. Sie können arbeits- und dienstbedingt oder auch privater Natur sein. Setzen wir den Fall, Sie hätten als Meister einen Mitarbeiter, dessen Verhalten ihnen auffällt. Sie beobachten ihn seit einiger Zeit und stellen fest

- daß er ihnen aus dem Wege geht.
- Sein Verhältnis zum Betrieb scheint gestört zu sein. Daß merken Sie an seinen spöttischen, abwertenden Äußerungen.
- Er neigt zu Überheblichkeit, arbeitet gleichgültig und nachlässig.
- Dabei gilt er als geschickter, fähiger Facharbeiter. Er bemüht sich gelegentlich auch zu zeigen was er kann, wenn er Beachtung findet.
- Er verspätet sich häufig. Manchmal sieht es so aus, als wolle er die Geduld seines Vorgesetzten auf die Probe stellen. Als stehe er zu ihm und dem Betrieb in Opposition.
- Mit seinen Kollegen kommt er im allgemeinen gut aus.
- Sie haben erfahren, daß er in seinem Privatleben sehr aktiv ist, er spielt sogar in einem Sportverein eine führende Rolle.
- Im Betrieb ist er jedoch reizbar und ereifert sich besonders dann, wenn über die Arbeit gesprochen wird. Er scheint anderen ihre Erfolge nicht zu gönnen.

Sie haben mit dem Mann, von dem Sie eigentlich mehr erwarten, offen gesprochen und ihn gefragt, ob er irgendeinen Ärger hätte. Dabei haben Sie auf ihre Beobachtungen hingewiesen. Er ist ihnen jedoch mit den Worten ausgewichen: »Ich weiß nicht, wie Sie auf diese Gedanken kommen. Es ist wirklich alles in Ordnung.

Manchmal hat man eben Ärger, aber man ist ja schließlich kein Engel. Das mit dem Zuspätkommen wird sich nicht mehr wiederholen.«
Sie sind jedoch mit seiner Antwort nicht zufrieden. Es fällt Ihnen vor allem auf, daß der Mann seinen Ärger nicht unterdrücken kann, wenn von der Arbeit die Rede ist. Es ist Ihnen nicht verborgen geblieben, daß er andere um ihre Erfolge beneidet. Er scheint sehr ehrgeizig zu sein, und ist offenbar mit seiner Arbeit nicht zufrieden. Er möchte stärker gefordert werden und Erfolgserlebnisse haben, die den anderen auch auffallen.
Nach und nach wird erkenntlich, daß es sich hier um ein persönliches, arbeitsbedingtes Problem Ihres Mitarbeites handelt. Sie überlegen sich, welche Arbeit ihn zufriedenstellen könnte. Sie wird seine fachlichen und geistigen Fähigkeiten voll in Anspruch nehmen müssen. Bei dem Gespräch, das Sie demnächst mit ihm führen wollen, werden Sie ja merken ob er Ihnen ernsthaft zuhört und Interesse zeigt.
Schwieriger kann die Situation sein, wenn Ihr Mitarbeiter Probleme privater Natur hat. Vielleicht können Sie ihm überhaupt nicht helfen, wenn der Mann z. B. notorischer Trinker ist oder wenn er so große Schulden hat, daß dadurch seine Existenz gefährdet ist. In solchen Fällen sollten Sie mit Ihrem Vorgesetzten sprechen, insbesondere dann, wenn der Mann durch sein Verhalten Leistung und Disziplin gefährdet.
Bei Familienzwisten ist es besonders heikel in das Privatleben eines Mitarbeiters einzudringen. Allzu große Anteilnahme und Hilfsbereitschaft könnten leicht als Taktlosigkeit ausgelegt werden. Man muß es dem Mitarbeiter, wenn man ihn als Mensch achtet, schon selbst überlassen, wie weit er sein Problem offenbaren will. Ein Vorgesetzter sollte über die wichtigsten privaten Lebensumstände seiner Mitarbeiter unterrichtet sein. Familiäre Schwierigkeiten oder zu starke Inanspruchnahme durch Tätigkeit in Vereinen oder anderen Institutionen können sich zum Nachteil des Betriebes auswirken.
Inwieweit ein Mitarbeiter bereit ist, seinen Vorgesetzten in seine Probleme einzuweihen, hängt von dem Vertrauensverhältnis zwischen beiden ab. Die Achtung vor der Autorität des Vorgesetzten,

seinen Erfahrungen und seiner Urteilskraft spielt dabei die entscheidende Rolle. Einem geachteten Vorgesetzten fällt es daher auch leichter taktvolle Zurückhaltung zu wahren, da er sich nicht erst an das Problem durch unangenehme Fragen heranzutasten braucht.

- Der Vorgesetzte sollte sich bemühen, das Problem vollständig zu erfassen. Jeder Mensch bringt seine privaten Sorgen in den Betrieb mit. Nicht jedem hilft die Arbeit sich von seinen Lasten frei zu machen. Verhaltensweisen, die zu Reibereien mit Kollegen führen, haben oft ihre Ursache außerhalb des Betriebes. Zusammenhänge, die der Vorgesetzte erkennt, sollte er auch seinem Mitarbeiter klarmachen.
- Erkennt dieser die Ursachen seiner Schwierigkeiten, so wird er auch selbst zu einer Entscheidung in der Lage sein. Diese sollte der Vorgesetzte nicht übergehen, etwa mit der Bemerkung: »Nein, da habe ich eine bessere Idee …«, denn so einen Rat wird der Mitarbeiter kaum zufriedenstellend befolgen, weil er sich bevormundet fühlt und ihn vielleicht gar nicht akzeptiert.
- Nur wenn der Mitarbeiter zu keinem Entschluß kommt, kann der Vorgesetze versuchen ihm mit Vorschlägen zu helfen, deren Konsequenzen für ihn und den Betrieb er jedoch zuvor sorgfältig gemeinsam mit ihm überlegen sollte.

Konflikte zwischen den Mitarbeitern können zu schwierigen Problemen für den Vorgesetzten werden. Bei sachlichen Konflikten geht es normalerweise um betriebliche Probleme. Solche Meinungsverschiedenheiten können durch unterschiedliche Erfahrungen entstehen. Sie bleiben ungefährlich, solange es nur um die Lösung eines übergeordneten Problems geht und solange sie keinen emotionalen Charakter annehmen, bei dem die Diskutierenden zu Streitenden werden und sich persönlich angegriffen fühlen. Dann wird aus dem sachlichen Meinungskonflikt ein persönlicher. Meinungsunterschiede können zu positiven Ergebnissen für den Betrieb führen, wenn sie in einer fairen Diskussion ausgetragen werden. Die Lösung des Problems wird um so besser sein, je mehr Meinungen und Erfahrungen an ihrem Zustandekommen beteiligt sind. Viele Auffassungen helfen leichter den richtigen Weg zu finden. Der Vorgesetzte sollte sich dabei tolerant verhalten und seinen Mitarbeitern das Recht zur Meinungsäußerung einräumen, ohne sie zu unterbrechen. Nötigenfalls sollte er sie zu überzeugen versuchen, ohne ihnen jedoch seine Meinung aufzudrängen. An gemeinsame Entschlüsse, denen man innerlich zustimmt, hält man sich freiwillig.

Problematischer sind emotionelle Konflikte mit einem persönlichen Hintergrund. Bei diesen geht es nicht um ein übergeordnetes Betriebsproblem, sondern um die Niederringung eines Gegners, der den eigenen Interessen schadet. Der auslösende Grund bei solchen Konflikten können beispielsweise Neid oder Mißgunst sein, wen ein anderer bei der Zuweisung des Arbeitsplatzes oder der Arbeitsverteilung einen Vorteil erhält. Schlimmer ist es jedoch, wenn das Selbstwertgefühl eines Mitarbeiters durch das Verhalten eines anderen verletzt wird. Wenn ihn der andere arrogant und kränkend behandelt und dabei glaubt, gewisse Vorrechte in Anspruch nehmen zu können, z. B. durch längere Betriebsangehörigkeit. Wird ein Kollege vom Meister bei bestimmten Aufgaben oder Vertrauensfragen bevorzugt, so kann dieses Vorgehen nicht nur Neid und Mißstimmung, sondern auch Mißtrauen bei den anderen Mitarbeitern hervorrufen. Das Vertrauensverhältnis zum Vorgesetzten bleibt so lange gestört, bis dieser seinen Leuten den Grund seiner Maßnahme erklärt.

Alle persönlichen Konflikte schaden dem Betrieb, sie bringen die Menschen auseinander und beeinträchtigen Zusammenarbeit und Leistung. Soll ein Konflikt erfolgreich gelöst werden, so müssen seine Ursachen eindeutig geklärt sein. Der Vorgesetzte kann dabei nach folgendem Schema vorgehen:

1. Feststellung des Konfliktes	– Handelt es sich vielleicht nur um einen Scheinkonflikt? – Welchen Umfang hat der Konflikt? – Wer kann über den Sachverhalt zuverlässig informieren, welche Informationen sind abzulehnen?
2. Konflikt-Analyse	– Wer ist betroffen? – Handelt es sich um einen persönlichen, emotionalen Konflikt?

– Welche sind die wirklichen Ursachen? Man sollte sich nicht vom Anschein täuschen lassen.

3. Konfliktlösung

– Welche Maßnahmen sind zu treffen, können getroffen werden?
– Inwieweit werden durch sie die Konfliktursachen berücksichtigt, beseitigt?
– Wie wird die Resonanz sein? Werden durch die Maßnahmen vielleicht neue Konflikte hervorgerufen?

Wie sollte sich der Vorgesetzte in dem folgenden Beispiel verhalten, um eine erfolgreiche Konfliktlösung zu erzielen? Meister Weiß, Leiter einer Kundendienstwerkstatt, ist häufig im Außendienst. Bis jetzt vertrat ihn immer Herr Obermeier, ein älterer Monteur. Seit einiger Zeit arbeitet in der Werkstatt ein junger, hochqualifizierter Mann, Herr Grün, der sich bereits das Vertrauen von Herrn Weiß soweit erobert hat, daß er ihm nunmehr die Vertretung überträgt.
Nachdem das einige Male der Fall war, kommt sich Herr Obermeier beschweren: Herr Grün gehe allen mit seinen lächerlichen Sparmaßnahmen auf die Nerven. Außerdem drücke er so auf das Arbeitstempo, daß die Ausschußquote gestiegen sei. Diese, seine Angaben, könnten auch Kollegen bestätigen.
Meister Weiß läßt Grün kommen und dazu auch noch zwei andere Mitarbeiter, die ihm von Obermeier als weitere Beschwerdeführer genannt wurden. In dem folgenden Gespräch stellt sich heraus, daß Herr Grün zwar ein forscher junger Mann ist, aber seinerseits keine bemerkenswerten Verfehlungen begangen hat und die Arbeitsergebnisse im Grunde befriedigend waren.
Die Beschwerdeführer sind ob dieser Feststellung ziemlich betreten. Man hatte eben zu voreilig geurteilt. Man schüttelt Grün die Hand und gelobt sich gegenseitig gute Zusammenarbeit. Meister Weiß ist in Anbetracht dieses Erfolges zufrieden. Um so bestürzter ist er, als man ihm nach seiner nächsten Abwesenheit berichtet, das Arbeitsergebnis sei, trotz der Bemühungen seines jungen

Stellvertreters, schlechter gewesen als sonst. Außerdem hätten drei Mitarbeiter überhaupt gefehlt.
Bitte bewerten Sie die Konfliktlösung des Meisters Weiß. Was hätten Sie in diesem Falle getan, was hätte man tun müssen. Gehen wir bei unseren Überlegungen von dem zuvor dargestellten Schema aus.

1. Feststellung des Konfliktes

- War es ein Scheinkonflikt? Ein Fall ist nicht als oberflächlich zu bewerten, wenn sich ein bewährter älterer Mitarbeiter über einen jüngeren Kollegen beschweren kommt. Beschwerden über Kollegen haben immer den Beigeschmack von Petzerei.
- War sich Herr Weiß über den Umfang des Konfliktes im Klaren? Diese Frage muß verneint werden. Er hätte sich gleich konkret bei Obermeier erkundigen müssen, wer sonst noch zu diesem Sachverhalt Stellung hätte nehmen können. Er hätte sich dann nicht mit dessen Behauptung zufrieden gegeben, das auch andere Kollegen seine Angaben bestätigen könnten.
- Wer kann über den Sachverhalt zuverlässig informieren, welche Informationen sind abzulehnen? Vor dieser Frage können die Erhebungen des Herrn Weiß noch weniger standhalten. Mußte er sich doch nachträglich im Gespräch mit den drei Beschwerdeführern davon überzeugen lassen, daß alle voreilig geurteilt hatten. Das führte zu der peinlichen Situation.

2. Konfliktanalyse

- Wer ist betroffen? Diese Frage stellte sich Herr Weiß auch nicht. Wenn er sich darum gekümmert hätte, wäre es ihm sicher möglich gewesen, noch weitere Mitarbeiter in das Gespräch einzubeziehen und zuverlässigere Informationen zu erhalten.
- Handelt es sich um einen persönlichen Konflikt? Diese Frage hätte sich Herr Weiß unbedingt stellen sollen. Vielleicht wäre er dann mit der raschen Lösung, die erzielt wurde, nicht zufrieden gewesen. Sie brachte auch kein positives Ergebnis. Vielleicht war das voreilige Urteil der Kollegen emotional bedingt?
- Welches sind die wesentlichen Ursachen? Diese wurden offenbar nicht erkannt, sonst wäre die Lösung des Problems wirksa-

mer gewesen. Trotz der scheinbaren Versöhnung und der Beteuerung guter Zusammenarbeit, war das Leistungsergebnis beim nächsten Mal doch unbefriedigend.

3. Konfliktlösung

- Welche Maßnahmen sind zu treffen – können getroffen werden? Zu Maßnahmen kam es nicht. Die Kollegen waren so betreten, als ihnen ihr unfaires Verhalten bewußt wurde, daß sie den Konflikt rasch aus der Welt zu schaffen versuchten.
- Inwieweit wurden durch die Lösung die Konfliktursachen berücksichtigt, beseitigt? Sie wurden, wie das Ergebnis zeigte, nicht berücksichtigt. Sie waren ja nicht einmal klargestellt worden.
- Wurden durch die Lösung neue Konflikte hervorgerufen? Da keine Maßnahmen ergriffen wurden, entstanden auch keine neuen Konflikte. Durch die Übergehung der eigentlichen Konfliktursachen haben sich die bestehenden Spannungen verstärkt. Der ursprüngliche Konflikt vertiefte sich.

Sicher müßte man Meister Weiß, als betriebserfahrenem Mann, mehr Menschenkenntnis zutrauen. Mit dieser wäre es ihm auch nicht schwergefallen, den richtigen Sachverhalt zu vermuten. Er wäre anders vorgegangen und hätte sich gleich gründlicher informiert. Wir zweifeln auch nicht an seiner Menschenkenntnis, müssen jedoch annehmen, daß er bei seiner raschen Zustimmung, einer für ihn peinlichen Auseinandersetzung mit seinen Mitarbeitern aus dem Wege gehen wollte. Vielleicht erkannte er auch den Umfang des Problems, das ein entschlossenes Auftreten von ihm verlangt hätte und drückte sich. Denken Sie an das Verhaltensmuster »F« unseres Führungsschemas. S. 50.
Um das Problem endgültig aus der Welt zu schaffen und den Zusammenhalt seiner Gruppe wieder zu gewährleisten hätte er sich intensiver mit dem Fall beschäftigen müssen. Vielleicht hätte er eingesehen, wie sehr er das Selbstwertgefühl seines bewährten Mitarbeiters Obermeier verletzt hatte, als er ihm plötzlich, ohne Vorbereitung, die Vertretung entzog. Obermeier hatte sicher Sympathien unter den Kollegen. Diese mußten sich in ablehnen-

dem Verhalten gegenüber dem neuen Vertreter äußern. Vielleicht ärgerten sich auch manche über den jungen Mann, der sie aus ihrem Rhythmus zu bringen versuchte. Sicher gab es außer den drei Beschwerdeführern noch andere, die mit der neuen Regelung nicht zufrieden waren. Es wäre wichtig gewesen festzustellen, inwieweit die Abteilung von dieser Mißstimmung betroffen war.
Da es Meister Weiß versäumt hatte, mit seinen Leuten vor dieser, für sie keineswegs gleichgültigen Entscheidung zu sprechen, kam es zu einer Unmutsäußerung, die sich in irreführender Weise gegen das Verhalten des Vertreters richtete. Nach der Klärung des wirklichen Sachverhaltes wäre allen der stark emotionale Hintergrund der Beschwerde sichtbar geworden. Daraufhin hätte Weiß alle seine Mitarbeiter zusammenrufen sollen, um sie beispielsweise, wie folgt, anzusprechen: »Ich habe mich jetzt immer auf Sie (Euch) verlassen können. Ich kenne jeden von Ihnen. Gerade Sie, Herr Obermeier, haben mich schon oft als Vertreter unterstützt und gezeigt, was Sie können. Geben Sie doch dem Jungen auch eine Chance! Er hat noch vieles vor sich, aber mit Ihrer (Eurer) Hilfe wird er sich schon bewähren.« Damit hätte Meister Weiß das Selbstwertgefühl Obermeiers wieder aufgerichtet und gleichzeitig Grün die richtige Rolle in der Gruppe zugewiesen.
Es gibt soviel mögliche Vorgehensweisen, wie Meinungen. Richtig können aber nur diese sein, die auf einer genauen Zustandsbeurteilung beruhen und einer offenen Aussprache nicht aus dem Wege gehen.
Die Beschwerden von Mitarbeitern stellen meist Probleme dar, die man nicht einfach übergehen oder ignorieren sollte. Manche Vorgesetzte neigen dazu in ihnen einen persönlichen Angriff zu sehen. Lassen Sie sich durch eine Beschwerde nicht gleich aus der Ruhe bringen.

- Hören Sie dem Mitarbeiter erst einmal aufmerksam zu und versuchen Sie hinter die Gründe seiner Beschwerde zu kommen.
- Manchmal enthält sie einen wertvollen Hinweis auf mißliche Umstände, an denen Sie vielleicht gar nicht schuld sind.
- Möglicherweise kann Ihnen der Mitarbeiter einen Vorschlag machen, den Sie prüfen sollten: welche Konsequenzen seine

Realisierung haben könnte und wer für die Begutachtung und Bearbeitung zuständig wäre.

- Geben Sie jedoch keine voreiligen Zusagen. Begründen Sie Absagen, die Sie geben müssen, sorgfältig. Sie schonen das Selbstwertgefühl Ihres Mitarbeiters, wenn Sie seinen Vorschlag ernst nehmen und festigen sein Vertrauen zu Ihnen.
- Wenn es Ihnen gelungen ist, den Vorschlag eines Mitarbeiters zu verwirklichen, so sollten Sie den Erfolg der Maßnahmen laufend überprüfen und dabei überlegen, wie man solche Probleme künftig vermeiden könnte.

In der Zusammenfassung des vierten Abschnitts können wir auf folgende Grundgedanken hinweisen:

- Wer keinen Kontakt zu seinen Mitarbeitern hat, lernt sie auch nicht kennen. Gute Beziehungen sind die Grundlage individueller, partnerschaftlicher Führung.
- Das Wohlwollen, das sich im Verhalten des Vorgesetzten äußert, hilft am wirksamsten bei der Anbahnung guter Beziehungen zu den Mitarbeitern.
- Mitarbeiter, denen man nicht näher kommt, sollte man offen nach den Gründen ihrer Zurückhaltung fragen. Manche sollte man geduldig und unauffällig beobachten, bis man die Ursachen ihres Verhaltens erkannt hat, keiner sollte sich jedoch bespitzelt oder beschattet fühlen.
- Auch in den Arbeitsgruppen müssen zwischen den Mitarbeitern gute Beziehungen bestehen, wenn sie zu kameradschaftlicher Zusammenarbeit bereit sein sollen.
- Spannungen, die durch Rivalität, Streit oder unfaires Verhalten entstehen, vermag der Vorgesetzte um so leichter auszuräumen, je besser er seine Beziehungen zu den Mitarbeitern gestaltet.
- Jeder Vorgesetzte sollte bereit sein, seinen Mitarbeitern bei der Lösung ihrer Probleme zu helfen. Dazu gehören jedoch Zurückhaltung und Takt, insbesondere dann, wenn die Probleme privater Natur sind.

- Der Vorgesetzte sollte das Problem vollständig zu erfassen versuchen und sich dann davon überzeugen, daß auch der Mitarbeiter den Sachverhalt richtig versteht. Dann wird dieser auch selbständig eine Lösung finden können. Diese sollte der Vorgesetzte akzeptieren. Seine Ratschläge sind nur dann notwendig und vielleicht auch erwünscht, wenn sich der Mitarbeiter nicht selber helfen kann.
- Sachliche Konflikte sind Meinungsverschiedenheiten bei betrieblichen Problemen, ohne persönlichen Hintergrund. Sie haben keinen emotionalen Charakter. Durch sie können bessere Lösungen zustande kommen als bei Einzelentscheidungen, wenn sie objektiv ausdiskutiert werden und der Vorgesetzte die gemeinsame Meinungsbildung nicht stört. An solche Lösungen halten sich auch die Beteiligten freiwillig.
- Persönliche Konflikte beeinträchtigen die Zusammenarbeit in der Gruppe und die Leistung. Sie entstehen häufig durch Neid, Kränkung oder ungerechte Behandlung. Wenn der Vorgesetzte einen solchen Konflikt erfolgreich lösen will, sollte er seine Ursachen erst eindeutig klären. Dazu muß er wissen, wer daran beteiligt ist und wer ihn zuverlässig über den Sachverhalt informieren kann.
- Beschwerden von Mitarbeitern sind ebenfalls Probleme, die der Vorgesetzte nicht bagatellisieren sollte. Er darf auch nicht gleich in ihnen einen persönlichen Angriff vermuten. Manche enthalten vielleicht einen Hinweis auf Mißstände, die man dringlichst beseitigen müßte.
- Prüfen Sie die Vorschläge ihrer Mitarbeiter: Realisierbarkeit, Auswirkungen und Zuständigkeit. Begründen Sie es sorgfältig, wenn Sie ablehnen müssen. Schonen Sie dadurch das Selbstwertgefühl Ihrer Mitarbeiter.

5. Gibt es Möglichkeiten und Mittel, um die Arbeitszufriedenheit zu erhöhen und die Mitarbeiter zu höherer Leistungsbereitschaft zu aktivieren?

Die Frage, wie man die Arbeitszufriedenheit und Leistungsbereitschaft der Mitarbeiter steigern könnte, ist heute für den Meister aktueller als früher. Der Arbeiter ist heute urteilsfähiger und weniger abhängig von dem Betrieb, als noch um die Jahrhundertwende. Wenn er jung und qualifiziert ist findet er auch eine neue Stelle am Arbeitsmarkt. Er braucht nicht um seinen Arbeitsplatz so besorgt zu sein, wie seine Vorgänger, es sei denn, daß die Wirtschaft in eine schwierige Phase gerät.
Man kann den Arbeiter heute nicht unter Druck setzen, man muß ihn für seine Arbeit zu gewinnen suchen. Ein Arbeiter, der lustlos und ohne Motivation seiner Arbeit nachgeht, erbringt nicht die Leistung, die man aufgrund seiner Fähigkeit von ihm erwarten dürfte. Diese Überlegung läßt sich in einer Graphik einfach darstellen, wenn man sich die Leistung als Fläche über den Koordinaten Fähigkeit und Motivation vorstellt.

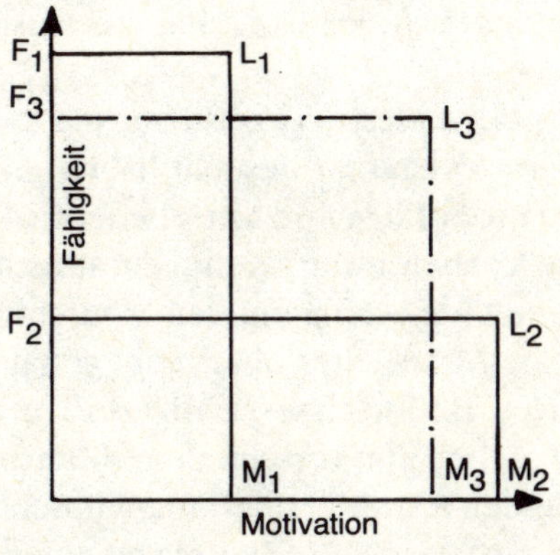

Die Fläche, die von den Linien eingegrenzt wird, die sich im Punkt L_1 schneiden, entspricht der Leistung eines Mitarbeiters mit hoher

Qualifikation (F_1) aber geringer Motivation (M_1). Ein anderer Mitarbeiter (L_2) leistet vielleicht dasselbe, weil er eifrig bei der Sache ist (M_2), obwohl ihm die Arbeit weit schwerer von der Hand geht (F_2). Die höchste Leistung (L_3) erbringt der Mitarbeiter, der bei guter Qualifikation (F_3) auch mit Eifer und Lust arbeitet (M_3). Der Vorgesetzte wird bei seinen Mitarbeitern Motive ergründen müssen, die sich mit ihrer Arbeit in Verbindung bringen lassen, wenn er ihnen Leistungsanreize bieten will. Bemühen wir uns zu erkennen, was unsere Mitarbeiter sich wünschen, erstreben oder erwarten, versuchen wir ihre Bedürfnisse durch die Arbeit zu befriedigen. Geben wir ihnen, was sie wollen und gewinnen wir dafür ihre Leistung. Das ist der Sinn der Motivationstaktik. Man verbindet mit ihr nicht geringe Hoffnungen, denn sie könnte das Schmiermittel im Getriebe des personellen Apparates sein, das den inneren Widerstand aufhebt und den Wirkungsgrad steigert.

Drei Fragen sollte sich jeder Vorgesetzte zu beantworten suchen, ehe er an die Wirksamkeit seines Vorgehens glaubt:

- Kenne ich auch wirklich die Bedürfnisse des Mitarbeiters, den ich motivieren möchte?
- Bin ich auch sicher, daß das eintreten wird, was ich ihm verspreche oder laufe ich Gefahr ihn zu manipulieren?
- Vertraut er mir wirklich oder nimmt er meine Worte nicht ernst, vielleicht glaubt er auch, ich wolle ihn nur täuschen?

Sind alle Meister oder andere Vorgesetzten des technischen Bereiches, die ein Führungsseminar besucht haben, auch wirklich von heute auf morgen in der Lage ihre Mitarbeiter wirksam zu motivieren, ohne weitere Vorbereitung? Kennt ein autoritärer Vorgesetzter, der sich bis jetzt nur wenig um den Menschen im Betrieb gekümmert hat, seine Mitarbeiter überhaupt genau genug, um ihre sehr differenzierten Bedürfnisse richtig zu beurteilen? So kann z. B. die gleiche Arbeit für verschiedene Mitarbeiter aus unterschiedlichen Gründen attraktiv oder unerwünscht sein. Glaubt so ein Vorgesetzter, ein so gutes Verhältnis zu seinen Mitarbeitern zu haben, daß sie ihm gleich Vertrauen schenken werden, wenn er ihnen, anstatt wie sonst zu kommandieren, plötzlich mit Verspre-

chungen kommt? Ruft eine unerwartete Verhaltensänderung nicht ihr Mißtrauen hervor?
Manche, scheinbar sehr plausiblen Anregungen, führen bei ihrer Anwendung im Betrieb nicht zu den gewünschten Erfolgen, weil ihre Realisierung nicht gründlich genug vorbereitet wurde. Manches wird dabei übersehen, was gerade für den Erfolg ausschlaggebend sein kann. Bei der Fragestellung, wie man die Mitarbeiter für höhere Leistungen motivieren könnte,sollte man sich zuerst darüber Gedanken machen, von welchen Bedürfnissen die Menschen im Betrieb überhaupt beherrscht werden.
Die vielen Bedürfnisse, die ein Mensch befriedigen muß, um überhaupt leben zu können und dieses Leben als erträglich zu finden, lassen sich in wenigen Hauptgruppen zusammenfassen:

Bedürfnisse des arbeitenden Menschen

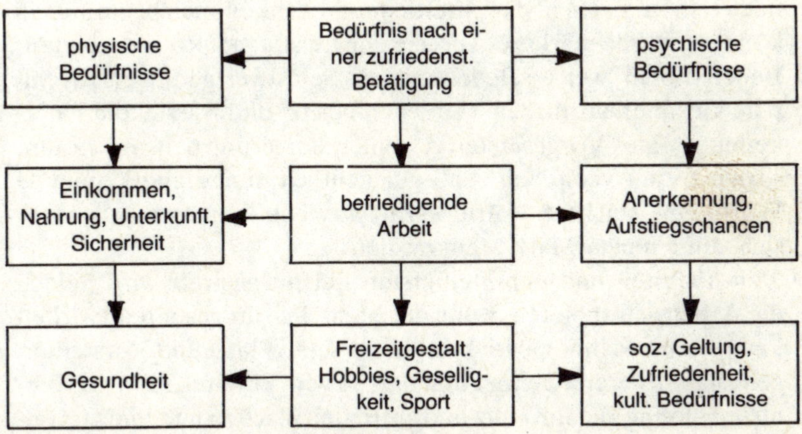

Im Mittelpunkt dieser Betrachtung steht die Arbeit, das Bedürfnis nach zufriedenstellender Betätigung, von dem der arbeitende Mensch beherrscht wird. Der Mensch verbringt mindestens ein Drittel seiner Lebenszeit mit beruflicher Tätigkeit. Er verdient durch sie sein Einkommen und wird, entsprechend ihrer Bedeutung, von der Gesellschaft anerkannt.
In Abhängigkeit von der beruflichen Tätigkeit wird er seine physischen und psychischen Bedürfnisse befriedigen können. Eine Tä-

tigkeit, die ein hohes Einkommen sichert, deckt nicht nur den Existenzbedarf, sie ermöglicht auch eine angenehme Freizeitgestaltung und den Aufwand für den Lebensstandard, um gesellschaftlich anerkannt zu werden. Andererseits bringt erfolgreiches Schaffen auch Anerkennung im Betrieb und soziale Geltung.
Diese Arbeit, die der Mensch heute noch acht Stunden lang im Betrieb verrichten muß, müßte eigentlich seinem Leben Sinn und Inhalt geben, wenn nicht andere Bedürfnisse, die er mit Hilfe seines Einkommens befriedigen will, zu Hauptzielen werden sollen, neben denen er die Arbeit nur als Mittel zum Zweck betrachtet.
Der Versuch eines Vorgesetzten, seine Mitarbeiter durch die Überlegung zu motivieren, ihre Arbeit bringe ihnen Einkommen und Sicherheit, macht ihnen ihre Tätigkeit kaum interessanter, weil sie ihr Einkommen und die Sozialleistungen bereits durch den Arbeitsvertrag gesichert wissen. Ein leistungsorientiertes Prämiensystem, bei dem die Mitarbeiter ihr Einkommen beeinflussen können, würde stärkere Anreize zur Leistungssteigerung bieten. Bedenkt man, welche Bedeutung das Selbstwertgefühl als psychische Gesundheit für den Menschen besitzt und wieviel die Anerkennung eines Vorgesetzten zu seiner Steigerung beitragen kann, so wird man verstehen, daß gelegentlich einige anerkennende Worte eine stärkere Antriebskraft ausüben können als die Aussicht auf ein paar Mark Mehrverdienst.
Den höchsten und unmittelbarsten Leistungsanreiz wird jedoch die Arbeit selbst bieten, wenn der Mensch in ihr gestaltend wirken kann, wenn es ihm möglich ist, in ihr seine Pläne und Vorstellungen zu realisieren. Gelingt ihm das, so wird er durch Erfolgserlebnisse belohnt, die ihn stolz und zufrieden machen und ihm zu Geltung in Betrieb und Gesellschaft verhelfen können. Neben solchen Erfolgen wird das Einkommen nicht mehr als Hauptmotiv, sondern nur als notwendige Existenzbedingung bewertet und als Möglichkeit weitere Ziele in die Tat umzusetzen.
Dieses Bestreben zur Selbstverwirklichung finden wir heute vielleicht nur noch vereinzelt in Vorstandsetagen, wenn z. B. ein ehrgeiziger Technokrat seine Erfindung ohne Rücksicht auf die Kosten am Markt durchsetzen möchte oder der Gründer eines Unternehmens mehr auf Marktbeherrschung aus ist, als auf Bilanzge-

winn und Rentabilität. Manchmal ist dieses Streben nach Selbstverwirklichung auch die Triebfeder zu großen und erfolgreichen unternehmerischen Leistungen gewesen, wie wir sie noch heute bei den Unternehmensgründern der industriellen Frühzeit bewundern.

Bis in diese Höhen führt eine lange Leiter mit vielen Sprossen. Auf der untersten stehen die »X«-Menschen, die noch zur Arbeit angetrieben werden. Wesentlich höher sind die »Y«-Menschen emporgestiegen, die bereits mitdenken und mitentscheiden dürfen. Sie denken schon in einem gewissen Ausmaß unternehmerisch, empfinden die Risiken ihrer gemeinsamen Entscheidungen oder ihres selbständigen Handelns und werden durch Erfolgserlebnisse belohnt. Sie haben mehr Freude an ihrer Arbeit, man braucht sie nicht mehr anzutreiben.

An höchster Stelle der Leiter stehen die Männer, die allein entscheiden, die das letzte Wort haben. Sie tragen auch das ganze Risiko, sie sind letztlich die Verantwortlichen. Die Erfolge gehören ihnen allein, auch wenn sie es mit den Worten »Wir haben es geschafft«, ehrlich meinen. Für sie ist ihre Arbeit, ihr Werk, das entscheidende Motiv ihres Handelns.

Je mehr es uns gelingt unseren Mitarbeitern den Aufstieg von Stufe zu Stufe der unternehmerischen Selbständigkeit und Initiative zu erleichtern, um so mehr werden sie in ihrer Arbeit Motive zu höhrerer Leistung sehen und dabei die erstrebte Arbeitszufriedenheit empfinden. Dieser Aufstieg ist jedoch nur denkbar, wenn die Mitarbeiter neben einem ihre fachliche und soziale Reife förderndem Einsatz auch durch ständige Information die Orientierung erhalten, die als Voraussetzung für die Fähigkeit zu unternehmerischem Mitdenken unerläßlich ist.

Erschwerend wirkt, daß Vorgesetzte des technischen Bereiches meist Mitarbeitern mit sehr unterschiedlicher fachlicher und sozialer Reife gerecht werden müssen. So kann z. B. die Nachricht, daß in einer Fertigungsabteilung ein neues Arbeitsverfahren eingeführt wird, bei den einzelnen Mitarbeitern die unterschiedlichsten Motive auslösen: bei den einen Gegenmotive, weil sie sich vor einer höheren Arbeitsbelastung fürchten, bei anderen leistungsfördernde Motive, da sie vielleicht hoffen, bei dem neuen Verfahren ihre Fähigkeiten besser zum Einsatz bringen zu können und mehr Freude an der Arbeit zu finden.

Da, wo es noch nicht möglich ist, den Mitarbeitern eine Arbeit zu geben, die sie motivieren und befriedigen könnte, entweder, weil sie nicht verfügbar ist oder weil es den Leuten an Qualifikation und Reife mangelt, sollte der Vorgesetzte andere Bedürfnisse wahrnehmen oder wecken, und ihre Erfüllung von der Arbeitsleistung abhängig machen. Für einen Mitarbeiter, dessen Arbeit seinen Erwartungen nicht entspricht und der den Wert und die Bedeutung seiner eigenen Leistung in der Gesamtleistung weder erkennen noch beurteilen kann, wird die Anerkennung des Vorgesetzten das eigene Erfolgserlebnis ersetzen müssen.

Die Informationen des Vorgesetzten über Arbeit und Leistung geben den Mitarbeitern nicht nur Orientierung über die Bedeutung des eigenen Leistungsbeitrages für den Betrieb, sie stellen auch gleichzeitig eine Anerkennung der Personen dar, die informiert werden. Die Beachtung, die ihnen der Vorgesetzte dadurch schenkt, steigert ihr Selbstwertgefühl.

Der amerikanische Professor Maslow hat in seiner Bedürfnispyramide versucht, die zahlreichen menschlichen Bedürfnisse reife- und situationsabhängig darzustellen. Die Bedürfnisstruktur eines Mitarbeiters ändert sich mit seiner Situation.

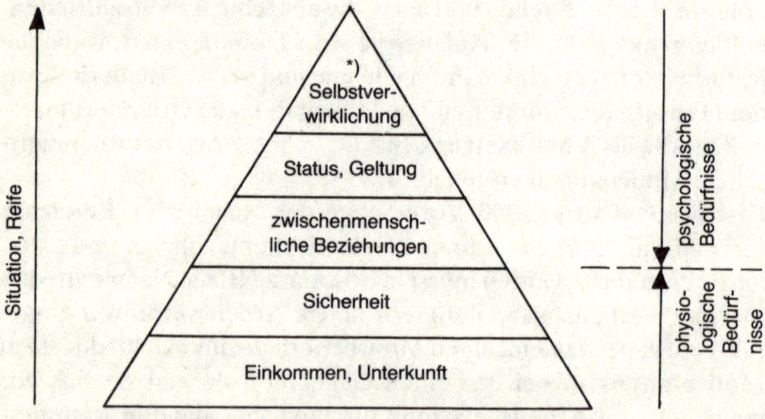

*) Das tun können, zu was man sich wirklich berufen fühlt und darin höchste Befriedigung finden.

Die die Pyramide bildenden Bedürfnisstrukturen stellen sich, nach der Auffassung von Maslow, in der dargestellten Reihenfolge ein. Zuerst versucht der Mensch seine physiologischen Bedürfnisse zu befriedigen. Wie Berthold Brecht treffend meinte: »Erst kommt das Fressen, dann die Moral«.
Sind die physiologischen Bedürfnisse nach Nahrung, Kleidung und Unterkunft befriedigt, wähnt sich der Mensch in seiner Lebenssituation einigermaßen sicher, so beginnt er psychologische Bedürfnisse immer höherer Ordnung zu entwickeln. Die befriedigten Bedürfnisse sind nicht mehr wirksam. Sie treten jedoch wieder auf, wenn sich die Situation plötzlich so ändert, daß die vorrangigen Grundbedürfnisse nicht mehr befriedigt werden können, z. B. dann, wenn ein Arbeiter plötzlich entlassen wird und mittellos auf der Straße steht.

Den situationsbedingten Wandel der Bedürfnisstruktur kann man an folgenden Beispielen darstellen:

1. Ein Ausländer sucht in einem Industriestaat, wie Deutschland, Unterkunft. Es wird sein erstes Ziel sein, eine Arbeit zu finden, die ihm ein ständiges Einkommen sichert. Durch dieses kann er sich Wohnung, Nahrung und Kleidung beschaffen. Seine Existenz ist fürs erste gesichert.
2. Mit der Zeit wird ihn der Gedanke beschäftigen, was geschehen soll, wenn er plötzlich krank wird oder seine Stelle verliert. Sein Bedürfnis nach Sicherheit gewinnt Oberhand und er wird sich für die gesetzlichen und betrieblichen Sozialleistungen zu interessieren beginnen.
3. Arbeitnehmer mit fester Anstellung, die ihren Arbeitsplatz als gesichert ansehen können und über die Sozialleistungen, die sie beanspruchen dürfen, im Bilde sind, brauchen nicht mehr an Existensfragen zu denken. Sie beginnen Bedürfnisse nach Lebenswerten zu entwickeln, die für den Menschen, als Gesellschafts- und Gruppenwesen, besonders wichtig sind. Sie suchen Kontakte mit anderen und sehen in dem Betrieb einen sozialen Lebensraum, der ihnen Gelegenheit zur Begegnung mit anderen Menschen und zu kameradschaftlichen Beziehungen mit Kollegen bietet. Jeder möchte von den Kollegen anerkannt wer-

den und eine Rolle in der Arbeitsgemeinschaft spielen. Um so mehr dann, wenn ihn die Arbeit am Fließband oder die eintönige Tätigkeit an der Maschine nicht befriedigt.

4. Beginnt sich ein Mitarbeiter durch fachliches Können oder in einer Vertrauensstellung hervorzutun, dann ist es nur zu menschlich, wenn seine Erfolge Eitelkeit hervorrufen. Wenn er seine Zurückhaltung überwunden hat, wird ihm immer mehr daran liegen, sich von den anderen auch äußerlich zu unterscheiden und nicht mehr als Gleicher in der Gemeinschaft zu gelten. Er wird sich bemühen die Bedeutung seiner Funktion oder Rolle durch sein Verhalten und äußere Merkmale zu unterstreichen.

Ein Betrieb, der seinen Mitarbeitern Dienstbezeichnungen oder Statussymbole verleiht, kommt ihren Bedürfnissen sehr entgegen. Als formellen Geltungsbeweis kann man bereits einen Arbeitsplatz betrachten, der sich von anderen unterscheidet, vielleicht dadurch, daß es von ihm aus möglich ist, andere Arbeitsplätze zu überwachen.

Mitarbeiter in der Verwaltung legen z. B. wert auf eine rangentsprechende Anordnung ihrer Schreibtische im Büroraum. Der Gruppenführer sitzt am Ende des Büroraumes, um alle Mitarbeiter vor sich zu haben. Der Abteilungsleiter hat sein eigenes Büro und einen größeren Schreibtisch, der sich auch in der Ausstattung von den üblichen Schreibtischen unterscheidet. Er ißt nicht mehr in der Mitarbeiterkantine, sondern in dem Casinoraum für Abteilungsleiter. Diese Regelung kann zwar von der Firma eingeführt worden sein, um den Kontakt in den höheren Führungsebenen zu fördern, sie wird jedoch von den Mitarbeitern als Geltungsbeweis empfunden, wie die vergoldete Schreibgarnitur auf dem Schreibtisch des Direktors.

5. Den Gipfel der Pyramide bildet das Bedürfnis nach Selbstverwirklichung und Zufriedenheit mit sich selbst und seinem Wirken. Dieses Bedürfnis nach höchster Arbeitszufriedenheit kann nur ein Mensch befriedigen, der eine Aufgabe verwirklichen darf, die ihm liegt und zu der er sich wirklich berufen fühlt.

Diese Schaffens- und Gestaltungsfreiheit besaß der mittelalterliche Handwerksmeister. Der Künstler besitzt sie auch heute noch und vielleicht auch der unabhängige Unternehmer. Aber Letzterer allerdings mit den Einschränkungen, die ihm der Markt auferlegt. Jeder Selbständige, ob Handwerker, Freischaffender oder Kaufmann, wird sich in seinen Angeboten und Leistungen nach dem Bedarf richten müssen, wenn er Kunden oder Auftraggeber finden will. Trotzdem haben sie noch so viel Freiheit bei ihren Entscheidungen, daß sie für ihre Selbständigkeit gerne Opfer an Zeit und Arbeit hinnehmen, die weit über die Belastung eines Arbeitnehmers hinausgehen.

Angestellte, die sich entschieden haben als Verkäufer, z. B. als Handlungsreisende, tätig zu sein, schätzen die Freiheiten und Möglichkeiten, die dieser Beruf bietet. Die Chance ihr Einkommen durch Erfolgsprovisionen zu beeinflussen, die Möglichkeit, ihre Arbeitszeit nach eigenem Gutdünken einzuteilen, ihre Besuche zu planen und die Verkaufsgespräche frei zu gestalten.

Der arbeitsteilige Betrieb weist zwar jedem seinen engen Raum bei der Arbeit zu, aber trotzdem muß es auch in der Produktion gelingen den Mitarbeitern durch mehr Selbständigkeit und Initiative mehr Freude an ihrer Tätigkeit zu geben. Die Leiter bis zum Endziel der Selbstverwirklichung hat viele Sprossen und jede von ihnen kann in steigender Folge einen Grad von Motivation und Arbeitszufriedenheit symbolisieren.

Die Motivierung der Mitarbeiter durch ihre Arbeit hat den Charakter von Eigenmotivation, da ein Mensch, der bei seiner Arbeit selbständig und eigenverantwortlich denkt und handelt, stärker an seiner Tätigkeit interessiert ist, als einer, der nur Befehle ausführt. Von dieser Möglichkeit sollte auch der Meister bei seinen Mitarbeitern frühzeitig Gebrauch machen und ihren Reifegrad berücksichtigend, mit immer höheren Anforderungen auch immer höhere Stadien der Eigenmotivation zu erreichen suchen.

Ergänzen wir die Befürfnispyramide durch das Bedürfnis nach Arbeitszufriedenheit und den Gesichtspunkt der Eigenmotivation und versuchen wir die übrigen Bedürfnisstrukturen in bezug auf ihre Bedeutung für die Leistungsmotivation zu beurteilen:

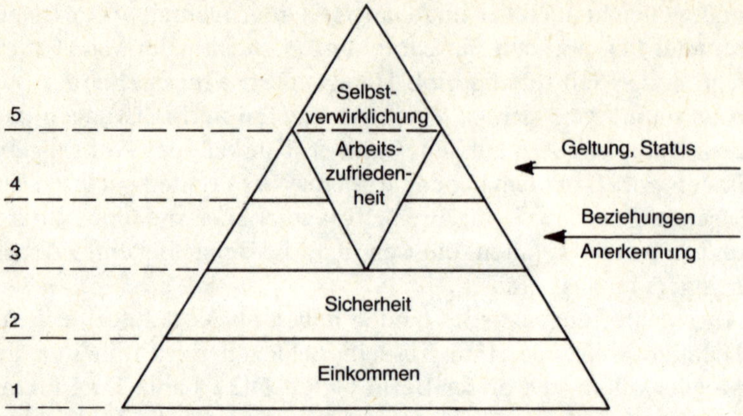

Bedürfnis nach:	*Befriedigung: (Wirkung)*	*Motivation:*
1. Einkommen	statische	keine
2. Sicherheit	Faktoren	Motivation
3. Beziehungen, Anerkennung	statische Faktoren und	keine Motivation
4. Geltung, Status	Veränderungs-Faktoren*	Fremdmotivation
3. u. 4. Arbeits-zufriedenheit	Veränderungs-Faktoren	Eigen-
5. Selbst-verwirklichung	Veränderungs-Faktoren	motivation

* Durch die eine, wenn auch nur vorübergehende, Verbesserung des Befindens oder der Situation empfunden wird, die also als Triebfeder wirken.

Unter »Motivation« verstehen wir die Kräfte, die unser Verhalten lenken, um unsere persönlichen Bedürfnisse befriedigen zu können.

1. Das Bedürfnis nach Einkommen wird nur so lange als Motiv einer Verhaltensänderung gelten können, bis es durch eine re-

gelmäßige, feste Entlöhnung befriedigt ist. Da das Versprechen einer Lohnerhöhung nur in bestimmten, seltenen Fällen zum Gegenstand der Motivation gemacht werden kann, können nur Beeinflussungsmöglichkeiten des Einkommens durch den Mitarbeiter, z. B. bei Akkord, Prämien oder Gewinnbeteiligung, als praktikable Motivationsmittel betrachtet werden.

2. Auch das Streben nach Sicherheit kann nur so lange motivierend wirken, bis ein fester Arbeitsplatz gefunden ist und der Mensch nicht mehr um seine Zukunft zu bangen braucht.

Die Bedürfnisse nach Einkommen und Sicherheit werden in unserer sozialen Marktwirtschaft durch statische Faktoren, wie feste Entlöhnung und Sozialversicherung befriedigt. Um diese Errungenschaften braucht sich niemand mehr zu bemühen, wenn sie vertraglich gesichert sind. Durch sie entstehen daher auch keine motivierenden Kräfte, die Verhaltensänderungen bewirken könnten.

3. Die Befriedigung des Bedürfnisses nach sozialer Geborgenheit, nach guten, kameradschaftlichen Beziehungen zu den Kollegen, wird durch ein positives Betriebsklima begünstigt. Sind Zusammenleben und Zusammenarbeit gut und spannungsfrei, so ist auch das Bedürfnis nach sozialer Geborgenheit soweit befriedigt, daß es keinen Leistungsanreiz mehr vermitteln kann.

Neben guten Beziehungen ist jedoch auch für die Mitarbeiter die Rolle von großer Bedeutung, die sie in der Kollegengemeinschaft spielen. Jeder möchte auf seine Weise anerkannt werden, der eine beispielsweise als der Tüchtige, ein anderer als der Ideenreiche oder das Vorbild. Bei manchen kann dieses Bedürfnis starke motivierende Kräfte auslösen. Z. B. durch die aufmunternde Bemerkung des Vorgesetzten: »Gerade von Ihnen darf man doch erwarten...«. Selbstverständlich muß dem Mitarbeiter auch an der Anerkennung des Vorgesetzten gelegen sein. Das trifft besonders dann zu, wenn er seine Autorität und sein Urteil achtet. Die Leistungsanreize, die ein Mitarbeiter durch die Anerkennung seines Vorgesetzten und seiner Kollegen erhält, bezeichnen wir als Fremdmotivation.

In diesem Bedürfnisstadium, in dem die physiologischen Grundbedürfnisse bereits befriedigt sind, sollte der Vorgesetzte versu-

chen seinen Leuten durch entsprechende Arbeitszuweisung auch Chancen zur Eigenmotivation zu geben. Im dritten Strukturbereich können also neben wirkungslosen, statischen Faktoren, wie Lohn, Sozialversicherung und Betriebsklima auch Veränderungsfaktoren wirksam werden, die an der Situation oder dem Befinden eines Mitarbeiters etwas zu seinem Vorteil verändern. So kann z. B. das Bedürfnis nach Anerkennung zu einer Leistungssteigerung führen, die in dem Lob des Vorgesetzten ihre Belohnung findet. Dieses Lob »nützt« dem Mitarbeiter insofern, als es sein Selbstwertgefühl stärkt und dadurch sein psychisches Befinden verbessert. Der Mitarbeiter empfindet, daß sich die Wiederholung seiner Anstrengung lohnt, wenn er wieder anerkannt werden möchte.
Nicht mindere Anreize bieten als Veränderungsfaktoren die Erlebnisse bei einer selbständigen, befriedigenden Arbeit. Im Gegensatz zu den statischen Faktoren wirken sich Veränderungsfaktoren auf das Verhalten der Mitarbeiter stimulierend aus, wie eine belebende Injektion.

4. Auch im vierten Strukturbereich müssen wir zwischen unwirksam gewordenen und stimulierenden Faktoren der Bedürfnisbefriedigung unterscheiden. Statussymbole, Rangabzeichen oder Dienstbezeichnungen, wie »Oberingenieur«, verlieren durch den statischen Charakter solcher Geltungsbeweise ihre stimulierende Wirkung. Nicht jedoch eine Auszeichnung, die sich nur auf einen bestimmten Fall bezieht und dem zu Motivierenden in Erwartung einer besonderen Leistung oder als Belohnung zuteil wird. Z. B. die Hervorhebung durch eine wichtige Aufgabe, die Übertragung einer Aufsicht, einer Vertretung oder die Teilnahme an einer Dienstreise mit Zuweisung einer besonderen Funktion.

   In diesem Strukturbereich wird neben der Fremdmotivation die Eigenmotivation durch die Arbeit immer stärker zum Tragen kommen müssen, da die Mitarbeiter durch immer höhere fachliche und soziale Reife auch immer höheren Arbeitsansprüchen genügen können.
5. Hat der Mensch seine physiologischen und psychologischen Bedürfnisse soweit befriedigt, daß das Bedürfnis nach Selbstver-

wirklichung zu seinem Hauptmotiv wird, so hat er bereits einen Reife- und Freiheitsgrad erreicht, bei dem er keine Fremdmotivation mehr benötigt. Seine Aufgabe, seine Arbeit allein, ist die treibende Kraft seiner Entschlüsse und Leistungen.

Wenn wir das Wesen der Motivationspsychologie verstehen wollen, sollten wir von folgender Erkenntnis ausgehen: ohne Bedürfnisbefriedigung keine Motivation. Ein bereits befriedigtes Bedürfnis kann also nicht mehr zum Gegenstand der Motivation gemacht werden. Herzberg, der als Forscher auf dem Gebiet der Arbeitsmotivation bekannt wurde, unterscheidet zwischen »Motivatoren«, wirksamen, treibenden Kräften und »Hygienefaktoren«, Zustandsbedingungen, die nach der Befriedigung bestimmter Bedürfnisse zwar gegeben sind, selbst jedoch keine motivierende Kraft mehr besitzen. Ihr Verlust erzeugt jedoch Unzufriedenheit.

Zu den Motivatoren im Sinne Herzbergs gehören:
- leistungsbedingte Erfolgserlebnisse
- die Arbeit selbst, als wichtige, selbständige und interessante Tätigkeit
- die Übertragung von Verantwortung, Kompetenzen und Funktionen
- die Anerkennung des Vorgesetzten für gute Leistungen.

Die Aussicht auf Befriedigung solcher Bedürfnisse wirkt leistungsanspornend. Es liegt in der Hand des Vorgesetzten solche Motivatoren am richtigen Platze so einzusetzen, daß sie auch wirksam werden. Zu den Klimafaktoren gehören:
- die Entlöhnung
- die Arbeitsbedingungen als leistungsbegünstigende und gesundheitsschonende Faktoren
- die zwischenmenschlichen Beziehungen, das Betriebsklima
- die Führung, der Geist des Hauses.

Da Mängel bei den als notwendig erachteten Zustandsbedingungen zu Unzufriedenheit führen können, sollte sich der Betrieb um optimale Verhältnisse bemühen.

5.1. Was der Betrieb seinen Mitarbeitern zu bieten vermag: die Klimafaktoren

Die Entlöhnung

Der Lohn ist ein erheblicher Kostenfaktor im Betrieb. Wie wirkt er sich auf Leistung und Zufriedenheit aus? Wenn wir die Frage nach der Bedeutung des Lohnes für die Leistung beantworten wollen, müssen wir zuerst klären, inwieweit sich die Leistung auf den Lohn auswirkt. Der Mitarbeiter wird keinen Anreiz zur Leistungssteigerung empfinden, wenn er den Lohn als statischen Faktor betrachtet, den er nicht beeinflussen kann.

Stellen wir uns doch vor, ein Arbeiter, der eine Familie zu versorgen hat, erhält eine gewerkschaftliche Lohnerhöhung. Sein Monatseinkommen, das bisher nicht schlecht war steigert sich plötzlich um 100,– DM netto. Die Freude dauert jedoch nicht lange. Zuhause erwarten den Familienvater zahlreiche Wünsche seiner Angehörigen, die er alle gar nicht befriedigen kann. Man lebt vielleicht ein wenig besser, besorgt sich ab und zu eine Illustrierte und legt monatlich 20,– DM mehr in die Sparbüchse für den Sommerurlaub. Der Lebensstandard hat sich kaum merklich verbessert und schon ist die Lohnerhöhung vergessen. Der allgemeine Konsumanreiz weckt immer neue Bedürfnisse, die jedoch durch das Einkommen nicht befriedigt werden können. Man wartet auf die nächste Lohnerhöhung.

Umfragen in großen Betrieben haben wohl ergeben, daß gute Bezahlung für den Arbeiter das wichtigste ist. Aber sie wirkt auf die Dauer nicht motivierend, sie ist lediglich ein Klimafaktor, bei dem eine Verschlechterung der Bedingungen nur Unzufriedenheit hervorrufen würde. Motivierend wirken dagegen Akkord- und Prämiensysteme, bei denen der Mitarbeiter durch Leistungs-Verhaltensverbesserungen höhere Einnahmen erzielt. Das Ausmaß der Motivation wird allerdings von der Rolle abhängen, die die Größe dieser Motivatoren bei dem Gesamteinkommen des Mitarbeiters spielt.

Besondere Aufmerksamkeit hat man auch der Überlegung gewidmet, Mitarbeiter durch Gewinnbeteiligung zu motivieren. Enttäuschungen, die man bei solchen Versuchen erlebt hat, sind wohl

darauf zurückzuführen, daß die Arbeitnehmer nicht den Zusammenhang zwischen ihrer Leistung und dem erzielten Gewinnanteil erkennen konnten. Vielleicht waren für sie die jährlichen Abrechnungen zu langfristig, vielleicht hatten sie auch zu bemängeln, daß die den Erfolgen zugrunde gelegten Leistungen als Durchschnitt vieler Abteilungen berechnet wurden.
Eine Gewinnbeteiligung wird als motivierende Kraft um so wirksamer sein, je besser ihre Ermittlung das Verursachungsprinzip berücksichtigt.

- Der Zusammenhang zwischen Leistung und Gewinnbeteiligung muß eindeutig und klar sein. Das Bewertungssystem sollte jeder leicht begreifen können.
- Das System sollte Differenzierungen erlauben, bei denen auch Gruppenleistungen berücksichtigt werden können und nicht die Mehr- oder Minderleistungen des ganzen Betriebes in einen Topf geworfen werden.
- Die Abrechnungsperioden sollten nicht so lang sein, daß die Mitarbeiter keinen direkten Zusammenhang mehr zwischen ihrer Leistung und der Höhe ihres Gewinnanteils erblicken können.
- Die Mitarbeiter sollten hinreichend darüber orientiert sein von welchen Faktoren der Bilanzgewinn abhängt und ob solche Faktoren irgendeinen Einfluß auf die Höhe ihrer Gewinnbeteiligung ausüben können.
- Den Mitarbeitern sollten keine Verluste an ihrem Nominaleinkommen entstehen.

Da alle diese Voraussetzungen in der Praxis kaum vollständig realisierbar sind, wird die Gewinnbeteiligung ein mehr oder minder wirksamer Kompromiß sein. Dieses Konzept ist jedoch empfehlenswert, da es außer der Motivation auch unternehmerisches Denken und Handeln bei den Mitarbeitern fördert.

Die Arbeitsbedingungen

Unter diesen wollen wir lediglich die Umstände verstehen, unter denen die Arbeit verrichtet werden muß. Es geht also

- um die Räume, ihren Zustand, ihre Ausstattung, die Sauberkeit. Müssen die Mitarbeiter im Freien arbeiten?
- die gesundheitlichen Bedingungen, unter denen die Arbeit verrichtet werden muß: die Raumtemperatur, die Belüftung, Beleuchtung, das Vorhandensein von Schadstoffen, wie Gase, Stäube oder von Strahlungen
- die leistungsfördernde, Körperschäden verhütende Gestaltung der Arbeitsplätze. Ist die Arbeit anstrengend?
- die Arbeitszeit schließlich: handelt es sich um Wechselschichten, um Nachtarbeit oder können die Mitarbeiter nach einem Gleitzeitsystem arbeiten?

Wenn man sich unter Berücksichtigung dieser zahlreichen Faktoren eine breite Skala des Arbeitskomforts vorstellt, die von den Umständen, die man gerade noch ertragen kann, bis zu optimalen Bedingungen reicht, so wird man jedem Betrieb einen bestimmten Platz auf dieser Skala zuordnen können. Trotzdem würde niemand behaupten dürfen, daß die Arbeiter auf einer Baustelle oder in einem Hüttenwerk generell fauler oder unzufriedener sein müssen, als die Arbeiter in einer Präzisionsmaschinenfabrik. Jeder, der einmal sein Arbeitslos gewählt hat, wird versuchen, das Beste daraus zu machen. Es sei denn, er strebt nach Veränderung, z. B. weil er erkannt hat, daß eine andere Firma der gleichen Branche bessere Arbeitsbedingungen zu bieten hat.
Die Arbeitsbedingungen gehören zu den Klimafaktoren. Man gewöhnt sich an sie und findet sie normal, wenn sie branchenüblich sind. Jede nachteilige Veränderung wird jedoch nachhaltige Unzufriedenheit hervorrufen, da man sich nicht so leicht an die schlechteren Umstände gewöhnen wird.
Eine motivierende Wirkung kann von Arbeitsbedingungen, die man als statisch empfindet, nicht ausgehen. Es sei denn, den Mitarbeitern wird eine Veränderung der Arbeitsumstände versprochen, die ihnen die Arbeit erleichtert oder irgendeinen anderen Vorteil bringt. Doch auch dann ist die motivierende Wirkung nur von kurzer Dauer, bis der erwünschte Zustand erreicht ist und man sich an ihn gewöhnt hat.

Zwischenmenschliche Beziehungen, das Betriebsklima.
Die Beziehungen, in denen die Mitarbeiter zueinander stehen, die Art und Weise, wie sie miteinander auskommen, sind ausschlaggebend für das Betriebsklima. Das Betriebsklima äußert sich im Umgang, in den Gesprächen, überhaupt in der Kommunikation zwischen den Mitarbeitern. Je nachdem, wie man sich begegnet, freundlich, sachlich, kühl oder gereizt, kann man von einem guten oder einem schlechten Betriebsklima sprechen.
Ein schlechtes Betriebsklima beeinträchtigt die Leistung, da die Spannungen zwischen den Mitarbeitern die Zusammenarbeit stören. Für eine befriedigende Leistung fehlen die psychologischen Voraussetzungen ebenso wie die technischen Voraussetzungen bei schlechten Arbeitsbedingungen fehlen würden. Ein gutes Betriebsklima ist für eine reibungslose Zusammenarbeit sehr wichtig. Es fördert die Leistung, wie ein Katalysator. Es handelt sich jedoch auch hier um einen stationären Zustand, von dem keine motivierenden Kräfte zur Leistungssteigerung ausgehen. Ein besonderer Antrieb ist nicht zu beobachten.
Es ist keineswegs gesagt, daß Leute, die sich im Betrieb gut verstehen, deswegen gleich an Leistungssteigerung denken. Das Gegenteil beweisen zahlreiche Gruppenbildungen, die mit der Arbeit selbst nichts zu tun haben und oft nur durch eigene gemeinsame Zielsetzungen der Mitglieder entstehen. Auch die Mitarbeiter der Versuchsabteilung, die wir in dem Beispiel, Abschn. 2, erwähnt hatten, empfangen ihre Leistungsimpulse allein aus ihrer Arbeit und die gemeinsamen positiven Arbeitserlebnisse sind auch der Grund ihrer guten persönlichen Beziehungen.
So wichtig das Betriebsklima für den Zusammenhalt und die Zusammenarbeit der Gruppe sein mag, Motivatoren und Impulse für die Leistungssteigerung sind daraus nicht zu gewinnen. Wenn sich ein Mitarbeiter ins Zeug legt, seinem Vorgesetzten gefallen und seine Beziehungen zu ihm verbessern möchte, so kommt es ihm letztlich auf die Anerkennung des von ihm geachteten Mannes an. Einer, der sich bei seinen Kollegen in der Rolle des »Tüchtigen« behaupten möchte, wird ebenfalls nach ihrer Anerkennung streben. Zu einer mehr Anstregung bedeutenden Verhaltensänderung, wird sich ein Mitarbeiter nur dann entschließen, wenn ihn

ein Motiv veranlaßt etwas Erstrebenswertes zu gewinnen und nicht aufgrund eines stationären Gleichgewichtszustandes.

Die Geltung der Firma, des Unternehmens

Wenn von den Klimafaktoren die Rede ist, sollte man nicht auf ein Merkmal vergessen, nämlich die Bedeutung einer Firma und das Ansehen, das sie genießt. Die Firmengeltung kann sich wohl auf die Einstellung der Mitarbeiter zu ihrer Arbeit und zu ihren Verpflichtungen gegenüber Kunden und Partnern positiv auswirken, aber Motive zur Leistungssteigerung liefert sie nicht. Es sind Beispiele bekannt, daß Firmen, die nicht mit einem weltbekannten Markenzeichen oder attraktiven Produkten locken konnten, schon Sorge hatten ihre Stellen zu besetzen. Trotzdem dürfen auch Unternehmen mit höheren Geltungswerten nicht mit spontanen Leistungssteigerungen rechnen, wenn sie keine Motivatoren zu bieten haben.

Die Führung, der Geist des Hauses

Wenn wir von der Führung als Klimafaktor sprechen, so denken wir an die Einstellung des Vorgesetzten und die Stimmung, die er bei seinen Mitarbeitern verbreitet. Nicht jedoch an seine Maßnahmen, zu denen auch das Motivieren seiner Leute gehören sollte. Die Einstellung eines Vorgesetzten seinen Mitarbeitern und Führungsaufgaben gegenüber wird sich nach dem Geiste des Hauses richten müssen, wenn er nicht mit seinen eigenen Vorgesetzten in Konflikt geraten will.

Der Firmengeist äußert sich in verschiedenen Merkmalen und Verhaltensweisen der Vorgesetzten: wie man die Mitarbeiter behandelt, was man von ihnen verlangt oder ihnen bietet, inwieweit man sich für sie verantwortlich fühlt, wieviel Selbständigkeit und Verantwortungsfreiheit man ihnen einräumt. Merkt ein Mitarbeiter, daß der Betrieb von ihm ein bestimmtes, z. B. kooperatives Verhalten erwartet, so wird er im Normalfall auch zur Zusammenarbeit bereit sein. In solchen Betrieben wird man sich in der Regel auch um ein gutes Klima bemühen.

Ob sich jedoch aus einer günstigen Situation allein der Ansporn zur Leistung ergibt, ist unwahrscheinlich, wenn nicht persönlicher

Ehrgeiz vorhanden ist bzw. geweckt wird oder der Antrieb von der Arbeit selbst kommt. Es liegt also bei den Vorgesetzten, ihre Mitarbeiter durch Motivation für höhere Leistungen zu gewinnen und dem Betrieb die Reserven des personellen Sektors zu erschließen, die noch immer ungenutzt sind. Gelingt es dem Betrieb nicht nur günstige Arbeitsbedingungen, sondern auch die Voraussetzungen zu schaffen, daß der Mitarbeiter bei der Arbeit seine eigenen Bedürfnisse befriedigen, seine Erwartungen realisieren kann, so ist die Motivation für optimale Leistungen gegeben.

Die Leistungsbereitschaft der Mitarbeiter ist in der heutigen Zeit des sich verstärkenden Wettbewerbs von so ausschlaggebender Bedeutung für die Überlebenschancen der Betriebe, daß man intensiv darüber nachdachte, welche betrieblichen Maßnahmen als Bedingungen für Motivation wirklich erfolgversprechend wären. In einer bekannten Firma versuchte man das Interesse an der Arbeit zu wecken durch die Beteiligung der Mitarbeiter an den Entscheidungen innerhalb ihrer Abteilungen und Arbeitsbereiche. Man mußte jedoch erkennen, daß den Leuten bei Problemen größerer Tragweite die Orientierung fehlte. Die zur Lösung unternehmerischer Probleme notwendige Orientierung ist ohne ein geeignetes Informationssystem und die informatorische Betreuung der Vorgesetzten, nicht zu erreichen.

Mitarbeiter, die sich unternehmerisch engagieren, sollten dafür auch belohnt werden. Dieser Forderung würde eine Gewinnbeteiligung am ehesten entsprechen. Der Endzustand, den die Verselbständigung von Mitarbeitern im Grenzfall erreichen könnte, wäre in der Situation des in selbständiger Arbeit Tätigen gegeben. Auch dieser, rein theoretisch anmutende Gedanke, ist bereits verwirklicht worden. Das Manager-Magazin, Novemberheft 1981, weiß in dem Artikel »Der mündige Mitarbeiter« über die Versuche verschiedener Firmen zu berichten, ihre Mitarbeiter durch Verselbständigung zu motivieren. Einer Kleinfirma gelang sogar der Versuch ihre Mitarbeiter nach und nach auf freiberuflicher Basis als Subunternehmer zu beschäftigen. Durch die erzielten betriebswirtschaftlichen und motivationsbedingten Erfolge konnte sie sich im Existenzkampf mit größeren Unternehmen behaupten.

Ohne auf Einzelheiten näher einzugehen, kann man anhand die-

ser Berichte doch die Erkenntnis aussprechen, daß Versuche zur Verselbständigung der Mitarbeiter, gleich, wieweit sie in der Praxis auch führen mögen, um so erfolgreicher sein werden, je besser sie die Möglichkeiten der Information, unternehmerischer Mitbetätigung und Gewinnbeteiligung berücksichtigen.
In der anschließend dargestellten Konzeption zur Motivation der Mitarbeiter begründet die Unternehmung den organisatorischen Rahmen durch die Organisation der Arbeitsbedingungen, des Berichtswesens, der Gewinnbeteiligung, während dem Vorgesetzten die Führungsaufgaben: Einsatz, Orientierung, Motivation und Lenkung der Mitarbeiter zufallen.

Verselbständigung der Mitarbeiter als unternehmerische Aufgabe

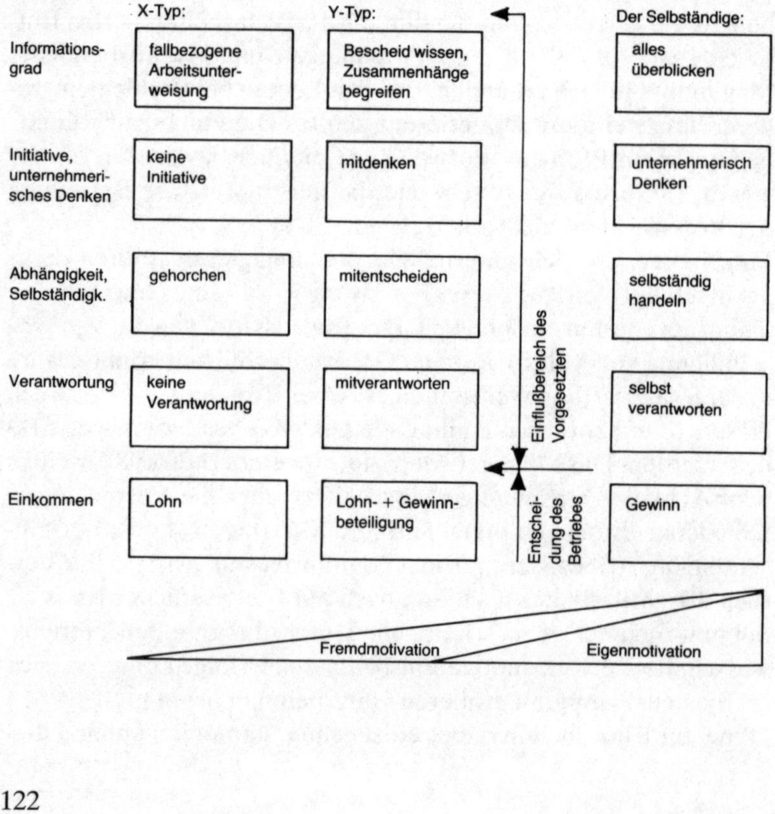

5.2. Wie der Meister Arbeitseifer und Leistung steigern kann: Motivatoren und Anreize

Das Leistungsniveau kann in einem Betrieb durch statische Faktoren, wie Arbeitsbedingungen und Betriebsklima bestimmt werden. Motivierende Leistungsimpulse können sich z. B. durch ein dynamisches, leistungsabhängiges Einkommen ergeben. Die Bedingungen, die ein Meister in seinem Betrieb vorfindet, können ihm seine Führungsaufgaben erleichtern oder erschweren. In einem Betrieb mit positivem Klima, in dem ein Vertrauensverhältnis zwischen Vorgesetzten und Mitarbeitern herrscht, wird es den ersteren leichter fallen ihre Leute für höhere Leistungen zu motivieren und sie von deren Notwendigkeit zu überzeugen, als bei gespannten Beziehungen, bei denen ihre Bemühungen nur mit Mißtrauen und Ablehnung aufgenommen werden.
Wenn ein Meister auf einem Seminar über Menschenführung auch davon überzeugt wurde, daß ein Vorgesetzter durch Motivation Leistungssteigerungen erzielen kann, so sollte er doch zuerst die eigene Situation prüfen, ehe er versucht, die erhaltenen Empfehlungen in die Tat umzusetzen. Für seine Vorgehensweise ist die Überlegung folgender Fragen wichtig:

- Wie habe ich mich bis jetzt gegenüber meinen Mitarbeitern verhalten? Was hat man von mir als Vorgesetztem erwartet, wie ist der Geist des Betriebes?
- Wie ist die Reife meiner Mitarbeiter? Welche Erwartungen und Bedürfnisse dürften bei ihnen vorherrschen? Welche Motivatoren könnten bei den einzelnen erfolgversprechend sein?

Wie wäre es nun wenn Sie plötzlich und unerwartet Ihr Verhalten ändern wollten? Wenn Sie es auf einmal versuchen wollten Ihre Mitarbeiter durch gutes Zureden oder Versprechungen zu gewinnen, wenn Sie früher auch ohnedem parieren mußten? Würden dann Ihre eigenen Vorgesetzten mitmachen, wenn Sie z. B. einem tüchtigen Mann Fortbildungsmöglichkeiten versprechen wollten?
Es wäre sicher richtig, wenn Sie einmal Ihre Vorgesetzten darüber informieren wollten, was Sie über Menschenführung erfahren oder gelesen haben. Es ist durchaus möglich, daß man Ihrem Be-

richt und Ihren Absichten mit Aufmerksamkeit begegnet. Ist es doch allgemein bekannt, daß man einen Betrieb heute nicht mehr so führen kann, wie vor dreißig Jahren und daß sich verschiedene neue Konzeptionen als wirksam erwiesen haben.
Auch wenn Sie mit keiner Unterstützung rechnen können, so sollten Sie doch überlegen, welches Vorgehen sich noch am ehesten zum Vorteil des Betriebes auswirken könnte. Wenn Sie Ihre Mitarbeiter positiv beeinflussen wollen, so versuchen Sie doch zuvor zu ergründen, welche Verhaltensmotive Ihre bisherige Führung bei den Leuten ausgelöst hat. Sehen Sie sich doch einmal jeden einzelnen genauer an, wie er Ihnen begegnet, wie und warum er Ihren Anweisungen folgt. Es können Motive sein, die Ihnen gefallen oder auch mißfallen werden, solche die man anerkennen kann und solche, die man ablehnen müßte. Nehmen wir doch als Beispiel solche Motive, wie sie eine strenge, autoritäre Führung auslösen kann:

- Gehorsam
- strenge Dienstauffassung
- übersteigertes Pflichtgefühl.

Wir sollten unterscheiden zwischen bedingungslosem Gehorsam, dem Gehorsam aus Angst, oder dem Gehorsam aus Überzeugung. Zwischen einer Dienstauffassung, die sich sklavisch an jede Vorschrift hält, gleich, ob das in der gegebenen Situation sinnvoll ist oder nicht und der vernünftigen Dienstauffassung eines reifen Menschen, die Überlegung und Toleranz zuläßt.
Motive, wie Angst, die einen Mitarbeiter davon abhalten, seine Überzeugung dem Vorgesetzten mitzuteilen, sind abzulehnen, da sie den Betriebsinteressen nicht dienen. Kein Mitarbeiter dürfte sich scheuen eine Information an seinen Vorgesetzten weiterzugeben, selbst wenn sie noch so unangenehm für ihn ist.
In einem Werk der Mineralölindustrie vergaß ein Arbeiter das Ausflußventil eines großen oberirdischen Benzintanks zu schließen. Während der Tank von der einen Seite befüllt wurde, floß der Kraftstoff an der anderen Seite wieder aus und versickerte im Boden. Es war gerade Freitag, kurz vor Dienstschluß, aber noch rechtzeitig genug für eine Meldung an die Werksleitung.

Obwohl der Schaden entdeckt und das Ventil geschlossen wurde, bestand doch die Gefahr der Bildung des äußerst zündfähigen Kraftstoffnebels, begünstigt durch den versumpften Boden. Eine rasche Entscheidung zur Absicherung der Gefahrenstelle wäre also am Platze gewesen. Statt dessen warteten die Verursacher aus Angst vor den Vorgesetzten und den Folgen ihrer Fahrlässigkeit bis zum Montag. Erst dann erreichte den Werksleiter die Meldung. Wie durch ein Wunder war es zu keiner Explosion gekommen. Der Wind hatte den Kraftstoffnebel in freies Gelände getragen.
Ein Vorgesetzter, dem es daran liegt, die Einstellung seiner Mitarbeiter zu sich selbst und zum Betrieb positiv zu gestalten und sie zu aktivieren, sollte ihnen ihre Angst nehmen. Er sollte ihnen sein Wohlwollen zeigen und sie wissen lassen, daß sie ihm jederzeit ihre Meinung sagen dürfen, wenn sie logische Gründe dafür angeben können. Sie sollten es merken, daß sie sich nicht vor ihm zu fürchten brauchen. Bei verschüchterten Leuten wirkt es besonders motivierend, wenn er ihnen gelegentlich auch eine Anerkennung zukommen läßt.
Das sklavische Befolgen von Dienstvorschriften läßt die Vermutung zu, daß die Mitarbeiter über ihren Sinn nicht orientiert sind. Sachdienliche Informationen können sie zum Nachdenken bringen, so daß sie sich auch in einem Notfall aus eigener Überlegung richtig verhalten werden. Informieren heißt auch motivieren, und das nicht ohne Grund. Der Mitarbeiter, der informiert wird, fühlt sich ins Vertrauen gezogen.
Außerdem gilt auch heute noch das alte Sprichwort: »Was man nicht weiß, macht einen nicht heiß« und dafür setzt man sich auch nicht ein.

Motive wie
- Treue
- Dankbarkeit
- Ergebenheit

gegenüber dem Vorgesetzten zeugen von einer sehr positiven Einstellung. Diese kann durch die Achtung begründet sein, die die Mitarbeiter vor der menschlichen und fachlichen Autorität des

Vorgesetzten empfinden. Dieser sollte jedoch zu verhindern suchen daß solche Motive, wie Treue und Ergebenheit zu bedingungslosem Gehorsam führen. Dann folgen ihm die Leute zwar freiwillig und nicht aus Furcht, aber trotzdem nicht aus Überzeugung. Die Ergebenheit kann soweit gehen, daß man zur Ausführung jeder Anweisung bereit ist, ohne zu fragen, wenn man auch über ihre Richtigkeit im Zweifel ist. Solche Mitarbeiter trauen sich auch nichts zu. Ihre Abhängigkeit von dem Urteil des Vorgesetzten wird ihnen zur Verhaltensbremse.
Wo sich Symptome solcher Abhängigkeit zeigen, sollte der Vorgesetzte auch solche Mitarbeiter wissen lassen, daß ihm an ihrer Meinung gelegen ist. Er sollte selbständiges Verhalten tolerieren und gelegentlich auch dazu ermutigen. Eine Bestätigung oder Anerkennung bei passender Gelegenheit gibt den Mitarbeitern die Gewißheit, daß sie sich richtig verhalten und sich nicht zu fürchten brauchen, ihr Vorgesetzter könnte es ihnen übelnehmen, wenn sie ihm gelegentlich offen sagen würden, was sie denken.
Manchmal ist es schwierig, einen Mitarbeiter zu motivieren, der sich plötzlich einer veränderten Arbeitssituation gegenübersieht. Der Betrieb kann natürlich keine Rücksicht auf die persönlichen Bedürfnisse des Mitarbeiters nehmen, aber durch diese entstehen bei ihm Gegenmotive, die sein Verhalten bestimmen und ihn in Opposition bringen. Das kann der Fall sein

- wenn eine unbeliebte Arbeit verrichtet werden soll
- wenn in eine gewohnte Arbeit plötzlich eine Veränderung kommt, z. B. durch ein neues Verfahren oder einen geänderten Auftrag
- wenn eine Arbeit mit einem Ortswechsel oder mit einer Umstellung der Arbeitszeit verbunden ist.

Zeigt sich ein Mitarbeiter in so einer Situation lustlos oder unzufrieden, so sollte der Vorgesetzte dennoch versuchen ihn zu motivieren. Das kann gelingen, wenn es ihm möglich ist, in dem Mitarbeiter stärkere Bedürfnisse zu wecken, die bei den veränderten Umständen befriedigt werden könnten, als seine gegenwärtigen.
Ein Mitarbeiter soll z. B. vorübergehend in ein Zweigwerk versetzt werden. Er widersetzt sich jedoch, da er sich gerade in dieser

Zeit nicht von seiner Familie trennen möchte. Vielleicht könnte ihn der Hinweis umstimmen, daß ihm die Arbeit im Zweigwerk ermöglicht, seine Erfahrungen zu erweitern, daß sie ihm also eine Chance bietet. Allerdings müssen die Argumente des Vorgesetzten auch attraktiv sein, wenn sie den Mitarbeiter umstimmen sollen. Ein Vorgesetzter, der mit seiner Motivationstaktik Erfolg haben will, sollte bei seinen Mitarbeitern ein wenig Bedürfnisforschung treiben, ähnlich, wie das auch in der Marktforschung geschieht, wenn die Unternehmen zu ergründen versuchen, was sie anbieten sollten.

Liegt ein Motivationsproblem vor, so können harte Aussprachen oder Kritiken nur zu einer Versteifung des Widerstandes führen. Ist man mit der Leistung oder dem Verhalten eines Mitarbeiters nicht zufrieden oder stellt man fest, daß sich in seinem Verhalten etwas in nachteiliger Weise verändert hat, so sollte man erst folgende Fragen zu klären versuchen:

1. Handelt es sich um ein Motivationsproblem?
2. Wenn ja, gibt es ein Bedürfnis des Mitarbeiters, bei dem die Aussicht auf Befriedigung ein wirksames Motiv zur Verhaltensverbesserung wäre?

Die Lösung eines Motivationsproblems schildert das nachstehende Beispiel. Meister Friedrich wundert sich über Monteur Klein, der seit einiger Zeit auffallend wenig Interesse an seiner Arbeit zeigt. Klein ist bei der Montage von Werkzeugmaschinen beschäftigt. Seine Tätigkeit verlangt Sorgfalt und Präzision. Aus dieser Sicht hat es bis jetzt zwar noch keine Beanstandung gegeben, aber Kleins Arbeitstempo hat so nachgelassen, daß sein Arbeitsplatz zum Engpaß geworden ist.

Meister Friedrich spricht Klein an und merkt, daß er eben geraucht hat. Das darf man jedoch nicht in der Werkshalle. Trotzdem ist Klein ungerührt, er gibt sich gleichgültig und meint, das Recht einmal auszutreten hätte jeder und dabei hätte er eben ein paar Züge getan. Friedrich erklärt Klein, daß er eingehend mit ihm sprechen wolle. Man einigt sich: Klein soll morgen früh, gleich um sieben Uhr, zu ihm ins Büro kommen.

Der Mann ist ihm ein Rätsel. Früher war er anders, viel ehrgeiziger. Auf dem Nachhauseweg überlegt Friedrich, was Klein so verändert haben mag. Sind es private Sorgen, hat er mit jemanden Ärger im Betrieb? Es wird wahrscheinlich nicht leicht sein, mit dem Mann zu sprechen. Sicher wird er sein gegenwärtiges Verhalten kritisieren müssen. Aber sein Hauptziel sollte es doch sein, Klein für seine Arbeit zu motivieren und ihn wieder auf seine frühere Leistung zu bringen.

Meister Friedrich versucht sich an alles zu erinnern, was sich in der letzten Zeit in der Werkstatt zugetragen hat. Er selbst kann sich keine Vorwürfe machen. Er kann sich nicht erinnern Klein übersehen oder anders als die anderen behandelt zu haben. In personeller und organisatorischer Beziehung hat sich nichts Besonderes ereignet. Welche Gründe und Motive haben also das Verhalten von Klein so verändert? Am Abend ist Friedrich einsilbig, er wird das Problem nicht los. Am nächsten Morgen überdenkt er alles noch einmal. Da fällt ihm plötzlich ein, daß er vor etwa drei Wochen durch ein Schreiben der technischen Direktion unterrichtet wurde, daß ein bestimmter Typ der Werkzeugmaschinen im nächsten Jahr mit elektronischen Steuerungsanlagen ausgerüstet werden soll.

Meister Friedrich pflegt als verantwortungsbewußter Vorgesetzter seine Mitarbeiter über alle Entscheidungen zu informieren, die für die Abteilung von Bedeutung und nicht geheim zu halten sind. Damit möchte er auch dem Entstehen von Gerüchten vorbeugen. Er schaltet sofort. Welche Schlüsse konnte Monteur Klein aus dieser Information ziehen? War sie für ihn vielleicht beunruhigend? Vielleicht fürchtet er, daß er für die zukünftigen Montagearbeiten nicht die nötige Qualifikation besitzt, daß er vielleicht seinen Arbeitsplatz aufgeben müßte, der ihm seit Jahren vertraut ist? Der menschlichen Phantasie sind keine Grenzen gesetzt.

Pünktlich um sieben Uhr beginnt der Meister das Gespräch. Als guter Gesprächsführer hebt er zuerst die früheren zufriedenstellenden Leistungen seines Mitarbeiters hervor. Dann fragt er Klein unvermittelt, ob ihm die Umstellung auf die elektronische Steuerung Sorgen bereite. Anders könne er sich sein gegenwärtiges Verhalten nicht deuten. Er müsse doch zugeben, daß seine Leistung jetzt unbefriedigend sei und daß er durch sein säumiges Arbeiten den Betrieb aufhalte.

Klein ist betroffen, aber als erfahrener Monteur, der sein Selbstbewußtsein hat, will er nicht gleich zugeben, daß der Meister Recht hat. Trotzdem merkt dieser, daß er auf der rechten Spur ist. Es kommt seinen Absichten entgegen, daß er vor kurzem erfahren hat, daß vor Beginn der Umstellungsaktion Kurse abgehalten werden, zu denen befähigte Monteure anzumelden sind. Mit der Aussicht auf diese Möglichkeit versucht Meister Friedrich Klein zu motivieren: »Ich erwarte von Ihnen, daß Sie künftig wieder eifriger arbeiten, sonst können wir unsere Termine nicht halten. Wenn wir mit Ihnen zufrieden sind, werde ich Sie zu einem Kurs anmelden, auf dem Sie lernen können, wie die neuen Steuerungsgeräte montiert werden. Sie werden alles begreifen, denn Sie haben ja als Fachmann die nötigen Erfahrungen. Aber ich muß mich auf Sie verlassen können!«

Klein fühlt sich als Fachmann anerkannt. Er sieht ein, daß seine Furcht unbegründet war, wenn er das auch nicht gleich zeigen will. Die Veränderung merkt der Meister an seinem Gesicht, das sich aufzuhellen beginnt. Klein bedankt sich und verspricht seinem Meister ihn wieder zufriedenzustellen. Dieser nickt ihm zu, als er den Raum verläßt. Es ist ihm gelungen einen Mitarbeiter zu motivieren, der ihm etwas bedeutet. Die Ausbildung an einer wichtigen technischen Neuerung bedeutet für ihn eine Chance, einen Nutzen. Eine Rüge, ohne Eingehen auf dessen Problem, hätte nichts genutzt. Sie hätte dem Mißtrauen des Mitarbeiters nur noch Ärger hinzugefügt.

Wenn der Vorgesetzte zu dem Schluß kommt, daß das Mißverhalten eines Mitarbeiters nicht durch mangelnde Fähigkeiten oder äußere Umstände bedingt ist, dann darf er auf ein Motivationsproblem schließen. Die folgende Fragenreihe soll die Klarstellung und Lösung von Motivationsproblemen erleichtern.

1. Wie verhält sich der Mitarbeiter?
2. Wie sollte er sich verhalten, ist sein Verhalten unbefriedigend? Wenn ja,
3. weiß er, wie er sich verhalten sollte? Wenn ja,
4. kann er das überhaupt? Wenn ja,
5. ist er unter den gegebenen Umständen dazu in der Lage? Wenn ja,

6. was veranlaßt ihn also sich so zu verhalten, fehlt ihm der Anreiz zu dem erwünschten Verhalten oder hat er Gegenmotive? Wenn eine der Annahmen zutrifft:
7. welche Bedürfnisse lassen sich bei dem Mitarbeiter feststellen? Welche von ihnen können im Zusammenhang mit seiner Arbeit Bedeutung erlangen?
8. Welche Bedürfnisse könnten bei seiner Arbeit durch positive Leistungen oder das erwünschte Verhalten befriedigt werden? Welche Anreize kann ich ihm dafür bieten?

Ein Gespräch, bei dem Sie sich als Vorgesetzter bemühen, die Bedürfnisse eines Mitarbeiters zu erfahren, sollten Sie taktvoll und vorsichtig führen.

- Hören Sie geduldig zu, lassen Sie den Partner keinen Zeitdruck spüren
- Drängen Sie den Partner nicht durch bohrende Fragen oder ungeduldige Bemerkungen in die Defensive. Sie verunsichern ihn nur oder fordern seinen Starrsinn heraus. Steuern Sie das Gespräch, wenn möglich, durch Fragen, von denen Sie annehmen, daß er sie gerne beantworten wird.
- Versuchen Sie seine Gefühle zu verstehen, beobachten Sie unauffällig sein Mienenspiel. Es sagt Ihnen manches, was der Partner nicht ausspricht.
- Bestätigen Sie das, was er Ihnen mitteilt durch Kopfnicken. Zeigen Sie Interesse. Sie ermutigen ihn dadurch weiterzusprechen. Wiederholen Sie das, was Ihnen wichtig erscheint.
- Zeigen Sie weder Ärger noch Ungeduld. Machen Sie aus der Unterredung kein Streitgespräch. Führen Sie das Gespräch als wohlwollender, hilfsbereiter Vorgesetzter.

Ein guter Gesprächspartner wird meist etwas erfahren, was ihm weiterhilft.

Welche Motivatoren kann ein Meister bei seinen Mitarbeitern zur Anwendung bringen? Nach den Überlegungen von Maslow und Herzberg gibt es doch typische menschliche Bedürfnisse, um deren Befriedigung er sich bemühen sollte, wenn er ihnen Anreize für Wohlverhalten und Leistung bieten will.

Es besteht das Bedürfnis nach:	*Möglichkeiten der Motivation durch den Meister*
Anerkennung	Bestätigung bei richtiger Ausführung, Anerkennung bei guten Leistungen, Lob im Ausnahmefall
Geltung	Dem Mitarbeiter Gelegenheit geben sich hervorzutun, – ihm eine besondere Funktion übertragen – ihn zu Rate ziehen
Aufstiegsmöglichkeit	Gute Beurteilung, Teilnahme an Fortbildungsveranstaltungen ermöglichen
Selbständigkeit	Mitarbeiter selbständig arbeiten lassen, Kontrolle nach Möglichkeit einschränken, mehr Eigenkontrolle, als Fremdkontrolle durch den Meister
Verantwortung	Wichtige Aufgaben ausführen lassen, gelegentlich Gruppenführung oder Stellvertretung übertragen
Erfolg	Arbeiten übertragen, bei denen der Mitarbeiter selbst entscheiden und den Erfolg kontrollieren kann
positiven Arbeitserlebnissen	Die Arbeit sollte fesseln und selbst Anreize bieten. Betriebsame Menschen bevorzugen eine andere Tätigkeit als Tüftler. Jeder sollte die richtige Arbeit zugewiesen bekommen.

Motivatoren wirken kurzfristig und stimulierend. Sie begründen keinen Dauerzustand, sonst würden sie zu sterilen Klimafaktoren. Wenn jemand eine Anerkennung oder vorübergehend eine besondere Funktion erhält, wird er seine Bemühungen fortsetzen, um sich diese Auszeichnung erneut zu verdienen. Als wirksamer Motivator wäre die Information besonders zu erwähnen. Der Wunsch nach Information entspringt dringenden Bedürfnissen.

- Dem Bedürfnis nach Sicherheit. Ungewißheit lähmt Willen und Eifer eines Menschen, der sich in seiner Sicherheit bedroht fühlt.
- Dem Bedürfnis nach Erfolg. Mitarbeiter, die über ihre Leistungen und die Gesamtleistung Bescheid wissen, haben die Möglichkeit Vergleiche zu ziehen. Das Streben nach besseren Leistungen spornt den Wettbewerb an. Bekannt sind z. B. Verkäufer- oder Einkäuferwettbewerbe, bei denen es um die höchsten Umsätze bzw. günstigsten Konditionen geht.
- Mit einer Mitteilung über erzielte Erfolge kann auch das Bedürfnis nach Anerkennung befriedigt werden.
- Dem Bedürfnis nach Geltung entspringt der Wunsch etwas über die eigene Firma und ihre Bedeutung zu erfahren. Gerne würde man auch wissen, welche Bedeutung die eigene Tätigkeit im gesamten Arbeitsprozeß besitzt.

Es gibt Leute, bei denen alle Bemühungen nicht fruchten, auch wenn sie noch so wohlmeinend sind. Das Gegenmotiv so eines Mitarbeiters kann z. B. die Erhaltung seiner Gesundheit sein: »Auf meinem früheren Posten (oder bei meiner früheren Arbeit), habe ich mir meine Gesundheit verdorben, jetzt reiße ich mir kein Bein mehr heraus!« Es ist die Frage, ob man Leute, die so etwas behaupten und solche Vorsätze so offen äußern, nicht an einen Platz versetzen sollte an dem sie vom Arbeitstempo einer Gruppe oder einer Maschine abhängen. Vielleicht ergibt sich auch die Möglichkeit solche Arbeitskräfte in eine Gruppe fleißiger, gewissenhafter Mitarbeiter zu bringen, ehe man weitere Konsequenzen zieht. Der Mann wird bald merken, daß er in so einer Gruppe nur dann eine positive Rolle spielen kann, wenn er sein Verhalten den anderen anpaßt. Vielleicht ändert diese Erkenntnis seine Motive doch noch zu seinem Vorteil und zum Vorteil des Betriebes. Die besten Erfolge erzielt man jedoch, wenn es gelingt, einen Mitarbeiter zu motivieren anstatt Verhaltensänderungen durch Zwangsmaßnahmen oder Einschüchterung zu erzielen.

Die Zusammenfassung des fünften Abschnitts ergibt folgende Grundgedanken:

- Der heutige Arbeiter ist kritischer und stellt höhere Anforderungen an das Leben als frühere Generationen. Er ist unabhängiger und mobiler. Mechanisierung und Arbeitsteilung machen die Fabriksarbeit eintönig. Leistung und Arbeitszufriedenheit liegen daher meist unter der Erwartung. Es empfiehlt sich daher die Arbeitskräfte durch Anreize für ihre Tätigkeit zu gewinnen, d. h. sie für ihre Arbeit zu motivieren, wenn man die brachliegenden Leistungsreserven des personellen Sektors erschließen will.
- Sinn der Motivationstaktik: Geben wir unseren Mitarbeitern dadurch Anreize, daß wir sie ihre Bedürfnisse bei der Arbeit oder durch ihre Leistung befriedigen lassen. Wenn wir jedoch dabei Erfolg haben wollen,
  - müssen wir ihre Bedürfnisse auch wirklich kennen.
  - wir müssen das halten können, was wir versprechen
  - man muß uns auch glauben, was wir sagen.
- Da es nur wenigen vergönnt ist in der Arbeit selbst volle Befriedigung zu finden, wird der Meister versuchen müssen, auch auf andere Bedürfnisse seiner Mitarbeiter einzugehen. Trotzdem lassen sich auch der Arbeit mit zunehmender Verselbständigung der Mitarbeiter, immer interessantere Anreize abgewinnen.
- Nach der Überzeugung des amerikanischen Forschers Maslow, kommen im menschlichen Dasein an erster Stelle die Bedürfnisse nach Einkommen und Sicherheit. Sind diese befriedigt, so entwickelt der Mensch als Gruppenwesen, Bedürfnisse nach guten kollegialen Beziehungen und Anerkennung in der Arbeitsgruppe. Es folgen weitere Bedürfnisse nach persönlicher Geltung, nach Rang- und Statussymbolen, durch die sich der Mensch von anderen unterscheiden und aus der grauen Masse hervorheben kann. Höchstes Bedürfnis ist, nach Maslow, der Wunsch nach Selbstverwirklichung in der Arbeit, den nur wenige realisieren können.
- Herzberg, ein anderer amerikanischer Psychologe, hat die ein-

zelnen Bedürfnisstrukturen des Menschen geprüft, um daraus Möglichkeiten für die Motivation der Mitarbeiter abzuleiten. Er unterscheidet zwischen Klimafaktoren und Motivatoren. Werden Bedürfnisse so befriedigt, daß ein stationärer Zustand gegeben ist, wie bei einem festen Einkommen oder der Sozialversicherung, so lassen sich aus ihnen keine Anreize mehr gewinnen. Man empfindet herrschende günstige Bedingungen ebenso wenig, wie das Raumklima. Verschlechtern sich diese jedoch plötzlich, so entsteht Unzufriedenheit unter den Mitarbeitern.

- Motivatoren dagegen, lassen den Anzuspornenden einen bestimmten Nutzen erhoffen, z. B. einen immateriellen Nutzen, durch eine Anerkennung oder die Zuweisung einer wichtigen Arbeit oder Funktion. Nicht nur Geld, sondern auch die Aussicht anerkannt zu werden oder eine besondere Rolle spielen zu können, kann Impulse geben zu höherer Leistung oder dem erwünschten Verhalten. Starke Anreize können von der Arbeit selbst ausgehen. Eine Arbeit, die Selbständigkeit und Verantwortungsbewußtsein verlangt, die Erfahrungen und Erfolgserlebnisse ermöglicht, wirkt sich positiv auf den Leistungswillen aus. Positive Arbeitserlebnisse sind Motivatoren, über deren Wirksamkeit sich der Meister bewußt werden sollte.
- Für die Gestaltung der Klimafaktoren ist der Betrieb zuständig. Stabile Entlöhnung ist als Klimafaktor zu bewerten. Leistungsabhängige Lohn- oder Prämiensysteme wirken motivierend. Gewinnbeteiligung wird um so stärkere Anreize vermitteln, je deutlicher die Mitarbeiter den Zusammenhang zwischen ihrer Leistung und dem erzielten Gewinnanteil erkennen.
- Die Arbeitsbedingungen, unter denen wir die Klimatisierung und Sauberkeit der Arbeitsräume, die Arbeitsplatzgestaltung und die Arbeitszeit verstehen, gehören ebenfalls zu den Klimafaktoren. Man gewöhnt sich an sie und findet sie normal, wenn sie branchenüblich sind.
- Ein gutes Betriebsklima fördert reibungslose Zusammenarbeit. Von ihm selbst gehen jedoch keine Impulse zur Leistungssteigerung aus. Diese könnte die Arbeit vermitteln. Man denke bloß an die motivierende Kraft der gemeinsamen Erfolgserlebnisse eines Teams.

- Auch das Firmenimage, die Firmengeltung, kann zu den Klimafaktoren gerechnet werden. Es kann die Haltung der Mitarbeiter und die Einstellung zu ihrer Tätigkeit bestimmen. Auch auf die Höhe eines gleichbleibenden Leistungsniveaus kann es sich auswirken, ähnlich wie die Arbeitsbedingungen und das Betriebsklima.
- Der »Geist des Hauses«, die in einer Firma geltenden Prinzipien, wirkt sich auf das Führungsverhalten der Vorgesetzten aus, vor allem auf die Art, wie sie ihre Mitarbeiter behandeln. Der Impuls zur Leistungssteigerung kann jedoch nur von motivierenden Maßnahmen ausgehen. Verschiedene Firmen bemühen sich gegenwärtig darum, Rahmenbedingungen für die Motivierung ihrer Mitarbeiter zu schaffen: durch die Berechtigung bei Entscheidungen mitzuwirken, durch Gewinnbeteiligung. Es bleibt jedoch eine wichtige Aufgabe des Vorgesetzten seine Mitarbeiter zu informieren und so zu orientieren, daß sie den Anforderungen, die größere Selbständigkeit und höhere Verantwortung an sie stellen, auch gerecht werden.
- Für die Motivation der Mitarbeiter ist der Vorgesetzte zuständig. Wer sich auf diesem Gebiet noch nie versucht hat, sollte sich zuerst fragen:
  - wie habe ich mich bis jetzt verhalten, wie wird man meine Versuche überhaupt aufnehmen?
  - Welche Bedürfnisse kann ich bei meinen Mitarbeitern voraussetzen, welche Motivatoren dürften bei den einzelnen erfolgversprechend sein?
- Autoritäre Führung bewirkt Gehorsam aus Furcht und nicht aus Überzeugung. Die Dienstauffassung der Leute ist streng und unkritisch. Man ist bereit Befehle und Vorschriften bedingungslos auszuführen, auch wenn sie in einer bestimmten Situation widersinnig zu sein scheinen. Solchen Mitarbeitern sollte der Vorgesetzte durch Wohlwollen ihre Furcht nehmen und sie gelegentlich auch anerkennen, um ihnen Sicherheit zu geben. Die Voraussetzung jeder Verselbständigung ist Orientierung. Information wirkt motivierend, da sich die Mitarbeiter ins Vertrauen gezogen fühlen. Sie merken worauf es ankommt.
- Nicht minder problematisch ist die Ergebenheit, die ein Mitar-

beiter für einen als Mensch und Fachautorität geachteten Vorgesetzten empfinden kann. Sie führt bei unselbständigen, schüchternen Menschen zu völliger Abhängigkeit von der Meinung und dem Urteil des Vorbildes. Solchen Mitarbeitern sollte der Vorgesetzte erklären, daß ihm auch an ihrer Meinung gelegen ist. Er sollte sie zum selbständigen Denken und Handeln ermutigen und sie durch Anerkennung für weiteres aktives Handeln motivieren.

- Motivationsversuche können selbst bei einem kooperativ führenden Vorgesetzten fehlschlagen, wenn sie auf harte Gegenmotive des Mitarbeiters treffen. Z. B. wenn sich dessen Arbeitssituation in einer für ihn unerwünschten Weise ändern soll. In solchen Fällen muß der Vorgesetzte bei seinem Mitarbeiter Bedürfnisse finden oder wecken, deren Befriedigung ihm mehr Vorteile bringt, als die Nachteile, die er durch die veränderte Situation hinnehmen muß. Wichtig ist jedoch, daß er dabei nur auf reelle Möglichkeiten eingeht, sonst könnte sein Motivationsversuch bald als Manipulation durchschaut werden. Ein Vorgesetzter sollte seine Mitarbeiter so weit kennen, daß er weiß, womit er bei ihnen am besten ankommt.
- Wenn ein Mitarbeiter weder durch seine Leistung noch sein Verhalten zufriedenstellt, obwohl er dazu in der Lage wäre und keine Hinderungsgründe erkennbar sind, liegt offenbar ein Motivationsproblem vor. In solchen Fällen sollte der Vorgesetzte in Erfahrung bringen, welche Gegenmotive den Mitarbeiter beherrschen und welche Anreize ihn dazu veranlassen könnten, sein Verhalten zu ändern.
- Bei einem Gespräch, in dem sich der Vorgesetzte bemüht die Bedürfnisse eines Mitarbeiters in Erfahrung zu bringen, um ihn motivieren zu können, sollte er Wohlwollen und Hilfsbereitschaft zeigen. Ungeduld oder bohrende Fragen fordern nur den Starrsinn des Mitarbeiters heraus und können die Unterredung in ein Streitgespräch verwandeln.
- Die wirksamsten Motivatoren, mit denen Sie als Meister, überhaupt als Vorgesetzter, Leistung und Verhalten ihrer Mitarbeiter positiv beeinflussen können, basieren auf typischen menschlichen Bedürfnissen:

- bestätigen Sie richtiges Verhalten, zollen Sie Anerkennung bei guten Leistungen
- lassen Sie sie gelegentlich ihre Meinung äußern, geben Sie ihnen Möglichkeit sich hervorzutun
- geben Sie ihnen Chancen zu Fortbildung und Aufstieg
- lassen Sie sie gelegentlich selbständig arbeiten, lockern Sie, wenn möglich, die Kontrolle
- übertragen Sie befähigten Mitarbeitern Verantwortung, die Führung von Gruppen, sofern sich Gelegenheit bietet,
- vielleicht sind Sie in der Lage Aufgaben zu planen, bei denen ihre Mitarbeiter selbst über den Verlauf der Tätigkeit entscheiden und ihre Erfolge kontrollieren können
- die Arbeit selbst sollte dem Mitarbeiter liegen und ihn interessieren. Versuchen Sie jeden an den richtigen Platz zu bringen.

- Motivationsversuche müssen sorgfältig überlegt werden. Aber bedenken Sie: es ist bestimmt leichter einen Menschen einzuschüchtern als zu motivieren. Die Erfolge sind jedoch in letzterem Falle wesentlich größer und nachhaltiger.

6. Was die Mitarbeiter wissen müssen und was sie wissen sollten

Wenn man von einem Mitarbeiter mehr erwartet als mechanische Pflichterfüllung, muß man ihm auch mehr Informationen zukommen lassen, als er für seine Arbeit unbedingt benötigt. Wir unterscheiden also zwischen

- den Informationen, die er benötigt, um seine Arbeit überhaupt ordnungsgemäß ausführen zu können:
  - Was ist zu tun?
  - Wann ist es zu tun, bis wann hat es fertig zu sein?
  - Wie ist es zu tun, d. h. wie ist die Aufgabe durchzuführen?
- und Informationen, die den Mitarbeiter überzeugen, motivieren und positiv einstellen sollen:

- Warum muß es getan werden, welche Bedeutung hat die Arbeit für den Betrieb?
- Warum muß es gerade so getan werden? Welche z. B. wirtschaftlichen Gründe sind dafür bestimmend?
- Was hat meine bzw. unsere Leistung zum Gesamterfolg beigetragen?
- Welche Rolle spielen unsere Produkte am Markt, welche Bedeutung hat unser Betrieb in der Wirtschaft?
- Was wird in unserem Betrieb geplant, was haben wir in Zukunft zu erwarten?

Informationen, die zur Durchführung der Arbeit unerläßlich sind, erteilt auch der autoritäre Vorgesetzte. Weitere Informationen, die der allgemeinen Orientierung der Mitarbeiter dienen und sie aktivieren sollen, werden nur selten vermittelt. Die Hürde liegt nicht nur in der geringen Informationsbereitschaft vieler Vorgesetzter und im Zeitmangel, sondern auch in der Schwierigkeit sich diese zu beschaffen und richtig weiterzugeben und in der mangelnden Befähigung der Mitarbeiter sie aufzunehmen und ihren Nutzen zu begreifen.
Und doch ist die gute Orientierung der Mitarbeiter über ihre Arbeit und den Betrieb von ausschlaggebender Bedeutung für Leistung und Zusammenarbeit.

- Sie bildet die Voraussetzung für Initiative und kooperatives Verhalten. Der Mitarbeiter begreift die Gründe seines Tuns und die Zusammenhänge mit den Betriebszielen und den Vorgängen im Betrieb. Er fühlt sich befähigt richtig zu denken und zu handeln, wenn es die Situation verlangt.
- Sie motiviert die Mitarbeiter, da sie von der Notwendigkeit und Nützlichkeit ihrer Tätigkeit überzeugt werden.

Die Voraussetzungen der Motivation sind zahlreiche Bedürfnisse, die durch die Information befriedigt werden:

- Die Neugierde ist ein starker Urtrieb des Menschen, den er mit allen Mitteln zu befriedigen sucht. Wo das nicht möglich ist, treten an die Stelle der legalen Information Phantasie und Gerücht.

- Dem Streben nach Geltung und Überlegenheit entspricht nicht nur der Wunsch etwas über die Einordnung und Bedeutung der eigenen Tätigkeit zu wissen, sondern auch das Gefühl einen Wissensvorsprung vor anderen zu besitzen.
- Starke Motivatoren sind bekanntlich Erfolge. Man sollte sie den Mitarbeitern nicht vorenthalten.

Durch Information wird Klarheit geschaffen, Bedenken und Befürchtungen werden zerstreut, das Entstehen von Gerüchten wird verhindert. Durch klärende Informationen trägt der Betrieb dem Bedürfnis seiner Mitarbeiter nach Sicherheit Rechnung. Diese Überlegungen zeigen, wie wichtig neben dem technischen Rüstzeug auch das geistige Rüstzeug für den Mitarbeiter sein kann. Die fachliche Ausbildung vermag wohl seine Leistungsfähigkeit, nicht jedoch seine Leistungsbereitschaft zu garantieren. Letztere entsteht aus der Überzeugung richtig zu handeln und der Orientierung, die es ihm ermöglicht zu dieser Überzeugung zu kommen. Ein Vorgesetzter, der seine Mitarbeiter über die Arbeitsinformationen hinaus orientieren möchte sollte sich über zwei Erfolgsvoraussetzungen Gedanken machen:

1. Über was informiere ich, was kann sich als besonders wirksam erweisen, was interessiert, was wird aufgenommen, wie weit darf ich gehen, ohne meine Mitarbeiter mit Informationen zu überfluten, bei denen sie abschalten? Worüber darf ich informieren, worüber aus Gründen der Geheimhaltung nicht?
2. Zu welchem Zeitpunkt sollte ich informieren? Vielleicht ist es noch zu früh und es bestehen Gründe der Geschäftsführung, anderer Abteilungen oder Mitarbeiter für eine vorläufige Geheimhaltung? Es könnte ja sein, daß eine Entscheidung noch nicht endgültig ist. Umgekehrt kann es auch schon so spät sein, daß Eile geboten ist. Wenn z. B. schon längst Gerüchte unter den Mitarbeitern im Umlauf sind, die deren Verhalten negativ beeinflussen und sie zum Widerstand aufreizen. Bei Informationen, bei denen es scheinbar nicht auf den Zeitpunkt ankommt, ist die Frage nach ihrer gegenwärtigen Aktualität zu stellen. Vielleicht gibt es im Augenblick Vorgänge, an denen man wesentlich stärker interessiert ist.

Weit entscheidender, als viele annehmen, ist die Frage: wie informiere ich? Ein Vorgesetzter, der durch seine Informationen motivieren will, sollte nicht nur selbst mehr wissen als das, was er vermitteln möchte, er sollte sich nicht nur über den Inhalt seiner Information im Klaren sein, sondern auch die Fähigkeit besitzen, diese so wirksam vorzutragen, daß sie überzeugt und voll akzeptiert wird. Dazu gehören didaktische und rhetorische Fähigkeiten. Der Informierende muß sich klar und überzeugend ausdrücken können. Er muß selbst motiviert sein, wenn seine Worte Eindruck machen sollen. Gleichgültige, stockende oder gar unklare Ausführungen langweilen und frustrieren die Zuhörer. Zur Veranschaulichung des Gesagten sollten Beispiele, gelegentlich auch graphische Darstellungen gebracht werden. Wer von den Vorgesetzten hat sich schon einmal als Referent einer Vortragsveranstaltung versucht?

Das Vorgehen bei einem Informations- bzw. Orientierungsvorhaben hängt natürlich davon ab, ob wir mit einem einzelnen Mitarbeiter sprechen oder ob wir die ganze Gruppe vor uns versammelt haben.

Während wir bei einzelnen auf deren persönliche Interessen eingehen können, müssen uns bei Gruppenunterweisungen didaktische Hilfsmittel und Diskussionen helfen die Informationen auf ein Niveau gemeinsamer Verständlichkeit zu bringen. Diese nicht zu übersehenden Schwierigkeiten sollten jedoch keinen Vorgesetzten davon abhalten von den Möglichkeiten der Information Gebrauch zu machen.

- Der Mangel an Orientierung bewirkt falsche Einstellung und dadurch falsches Verhalten.
- Das Vorenthalten von Informationen kann nicht verhindern, daß sich die Mitarbeiter hinter dem Rücken des Vorgesetzten doch Informationen beschaffen, die oft falsch sind.
- Bereitwillige Informationen verpflichten dagegen die Mitarbeiter zu Gegenleistungen. Ihre Informationspflicht gegenüber dem Vorgesetzten wird zur Informationsbereitschaft. Die Pflicht zur Unterrichtung des Vorgesetzten umfaßt nämlich
  - die Tätigkeit des Mitarbeiters, über die dieser in festzulegenden Zeitabständen zu berichten hat

- Vorfälle, die außergewöhnlich sind oder auf einen bestimmten Trend schließen lassen
- Fehler und Arbeiten, die einen unerwünschten Verlauf zu nehmen beginnen.

Rechtzeitige, objektive Meldungen kann man jedoch nur von ihrer Verantwortung bewußten, kooperationsbereiten Mitarbeitern erwarten.

Bevor wir uns eingehender mit der Frage beschäftigen, mit welchen Informationen wir unsere Mitarbeiter motivieren und verselbständigen können, wollen wir noch kurz auf die Informationen eingehen, welche sie erhalten müssen, weil sie mit dem Arbeitsauftrag zusammenhängen und ihn ergänzen. Dabei dürfen wir nicht übergehen, wie diese übermittelt werden sollten. Nehmen wir daher zu den beiden Phasen der Informationsvermittlung Stellung, zur Arbeitsanweisung und Arbeitsunterweisung. Dabei sollen uns hier nicht nach technischen Grundsätzen aufgestellte Regeln, sondern nur Aspekte der Menschenführung interessieren.

Die Arbeitsanweisung

Überbringen und erläutern Sie wichtige Aufträge persönlich. Vermeiden Sie den Eindruck eines Befehlsempfanges, indem Sie Ihren Mitarbeiter auch gelegentlich nach seinen Erfahrungen fragen, wenn es sich als zweckmäßig erweisen kann. Auch ein einfacher Arbeiter kann Erfahrungen besitzen, die der Sache nützlich sein können.

Findet die Arbeitsbesprechung in einer Gruppe statt, so sollten Sie die Leute ebenfalls auffordern ihre Meinung zu sagen, wenn Sie glauben dadurch die Arbeit fördern zu können. Sie büßen dabei als Vorgesetzter nichts an Autorität ein, wenn Sie den Leuten zu verstehen geben, daß Sie sie mitdenken lassen wollen, ohne dabei die Initiative aus der Hand zu geben. Sie beurteilen und entscheiden als Meister ja selbst, was richtig ist und wie die Arbeit letztlich ausgeführt wird.

Begründen Sie, wenn Sie Unverständnis und Ablehnung merken, warum das, was Sie verlangen, getan werden muß, warum es gera-

de jetzt getan werden soll, wo es vielleicht nach der Meinung Ihrer Leute noch Zeit hätte und warum Sie gerade diese Gruppe oder denjenigen damit beauftragen. Was man einsieht, tut man auch willig.
Verlangen Sie nicht zuviel auf einmal von Ihren Leuten, sonst können sie Ihren Anweisungen nicht folgen. Vermeiden Sie Mißverständnisse, besonders wenn es um Ortsbestimmungen, Mengen, Abmessungen und Termine geht. Überzeugen Sie sich, vor allem bei Ausländern, ob Sie auch verstanden wurden.
Wenn Sie einen Auftrag aus bestimmten Gründen ändern oder widerrufen müssen, so sollten Sie das auch begründen. Sonst könnte leicht der Eindruck entstehen, daß Sie selbst unschlüssig waren und Ihnen plötzlich ein besserer Gedanke gekommen ist. Lassen Sie keine Zweifel an Ihrer Sicherheit und Kompetenz aufkommen.
Man unterscheidet drei Stufen der Arbeitsunterweisung: die Aufgabenstellung – den Auftrag – und den Befehl. Bei der Aufgabenstellung muß die notwendige Befähigung und Selbständigkeit eines Mitarbeiters vorausgesetzt werden, damit er die Aufgabe auch eigenverantwortlich übernehmen kann. Der Meister gibt lediglich die Aufgabenstellung und das Ziel an, das der Mitarbeiter erreichen soll und diesem steht die Entscheidung über den Weg der Durchführung frei.
Bei einem Auftrag muß dem Mitarbeiter gesagt werden, was er zu tun hat. Merkt der Vorgesetzte, daß dieser den Sinn und die Notwendigkeit des Auftrags nicht begreift, so sollte er ihn begründen. Eine geringfügige Investition an Zeit ist einem schlecht ausgeführten Auftrag vorzuziehen.
Wo weder mit Willigkeit noch Verständnis zu rechnen ist, muß der Befehl die Anordnung des Meisters durchsetzen. Solche Situationen können auch unter Zeitdruck entstehen, wenn keine Erklärungen mehr möglich sind. Gegen Befehle darf es keine Widerrede geben.
Die Ablehnung eines Mitarbeiters einen Auftrag auszuführen, kann offen oder versteckt sein. Ist sie offen und die Versuche des Vorgesetzten den Mitarbeiter zu überzeugen bleiben erfolglos, so ist ein Befehl nicht zu umgehen. Beugt sich dieser auch dem Be-

fehl, so wird er die Arbeit doch innerlich ablehnen. Eine andere Art versteckter Ablehnung, trotz äußerer Zustimmung, ist dann gegeben, wenn der Mitarbeiter zwar einwilligt, im Stillen aber hofft, daß der Vorgesetzte auf seinen Auftrag vergißt oder sich wenigstens an bestimmte Einzelheiten später nicht mehr erinnern wird. In solchen Fällen sollte sich der Vorgesetzte eine kurze Notiz machen, um die Erledigung des Auftrags genau kontrollieren zu können. Vorgesetzte, die ihre Anweisungen vergessen, nimmt man nicht ernst und beginnt an der Notwendigkeit ihrer Aufträge zu zweifeln.

Eine andere Reaktion auf Aufträge können Gegenvorschläge sein. Sind diese ehrlich gemeint, so sind sie willkommen. Anders verhält es sich jedoch, wenn zu erkennen ist, daß sich der Mitarbeiter nur vor einer wenig begehrten Arbeit drücken will. In solchen Fällen sollte der Vorgesetzte weitere Gegenargumente durch einen Befehl ausschalten.

Jeder Vorgesetzte, jeder Meister vor allem, muß gut anweisen und unterweisen können. Durch systematische Unterweisung erzielt man bessere Leistungen in kürzerer Zeit, als dann, wenn man sich diese Mühe spart. Weitere Vorteile liegen

- in der Vermeidung von Fehlern und Ausschuß
- in der Verhütung von Unfällen
- in der Förderung der fachlichen Reife des Mitarbeiters.

Wenn Sie auch Ihre Unterweisungen nach einer erprobten Methode durchführen, so vergessen Sie doch nicht dabei, wie ermüdend und frustrierend es sein kann einem Vorgesetzten zuhören zu müssen, der alles so perfekt beherrscht, daß man kaum folgen kann. Versuchen Sie Ihrem Mitarbeiter die Arbeit interessant zu machen. Weisen Sie ihn auf wichtige Details oder Gefahren besonders hin und lassen Sie ihn etwas von Ihrer eigenen Erfahrung profitieren. Zeigen Sie selbst Motivation und Engagement. Lebhaften und anregenden Worten folgt man mit mehr Interesse, als einem faden oder schulmeisterlichen Vortrag.

6.1. Wirksame Information setzt gute Kommunikation voraus.

Eine Information fällt nur dann auf fruchtbaren Boden, wenn Sie von dem Empfänger verstanden und akzeptiert wird. Die Voraussetzung dafür, daß eine Information überhaupt verstanden wird, ist das Bestehen guter Kommunikation zwischen dem Informierenden, dem Sender und dem Empfänger. In den beiden folgenden Skizzen sind zwei Möglichkeiten der Informationsübertragung mit unterschiedlicher Wirksamkeit dargestellt.

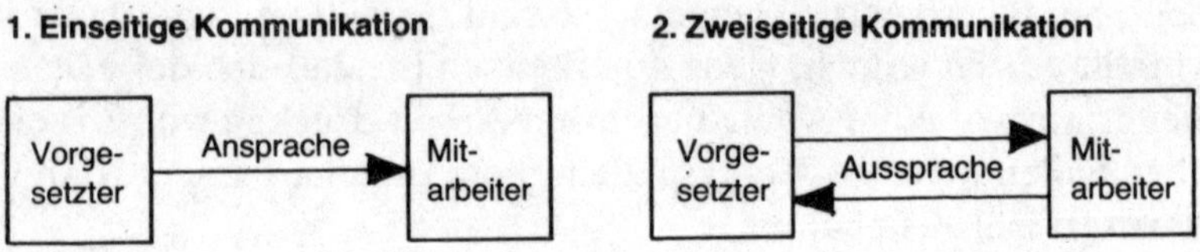

Im Falle 1 sehen wir ein Beispiel einseitiger Kommunikation, wie sie für den Umgang autoritärer Vorgesetzter mit ihren Mitarbeitern typisch ist. Diese Form der Informationsübertragung, beispielsweise bei einem Auftrag, bezeichnen wir als »Ansprache«. Der Vorgesetzte redet auf den Mitarbeiter ein, er spricht ihn an und dieser hört ihm schweigend zu, ohne den Mund aufmachen zu können. In diesem Falle besteht keine Gewißheit, ob der Mitarbeiter auch den Vorgesetzten verstanden hat. Selbst wenn ihn dieser seinen Auftrag wiederholen läßt, ist noch nicht gewiß, ob der Mitarbeiter auch den Sinn begriffen hat.

In der zweiseitigen Kommunikation, Fall 2, steht es dem Mitarbeiter frei jederzeit an seinen Vorgesetzten eine Frage zu richten, um Erläuterung zu bitten oder seine Ansicht zu äußern. Zweiseitige Kommunikation verhindert das Aufkommen von Mißverständnissen. Vorgesetzte, die gewöhnt sind Monologe zu halten, dürfen sich nicht wundern, wenn sie von ihren Mitarbeitern nur halb verstanden werden.

Sollen Mitarbeiter motiviert werden so ist darauf zu achten, daß die Kommunikation zweiseitig verläuft. Soll das jedoch in einer beide Seiten befriedigenden Weise geschehen, so müssen einige wichtige Voraussetzungen erfüllt sein.

- Ist der Vorgesetzte auch wirklich informationsbereit?
- Kennt er den Informationsbedarf und die Informationswünsche seines Gesprächspartners, seiner Mitarbeiter?
- Ist die Information dem geistigen Niveau der zu Informierenden angepaßt?
- Sind die Mitarbeiter auch aufnahmebereit?
- Versteht es der Vorgesetzte die Information so zu bringen, daß sie mit Interesse aufgenommen wird?

Wie wir sehen, gehen die Informationen durch den Filter zahlreicher Voraussetzungen, ehe sie wirksam ihr Ziel erreichen, so daß wir uns nicht wundern dürfen, wenn man von einem fortschrittlichen Vorgesetzten auch einige didaktische Fähigkeiten verlangen muß.

Wenn wir nach der Informationsbereitschaft eines Vorgesetzten fragen, so tun wir das mit gutem Recht, denn es gibt genug wortkarge Menschen. Viele, die es im harten Betriebsleben zu etwas gebracht haben, sind gewöhnt sich so kurz zu fassen, daß keine zweiseitige Kommunikation zustande kommen kann. Andere wiederum betrachten ihr Wissen als Monopol, das sie sorgsam hüten, um sich einen Vorsprung zu sichern. Solche Vorgesetzte sollten bedenken, daß die Erfolge von Führungskräften an den Leistungen ihrer Mitarbeiter gemessen werden und wirklich zufriedenstellende Leistungen sind nur von informierten Mitarbeitern zu erwarten.

Wenn wir von dem Informationsbedarf der Mitarbeiter sprechen, denken wir an die Informationen, die sie interessieren und motivieren könnten, also diejenigen, die sie über die Arbeitsinformation hinaus erhalten sollten. Wir müssen uns vergegenwärtigen, das Herkunft, Ausbildung und Tätigkeit eines Arbeiters seinen Interessenhorizont bestimmen. Es ist die Frage, ob es einem Vorgesetzten gelingen wird Mitarbeiter für Informationen zu interessieren, die für sie völlig neu sind und die sie mit keinerlei Wissen oder Erfahrung verknüpfen können. Vielleicht interessiert einfache Arbeiter mehr ihre Leistung bei der Erstellung des Gesamtproduktes als die Darstellung größerer wirtschaftlicher Zusammenhänge, an die man sie erst heranführen müßte. Vielleicht sind sie an unmittelbar bevorstehenden Veränderungen in ihrem Arbeitsbereich stärker interessiert, als an weiterführenden Zielsetzungen. Bei jeder Informationsabsicht sollte der Vorgesetzte überlegen: welche Informationen werden gewünscht und können sich als nützlich erweisen? Durch welche kann ich meine Mitarbeiter am wirksamsten orientieren, motivieren oder beruhigen?

Eine Information, die verstanden werden soll, darf das geistige Niveau der zu Informierenden nicht überfordern. Der Zuhörer nimmt nur das auf, was in seine Vorstellungswelt paßt, und darin Raum hat. Was er nicht behalten oder begreifen kann, ergänzt er durch eigene Vorstellungen. Ein Bauarbeiter wird einen Sachverhalt eben als Bauarbeiter beurteilen und nicht aus dem Gesichtswinkel eines Kostenrechners. Denken Sie daran, wenn Sie einmal einen Kostenrechner bitten möchten, Ihren Leuten die Notwendigkeit von Kostensenkungsmaßnahmen zu erläutern. Ein Ingenieur kann ein Technokrat sein, ein Kaufmann wird bei seinen Überlegungen stets das Prinzip der Wirtschaftlichkeit in den Vordergrund stellen.

Es hängt von den Gesprächspartnern ab, wie weit man mit seinen Erklärungen gehen muß. Wer seine Zuhörer mit Informationen überflutet, kann sich nicht gründlich genug mit den Einzelheiten befassen, um auch richtig verstanden zu werden. Man kann von einem einfachen Menschen nicht erwarten, daß er angestrengt zuhört und gleichzeitig mitüberlegt. Schränken Sie also Ihre Informationen auf das Wesentliche ein und erleichtern Sie damit Ihren Mitarbeitern das Aufnehmen und Behalten des Informationsinhaltes.

Vermeiden Sie Fremdwörter oder Fachausdrücke, die vielleicht von Ihren Leuten als »reine Theorie« abgetan werden. Auf gleiche Ablehnung können auch Amerikanismen stoßen, die gegenwärtig in unserer Fachsprache anzutreffen sind. Versuchen Sie Informationen, die Sie von Kollegen oder Vorgesetzten anderer Fachabteilungen erhalten, in die Sprache Ihrer Mitarbeiter zu übertragen.

Nehmen Sie auf herrschende Voreingenommenheiten und Vorur-

teile Rücksicht. Sie können sich gegen Entlöhnungssysteme, die Sozialpolitik oder Kostensenkungsprogramme des Unternehmens richten. Versuchen Sie keine Schönfärberei, Sie rufen nur den Widerstand Ihrer Leute hervor. Bleiben Sie sachlich, ohne eigene negative Meinungen zu äußern.
Nicht immer sind diejenigen, die Sie informieren wollen, auch aufnahmebereit. Wann sollte man überhaupt informieren? Doch nicht am Freitag, kurz vor Dienstschluß, wenn sich alle in Aufbruchstimmung befinden. Auch nicht am Montag Morgen, wenn viele noch mit ihren Gedanken im vergangenen Wochenende weilen. Vielleicht eignet sich für Gruppengespräche am besten der Donnerstag Nachmittag, und zwar, wenn es Ihnen möglich ist eine Stunde vor Dienstschluß für diesen Zweck freizuhalten. Machen Sie diese Stunde zu einer ständigen Einrichtung, wenn es die Arbeitssituation zuläßt.
Nun auch einige Worte darüber, wie Sie eine Information Ihren Mitarbeitern schmackhaft machen können. Man kann eine Information von vornherein unter einem falschen Vorzeichen starten. Man kann durch die gleiche Mitteilung ermutigen oder entmutigen. Es kommt darauf an, wie Sie die Akzente setzen und was Sie hervorheben, die Vorteile oder die Nachteile der zu Informierenden. Bespielsweise die Meldung über bevorstehende Kurzarbeit können Sie Ihren Mitarbeitern folgendermaßen übermitteln: »Ab 1. April muß in Werk B Kurzarbeit angeordnet werden. Ich weiß, daß es Euch hart treffen wird, aber die Geschäftsführung rechnet mit Eurem Verständnis«. Das kann man auch anders sagen: »Es ist auch angesichts der schwierigen Situation, in der wir uns augenblicklich befinden, möglich gewesen Entlassungen zu vermeiden. Statt dessen haben wir ab 1. April Kurzarbeit, die hoffentlich bald durch normale Arbeit abgelöst werden kann. Das ist uns doch lieber, als um unsere Arbeitsplätze bangen zu müssen«. Überlegen Sie sich, bevor Sie eine heikle Meldung bringen, wie Sie das am besten tun können. Interpretieren Sie Entscheidungen der Geschäftsführung oder Werksleitung zum Vorteil Ihrer Mitarbeiter. Solange Sie dabei auf dem Boden der Realität bleiben, kann ein wenig interne Werbung nur dem Interesse des Unternehmens dienen.

Setzen Sie nicht etwas als selbstverständlich voraus, was nicht jeder verstehen kann. Sagen Sie nicht einfach »das ist eben so« oder »das muß so sein!«. Damit überzeugen Sie niemanden. Wenn beispielsweise die Frage aufkommt: »Warum startet man bei uns wieder eine Kostensenkungsaktion, wenn doch alle anderen immer teurer werden?«, so versuchen Sie die Notwendigkeit Ihren Leuten durch eine Gedankenfolge zu erklären: »Kostensenkungen sollen es uns ermöglichen unsere Preise zu halten und gerade dadurch können wir uns gegenüber der Konkurrenz behaupten. Damit sichern wir uns Beschäftigung und unsere Arbeitsplätze«. Entwickeln Sie einen Gedanken aus dem anderen und vermeiden Sie Gedankensprünge.
Sie wecken mehr Verständnis und Interesse, wenn Sie Ihre Ausführungen durch Beispiele ergänzen. Sie sollten einfach sein und aus der Vorstellungswelt Ihrer Zuhörer kommen. Wenn Sie von Preisen und Kosten sprechen, so denken Sie nicht nur an die Markt- und Gewinnpolitik des Unternehmens, sondern auch an die Haushalte und die kleinen Budgets Ihrer Mitarbeiter. Die gleichen Vorgänge wiederholen sich überall. Organisatorische Zusammenhänge, Systeme oder Arbeitsabläufe, sind oft so kompliziert, daß Sie sie ohne graphische Hilfe nicht erklären können. Einen Flip-Chart-Ständer und die erforderlichen Papiere gibt es heute beinahe in jeder größeren Firma. Gewöhnen Sie sich das Arbeiten mit graphischen Hilfsmitteln an. Sie helfen Ihnen nicht nur bei der Erläuterung komplizierter Sachverhalte, sondern besitzen auch einen hohen Aufmerksamkeitswert.
Da ein Vorgesetzter, der seine Mitarbeiter wirksam orientieren möchte, nicht nur das nötige Wissen, sondern auch didaktische Fähigkeiten besitzen sollte, liegt die Frage nahe, ob er sich selbst dieser Aufgabe unterziehen will. Vielleicht gibt es im Unternehmen einen Schulungsleiter für innerbetriebliche Fortbildung oder andere Mitarbeiter, die in Schulungsfragen bewandert sind, vielleicht lassen sich für diesen Zweck auch leitende Herren der betreffenden Fachabteilungen gewinnen, die über die notwendigen rhetorischen und didaktischen Fähigkeiten verfügen, um auf die Bedürfnisse Ihrer Mitarbeiter eingehen zu können. Der Meister kennt jedoch seine Leute und ihren Interessenhorizont am besten,

er spricht ihre Sprache und wenn er sie informiert ist die Gefahr am geringsten, daß er an ihnen vorbeiredet.

6.2. Der Mitarbeiter und sein Verhältnis zu Betrieb und Arbeit

Information fördert doch mitwissen, mitdenken und mitverantworten. Trotzdem gibt es in großen Betrieben viele Arbeitskräfte, die nicht einmal richtig wissen, wie sich das Ergebnis ihrer Arbeit auf das Endprodukt auswirkt. In welcher Weise ihre Tätigkeit die Funktionsfähigkeit, Qualität, Zuverlässigkeit oder Lebensdauer der Produkte beeinflussen kann. Während der eine seine Arbeit nachlässig und uninteressiert verrichtet, hält sich vielleicht ein Pedant mit Nebensächlichkeiten auf. Eine genaue Unterrichtung, wozu das Teil- oder Zwischenprodukt dient, welche Rolle es bei dem Endprodukt spielt, kann nicht nur Mißverständnisse klären, sie kann die ganze Einstellung des Mitarbeiters zu seiner Tätigkeit ändern. Einem Arbeiter, der mitzudenken beginnt, fällt vielleicht auf, daß er einen Arbeitsgang verrichten muß, der längst überholt ist, daß man da, wo es nicht nötig ist, übergroße Genauigkeit walten läßt oder daß man eine Tätigkeit durch eine geeignete Vorrichtung müheloser und rascher ausführen könnte. Leute, die über den Sinn ihrer Arbeit und die weitere Verwendung der Ergebnisse orientiert sind, können viel zur Senkung der Kosten und Verkürzung von Terminen beitragen.
Mitdenken heißt auch sich umstellen können, wenn es die Situation verlangt. Daher sollte der Meister Anordnungen der Werksleitung, die z. B. aus Termingründen eine rasche Umstellung verlangen, erläutern und begründen. Bloße Anweisungen oder Befehle bringen nicht den erwünschten Erfolg, denn wer den Sinn solcher Anordnungen nicht begreifen kann, ist auch nicht bei der Sache.
Mitarbeiter, die sich freiwillig für Arbeitsverbesserung, Leistungssteigerung oder Kostensenkung eingesetzt haben, möchten natürlich auch über den Erfolg ihrer Bemühungen unterrichtet werden. Diesem Zweck können abteilungsweise, monatliche Statistiken dienen, die über die Entwicklung von Leistungen, Produktivitäts-

kennziffern und Verbrauchseinsparungen Aufschluß geben, wo keine Kostenberichte zur Verfügung stehen. Erfolgsberichte spornen mehr an als Worte. Es gibt Firmen, die bereits diese Chance, ihren Mitarbeitern Erfolgserlebnisse zu vermitteln, nutzen, und der Erfolg rechtfertigt den Aufwand.

Wenn es um die Bedeutung der eigenen Firma geht, dürften folgende Informationen interessieren: Welche Stellung sie unter ihren Konkurrenten einnimmt, welchen Marktanteil sie besitzt, wie ihre Produkte, ihre Wirtschaftstätigkeit oder Sozialpolitik in der Öffentlichkeit bewertet werden, in welche Länder sie exportiert. Man kann darauf stolz sein, das Firmenzeichen eines großen Unternehmens auf seinem Overall tragen zu dürfen. Aber auch kleinere Firmen können durch die Qualtiät oder Originalität ihrer Produkte in der Öffentlichkeit Geltung besitzen.

Ein Unternehmensberater wußte von einer Firma zu berichten, die sich über hohe Fluktationszahlen zu beklagen hatte. Sie stellte Schrauben her. In der gleichen Ortschaft befanden sich jedoch auch zwei andere Unternehmen, eine Autofabrik und ein Werk, dessen Hauptprodukt fotografische Kameras waren. In diese beiden Fabriken wanderten die Mitarbeiter des Schraubenherstellers regelmäßig ab, so daß sich dieser immer wieder nach neuen Arbeitskräften umsehen mußte. Alle Versuche, die Leute durch verbesserte Entlöhnungssysteme oder Sozialleistungen zu halten schlugen fehl.

Da wurde der Firma geraten, es einmal mit den Diensten eines Beraters für Öffentlichkeitsarbeit zu versuchen. Dieser analysierte zunächst die verschiedenen Informationen, die er aus der Öffentlichkeit über das Unternehmen erhalten hatte. Dabei stellte sich das Unwahrscheinliche heraus, daß die Mitarbeiter der Firma oft die Geringschätzigkeit ihrer Freunde wegen ihrer Zugehörigkeit zu einer Schraubenfabrik zu spüren bekamen. Das wirkte sich besonders auf die Entscheidungen junger Leute aus, deren Freundinnen ihnen vorhielten, daß sie doch ebenso gut in der Autofabrik oder dem Kamerawerk beschäftigt sein könnten. Deren Produkte hätten doch in der Öffentlichkeit viel mehr Geltung als Schrauben!

Nun startete der Berater bei den Mitarbeitern der Schraubenfabrik eine Informationsaktion, bei der er ihnen klarzumachen versuchte, daß kein Motor, überhaupt kein noch so hochwertiges technisches Gerät ohne Schrauben auskommen könne und daß es dabei auch auf die Qualität ihrer Arbeit ganz erheblich ankäme. Es gelang ihm, die Leute von der Bedeutung ihrer Firma und ihrer Arbeit zu überzeugen. Seither hatte die Schraubenfabrik nicht mehr unter hoher Fluktuation zu leiden.

Neben Informationen, die dazu beitragen das Verhältnis der Mitarbeiter zu ihrer Tätigkeit und zum Betrieb zu verbessern, gibt es auch solche, die für die gute Zusammenarbeit zwischen Mitarbeitern und Abteilungen von großer Bedeutung sein können. Der Arbeiter an der Werkbank kann z. B. für Verwaltungsabteilungen nur wenig Verständnis aufbringen, wenn er den Sinn ihrer Tätigkeit nicht begreifen kann. Gerade mit solchen Abteilungen, wie Kostenrechnung und Kalkulation, läßt die Zusammenarbeit oft zu wünschen übrig. Dabei kommt es gerade auf die Vollständigkeit und Genauigkeit der Kostenerfassung in den Werkstätten an, wenn Betriebsabrechnung und Kalkulation stimmen sollen.

Oft denkt der Mann an der Werkbank auch, daß es andere im Betrieb leichter haben und auf einfachere Weise ihr Geld verdienen, da er sich ihre Tätigkeit, die Verantwortung und den Streß, die sie belasten, nicht vorzustellen vermag. Falsche Vermutungen führen leicht zu Argwohn und Unzufriedenheit, die die Stimmung verschlechtern und die Zusammenarbeit stören. Manchmal fehlt nur die richtige Information, eine kurze Darstellung, welchem Zweck die andere Abteilung dient und welche Aufgaben sie zu erfüllen hat, um Verständnis zu wecken und die Voraussetzungen für eine bessere Zusammenarbeit zu schaffen.

Eine starke Triebfeder menschlicher Informationswünsche ist auch das Bedürfnis nach Sicherheit und Stabilität. Die vergangenen Jahrzehnte brachten eine Fülle technischer Neuerungen, die in den Betrieben zu Umstellungen und organisatorischen Veränderungen geführt haben. Es ist also kein Wunder, daß sich Mitarbeiter, die die Einführung technischer Neuerungen oder Rationalisierungsmaßnahmen vermuten, zu fürchten beginnen, daß sie umlernen müßen oder vielleicht sogar entlassen werden, wenn ihre Arbeitsplätze davon betroffen sind.

Ebenso beunruhigend und leistungsstörend wirken sich beispielsweise auch Befürchtungen aus, daß die Firma in Absatzschwierigkeiten geraten ist und mit Kurzarbeit gerechnet werden muß, auch wenn solche Vermutungen unbestätigt sind. In solchen und ähnlichen Fällen gehört es zu den Pflichten des Vorgesetzten seine Mitarbeiter rechtzeitig über den tatsächlichen Sachverhalt zu unterrichten, ihre Bedenken zu zerstreuen und dem Entstehen von Gerüchten vorzubeugen.
Auch im personellen Sektor können Veränderungen geplant sein, über die man gerne Bescheid wüßte. Insbesondere dann, wenn solche Informationen über Umwege als Gerüchte zu den Mitarbeitern gelangen. Bedarfsfälle, in denen sich die Information und Orientierung der Mitarbeiter sehr zum Vorteil des Betriebes und der Zusammenarbeit auswirken können sind zahlreich. Es kommt nur darauf an, daß sie der Vorgesetzte rechtzeitig erkennt und daß er ihnen auch Rechnung trägt.

6.3. Keine wirtschaftliche Leistung ohne Kostendenken

Die wichtigste Zielsetzung eines Unternehmens kann nur die Erzielung befriedigender Gewinne sein. Ein Betrieb, der zufriedenstellende Gewinne erzielt, ist in der Lage, auch weitere unternehmerische Zielsetzungen zu verwirklichen, in denen das Streben nach gesundem Wachstum, Fortschritt und sozialen Leistungen seinen Ausdruck finden kann. Im Wettbewerb der hart umkämpften Märkte sind Gewinne ohne wirksame Kostenwirtschaft nicht denkbar, da von den Umsätzen erst die Kosten abgezogen werden müssen, um den Gewinn als Restbetrag zu erhalten.
Es müßte den Mitarbeitern erst klargemacht werden, daß sich Kostensenkungen unmittelbar auf den Gewinn auswirken und in welchem Maße, ehe man von ihnen wirtschaftliches Verhalten erwarten darf. Wer nur mit Mengen zu tun hat, ohne den Wert der Verbrauchsgüter zu kennen, wird kaum beurteilen können, wo die größten Verlustquellen auftreten. Wer als Vorgesetzter keine Kostenvergleiche in die Hand bekommt, in denen Ist-Kosten und Plankosten gegenübergestellt werden, wird vielleicht in der Lage

sein, seine Mitarbeiter auf Verlustquellen aufmerksam zu machen, ohne jedoch ihre Größe richtig einschätzen zu können.
Ein Mitarbeiter, der kein Gefühl für Kosten hat, wird zwar auf Schritt und Tritt bemerken, daß die Firma reich, in seinen Augen sogar unermeßlich reich ist, da alles im Überfluß zu sein scheint. Er wird jedoch kaum ahnen und abschätzen können, wie sehr jeder Betrieb sparen und wie sorgfältig er jeden Verbrauch erfassen und verrechnen muß, wenn er nicht, statt den erhofften Gewinn zu erzielen, in die roten Zahlen kommen will. Die Zahl der Mitarbeiter in einem Betrieb ist so groß, daß die Verfehlungen einzelner durch Ausschuß, Vergeudung oder Maschinenschäden in Kostensummen wirksam werden, die die Kalkulation stark belasten und den Gewinn erheblich schmälern können.
Es wäre eine anschauliche Methode den Mitarbeitern begreiflich zu machen, was Werte auch im Betrieb bedeuten, wenn sie der Vorgesetzte mit Gütern vergleichen würde, die im Haushalt seiner Leute eine wichtige Rolle spielen. Bei denen sie sich überlegen müssen, wieviel sie dafür ausgeben dürfen. Der Meister könnte seinen Mitarbeitern in Erinnerung bringen, daß jeder von ihnen zuhause sein eigenes Budget aufstellt und daß man auch wirtschaften muß, wenn man mit dem Lohn auskommen will. Daß zum Wirtschaften nicht nur der preiswerte Einkauf, sondern auch die zweckmäßige Verwertung der Lebensmittel und anderer Bedarfsgüter gehört, die vor Verderb oder Vergeudung genauso geschützt werden müssen, wie die Fertigungsmaterialien im Betrieb. Wie jedes Pfund Butter oder Mehl, hat auch jedes Stück Metall oder Kunststoff seinen Wert, der dem Betrieb bei Verderb, Vergeudung oder Ausschuß verlorengeht.
Was dem Einzelnen an der Maschine oder Werkbank nicht bewußt wird, merkt erst der Kostenrechner, der über gewaltige Verbrauchsmengen Überblick erhält. Durch das wirtschaftliche Denken und Handeln seiner Mitarbeiter können dem Unternehmen viele unnötige Kosten erspart werden. Mehr Sparsamkeit könnte den Fortbestand mancher Betriebe sichern.
Der Meister, der selbst nicht an der Maschine steht, vermag aber durch die Unterweisung und Führung seiner Mitarbeiter die Wirtschaftlichkeit der Produktion positiv zu beeinflussen. Jede Ar-

beitsstunde, die vertrödelt wird, ist ein Kostenfaktor, dem keine Leistung gegenübersteht. Produktionsmittel können zwar leistungsfähig und wirtschaftlich sein, es kommt jedoch darauf an, wie sie eingesetzt und bedient werden. Mitarbeiter, auf deren Arbeitsauffassung und Wirtschaftlichkeitsdenken man sich verlassen möchte, sollten nicht nur unterwiesen, sondern auch motiviert werden.
Motivieren kann nur ein Vorgesetzter, der selbst die Notwendigkeit der Kostensenkung bejaht und die Möglichkeiten der Schwachstellenermittlung und Kostenbeeinflussung in seinem Wirkungsbereich auch kennt. Er sollte zumindest soweit Bescheid wissen, daß er seine Mitarbeiter darauf aufmerksam machen kann, wo und wie sie am erfolgreichsten Kosten senken können und welcher Nutzen dem Betrieb daraus erwächst. Er sollte in der Lage sein, ihre Informationsbedürfnisse zu befriedigen und ihre Fragen zu beantworten. Auch ein Meister, der sich nur im Mengendenken zuhause fühlt und mit Kostenfragen nur wenig Berührung hatte, kann sich die notwendige Wissensergänzung verschaffen, wenn er ein Seminar besucht, auf dem neben Fach- und Führungsfragen auch das Kostenthema, speziell für die Meisterpraxis behandelt wird.

6.4. Das Gerücht, seine Entstehung und seine Auswirkungen

Neben der formellen Information, die in den Betrieben durch die Organisation festgelegt ist, in diesen Bereich gehören Anweisungen, Berichte, Verlautbarungen, Rundschreiben, haben wir es auch mit der informellen, inoffiziellen Kommunikation zu tun. Sie folgt nicht den durch die Organisation festgelegten Wegen, sondern den Beziehungen zwischen den Mitarbeitern. Enge Beziehungen zwischen zwei Mitarbeitern sind die beste Brücke zur Weiterleitung informeller Informationen.
Im Gegensatz zu der formellen Information, mit festgelegtem Inhalt, ist die informelle Information vielen Beeinflussungen und Störungen durch menschliche Phantasie und Unzulänglichkeit

unterworfen. Kein Wunder also, daß aus einer Mücke ein Elefant, aus einer kurzen, logischen Mitteilung ein aufgeblähtes Gerücht entstehen kann.
Ein Vorgesetzter, der einen Mitarbeiter informiert und ihm aufträgt, dafür zu sorgen, daß diese Information an die anderen Mitarbeiter weitervermittelt wird, dürfte erstaunt sein, wenn er schließlich aus dem Munde einer seiner Leute erfährt, was aus dieser Information geworden ist, wenn sie inzwischen mehrere Informationsträger passiert hat und von einem an den anderen weitergegeben wurde. Jeder der Leute wird die Information durch den Filter seiner Vorbehalte passieren lassen und sie durch seine Phantasie ergänzen.
Zu den Vorbehalten zählen zunächst die Erwartungen des zu Informierenden. Er hört nur das aus der Information heraus, was er erwartet, wahrhaben möchte oder befürchtet. So wie ein Kranker, der sich an jeden Strohhalm klammert oder jede Hoffnung aufgibt. Einen weiteren Vorbehalt stellen die Erfahrungen dar, die ein Mensch gesammelt hat. Entsprechend diesen, wird er sich alles zu erklären versuchen. Eine nicht geringe vorkanalisierende Wirkung hat auch die Stimmung, die in einem Betrieb herrscht. Ist diese schlecht, die Einstellung zur Betriebsleitung und den Vorgesetzten negativ, so wird man auch Mitteilungen, die von oben kommen, nur im negativen Sinne zu verstehen und auszulegen versuchen. Ein unbeliebter Vorgesetzter kann schon bei einem geringfügigen Anlaß zum Gegenstand eines sein Ansehen schädigenden Gerüchtes werden.
Gerüchte entstehen auf informelle Weise meist dadurch, daß einer irgendwo ein paar Worte aufschnappt oder eine Beobachtung macht, die ihn zwar keinesfalls zu einem Verdacht berechtigen würde, aber der Wunsch jemanden etwas anzuhängen ist oft der Vater des Gedankens. Aus solchen Gründen sind Gerüchte abzulehnen und ihr Entstehen ist zu verhindern. Sie können die Atmosphäre vergiften, Spannungen erzeugen, Angstzustände hervorrufen, die Zusammenarbeit stören und sich wie Sand im Getriebe auswirken. Sie können die Arbeitskraft lähmen, wenn sie bei den Mitarbeitern Befürchtungen entstehen lassen, daß ihre Existenz bedroht ist.

Ein Beispiel: In der Buchhaltungsabteilung stehen zwei Männer und sehen zur Decke empor. Einer der Buchhalter sagt zu seinem Kollegen an dem benachbarten Arbeitsplatz: »Du Schorsch, diese Typen kenne ich, die sind von der Computerfirma A & B.« Schorsch berichtet bei dem Mittagessen in der Kantine einem seiner Kollegen aus der Debitorenbuchhaltung: »Du Franz, bei uns sind Leute aus der Computerfirma A & B. Ich glaube, die wollen etwas installieren.« Franz bringt eine Unterlage auf Zimmer 242 und verkündet den dort anwesenden Kollegen: »Hört einmal, bei uns führen sie schon die EDV-Anlage ein, von der übrigens schon längere Zeit die Rede ist – ob es Entlassungen geben wird?« Am Abend schließlich geht einer aus Zimmer 242 mit seinem Freund aus der Kreditorenbuchhaltung, Zimmer 243, nach Hause und teilt ihm streng vertraulich mit: »Du, wir können uns bald um eine neue Arbeit umsehen. Ende Dezember ist die neue EDV-Anlage fertig und dann gibt es Entlassungen.« Abschließend ist zu bemerken, daß die beiden anfangs genannten Männer keine EDV-Spezialisten waren, sondern Maurer, die einen Auftrag für die Einrichtung eines Entlüftungsschachtes erhalten hatten.
Wie können Sie schädlichen Gerüchten vorbeugen? Die Gefahr, daß solche entstehen ist immer gegeben, denn in den Betrieben wird ständig organisiert, automatisiert und rationalisiert. Man muß eben dem Fortschritt folgen, wenn man nicht vom Markt verdrängt werden will. Sprechen Sie unverzüglich und offen mit Ihren Leuten, wenn Sie die Mitteilung erhalten, daß etwas Neues im Gange ist, was Sie irgendwie betreffen könnte. Verheimlichen Sie nichts, was Sie ihnen nicht aus betrieblichen Gründen vorenthalten müssen und versuchen Sie die Leute zu beruhien. Sie gewinnen ihr Vertrauen und erhalten dem Betrieb ihre Arbeitsbereitschaft. Man machte die Erfahrung, daß Versuche Gerüchte durch Verbote oder Strafandrohungen zu unterdrücken ihre Verbreitung nicht hindern konnten. Im Gegenteil, sie leisteten ihr Vorschub, da das Mißtrauen der Mitarbeiter gegenüber der Geschäftsführung noch bestärkt wurde. In anderen Fällen, in denen man weder zu dementieren noch zu beschönigen suchte und den Mitarbeitern gleich reinen Wein einschenkte, war den Gerüchten bald der Nährboden entzogen. Grundbedingung für gute Kommunikation und unver-

fälschte Informationsvermittlung im Betrieb ist ein Vertrauensverhältnis zwischen Führung und Mitarbeitern.

Grundgedanken des sechsten Abschnitts über Information und Kommunikation im Betrieb

- Einen Mitarbeiter, von dem man mehr erwartet als sture Arbeitsverrichtung, darf man nicht über den Sinn und die Bedeutung seiner Tätigkeit im Unklaren lassen. Auch allgemeine Informationen über den Betrieb sind für ihn interessant, da sie ihm Orientierung geben und ihn zum Mitdenken anregen.
- Informationen lassen die Mitarbeiter den Sinn ihrer Tätigkeit begreifen, sie befähigen sie betriebsgerecht zu denken und zu handeln. Sie wecken sowohl Eigeninitiative als auch Interesse an guter Zusammenarbeit.
- Informationen wirken motivierend, da sie zahlreiche menschliche Bedürfnisse befriedigen:
  - Das Bedürfnis nach Geltung, da jeder etwas über die Bedeutung seiner Tätigkeit wissen möchte
  - Jeder empfindet es als Anerkennung und Beachtung seiner Person, wenn er ins Vertrauen gezogen wird
  - Ein Vorgesetzter, der seine Mitarbeiter über ihre Leistungen informiert, vermittelt ihnen Erfolgserlebnisse
  - Informationen tragen auch dem Sicherheitsbedürfnis der Mitarbeiter Rechnung, wenn sie Zweifel und Befürchtungen ausräumen und das Entstehen von Gerüchten verhindern
  - Sie befriedigen schließlich ein Urbedürfnis des Menschen, die Neugierde
- Ein Vorgesetzter, der seine Mitarbeiter durch Informationen motivieren möchte, sollte sich zuerst überlegen:
  - Was interessiert, womit er den größten Erfolg erzielen könnte
  - Worüber er überhaupt informieren darf, was geheim bleiben muß
  - Wann er informieren sollte, ob es noch zu früh oder vielleicht schon höchste Zeit ist
  - Wie er mit seinen Informationen am besten bei seinen Mitarbeitern ankommt

- Kein Vorgesetzter sollte auf die Chancen und Möglichkeiten der Information als Führungsmittel verzichten,
  - denn Mitarbeiter, denen Informationen vorenthalten werden, beschaffen sich meist falsche hinter seinem Rücken
  - Die Mitteilungen des Vorgesetzten verpflichten die Mitarbeiter zu Gegeninformationen
- Informationen, die die Mitarbeiter als Voraussetzung für ordnungsgemäße Arbeitsverrichtung erhalten müssen, sind Arbeitsanweisung und Arbeitsunterweisung.
- Bei der Übermittlung von Arbeitsanweisungen sollte der Eindruck des Befehlsempfanges vermieden werden. Bieten Sie ihren Leuten Gelegenheit auch ihre Meinung zu sagen und ihre Erfahrungen mitzuteilen, ohne jedoch selbst die Initiative aus der Hand zu geben. Begründen Sie Aufträge, deren Sinn und Notwendigkeit Ihre Mitarbeiter nur schwer begreifen können.
- Eine gute Arbeitsunterweisung ist die Voraussetzung für zufriedenstellende Leistungen. Sie hilft Ihnen, Ihre Mitarbeiter fachlich heranzubilden. Geben Sie Ihren Worten Schwung und vermeiden Sie, daß Ihre Ausführungen ermüdend und frustrierend wirken. Übertragen Sie Ihre eigene Motivation auch auf Ihre Mitarbeiter.
- Wenn eine Information verstanden und akzeptiert werden soll, muß gute Kommunikation zwischen dem Informierenden und dem Informationsempfänger bestehen. Diese kommt dann zustande,
  - wenn nicht nur der Chef informationsbereit, sondern seine Mitarbeiter auch aufnahmebereit sind
  - wenn er ihre Informationswünsche berücksichtigt
  - wenn er sie nicht überfordert, oder gar an ihnen vorbeiredet, sondern ihr Interesse zu wecken versteht
- er sollte versuchen, ihnen Informationen, durch die er sie überzeugen oder motivieren will, auch schmackhaft zu machen. Er sollte ihren Nutzen ansprechen und sich bemühen, Anordnungen der Geschäftsführung zu ihrem Vorteil zu interpretieren, ohne jedoch das Prinzip der Wahrheit und Realität zu umgehen.
- Ehe Sie sich dazu entschließen Leiter anderer Fachabteilungen zur Orientierung und Unterrichtung Ihrer Mitarbeiter heranzu-

ziehen, sollten Sie bedenken, daß Sie den Interessenhorizont Ihrer Leute am besten kennen und sie noch am ehesten so ansprechen können, daß Sie auch verstanden werden.

- Beispiele für Fragen, die Ihre Mitarbeiter sicher interessieren:
  - Die Bedeutung ihrer Arbeit für das Endprodukt
  - Ihre Leistung im Rahmen der Gesamtleistung
  - Die Bedeutung der eigenen Firma in Markt und Öffentlichkeit
  - Welche Aufgaben haben andere Abteilungen, was leisten sie für den Betrieb und das gemeinsame Arbeitsergebnis? Solche Informationen fördern die Zusammenarbeit
  - Welche technischen Neuerungen oder Rationalisierungsmaßnahmen stehen ins Haus? Diese Fragen beunruhigen besonders die Mitarbeiter, wenn solchen Aktionen Gerüchte vorauseilen. Klärende Informationen beruhigen und beugen dem Entstehen von Gerüchten vor.
- Von großer Bedeutung für den Betriebserfolg ist das Wirtschaftlichkeitsdenken der Mitarbeiter. Ihre Vorgesetzten sollten ihnen bewußt machen, daß es sich bei dem, was sie täglich im Betrieb verarbeiten oder verbrauchen, um Werte handelt, die zu gewaltigen Kostensummen anwachsen. Man sollte die Mitarbeiter unterweisen, wo sie bei ihrer Arbeit Schwachstellen beseitigen und Kosten sparen können. Für solche Bemühungen sollten sie motiviert werden, indem man ihnen die Bedeutung der Kostenwirtschaft für den Betrieb erläutert.
- Bei Informationsmangel entstehen meist Gerüchte, da die Mitarbeiter dann ihrer Phantasie freien Lauf lassen. Das Entstehen von Gerüchten, das meist durch ungute Stimmungen und negative Einstellungen noch begünstigt wird, ist zu verhindern, da diese die Atmosphäre vergiften und die Zusammenarbeit stören. Gerüchte kann man nicht mit Verboten eindämmen. Man muß ihnen mit der Wahrheit entgegentreten. Nur Offenheit beruhigt die Gemüter. Sie festigt das Vertrauen.

7. Wie der Meister Leistung und Verhalten seiner Mitarbeiter beeinflußt – seine Lenkungsfunktion

Zu den wichtigsten Aufgaben eines Vorgesetzten gehört auch die Lenkung seiner Mitarbeiter. Nicht nur mit dem Ziele sie zu höheren Leistungen und besseren Verhaltensweisen zu bringen, sondern auch, um sie zu größerer Selbständigkeit und mehr Verantwortungsbereitschaft zu erziehen. Seine Bemühungen sollten sich dahin richten, positive Entwicklungen zu fördern und negative zu verhindern. Er muß also, wenn er dabei zweckmäßig vorgehen will, erwünschtes Verhalten und zufriedenstellende Leistungen bestätigen und unerwünschtes Verhalten oder nicht zufriedenstellende Leistungen korrigieren. Wenn er dabei Fortschritte erzielen will, sollte er nach und nach seine Anforderungen etwas erhöhen. Ein Mitarbeiter, der sich in seinem Verhalten bestätigt sieht, gewinnt mit der Zeit immer mehr Selbstvertrauen. Dadurch wird er selbständiger. Mit dem Selbstvertrauen kommt auch der Mut zur Verantwortungsübernahme.
Wichtige Vorgehenshinweise vermittelt dem Vorgesetzten die Kontrolle. Sie gibt ihm Aufschluß, wie und wodurch er seine Mitarbeiter beeinflussen und lenken sollte. Ob er ihr Verhalten bestätigen darf oder korrigieren müßte. Diese Möglichkeiten stehen ihm zur Verfügung, um auch ihre Entwicklung positiv beeinflussen zu können.
Ein Vorgesetzter, der seine Mitarbeiter weder bestätigt noch korrigiert, läßt sie über ihre Leistung und den Eindruck, den sie auf ihn machen, im Unklaren. Sie verspüren weder Antrieb noch Auftrieb. Sie werden gleichgültig und lustlos. Besser wäre schon einer, der wenigstens ab und zu eine Kritik hören läßt. Bei diesem weiß man zumindest woran man ist und daß er zufrieden zu sein scheint, wenn er sich überhaupt nicht äußert. Sein Verhalten wirkt jedoch nicht motivierend, denn nur eine Anerkennung vermittelt Impulse, während Kritiken entmutigen. Selbst eine Korrektur sollte dem Mitarbeiter das Wohlwollen und die Hilfsbereitschaft des Vorgesetzten zeigen, wenn sie positiv aufgefaßt werden soll. Sein

Selbstvertrauen darf nicht zerstört werden. Es sollte vielmehr in ihm die Zuversicht geweckt werden, daß es ihm auch gelingt, die gestellten Anforderungen zu erfüllen.
Neben den unumgänglichen Kontrollen bei der Arbeit, spielt natürlich auch die unauffällige Beobachtung des Mitarbeiters eine Rolle, wenn sich der Vorgesetzte ein zuverlässiges Urteil über seine Eigenschaften und sein Verhalten bilden soll. Alljährlich wird er ja seine Mitarbeiter beurteilen müssen, wenn über ihren Aufstieg, weitere Verwendung oder Versetzung zu entscheiden ist. Bei dem Ausfüllen der betrieblichen Personalbeurteilungsbogen wird er bestimmte Merkmale und Eigenschaften zu beurteilen haben, wie:

Arbeitsbereitschaft
Arbeitssorgfalt
Arbeitssystematik
Initiative
Kostenbewußtsein
Bereitschaft zur Zusammenarbeit.

Auf den nächsten Seiten wollen wir uns mit Beeinflussungsmöglichkeiten der Lenkungsfunktion befassen:

- Mit der Kontrolle, als Informationsquelle und Hilfestellung
- der Anerkennung und anderen Ausdrucksformen positiver Meinungsäußerung
- mit der Korrektur als Lenkungsmittel bei geringfügigen Abweichungen von der Soll-Vorstellung
- und schließlich mit der Kritik, als letzter Beeinflussungsmöglichkeit, wenn weder Korrekturversuche noch Beanstandungen fruchten.

7.1. Kontrolle als Hilfestellung

Wenn ein Mitarbeiter eine Arbeitsanweisung und die nötigen Informationen erhalten hat, kann er mit der Arbeit beginnen, für deren Durchführung er verantwortlich ist. Die Führungsverantwortung behält jedoch weiterhin der Vorgesetzte. Der Mitarbeiter ist zwar verpflichtet seine Arbeit mit der erforderlichen Sorgfalt in der vorgesehenen Zeit zu erledigen, aber der Vorgesetzte trägt die höhere Verantwortung für das Verhalten seiner Leute und die Gesamtleistung seiner Werkstatt oder Abteilung. Er muß sich davon überzeugen, ob sie auch seine Anordnungen befolgen und ihrer Pflicht nachkommen. In der bekannten Ansicht: »Vertrauen ist gut, Kontrolle besser«, verbirgt sich Mißtrauen, daß das Verhältnis zwischen Vorgesetztem und Mitarbeiter belastet. Kontrolle ist jedoch unerläßlich. Dafür gibt es zahlreiche Gründe, die nicht immer auf das Verschulden des Mitarbeiters zurückzuführen sind. So kann es zu Fehlleistungen und Arbeitsstörungen kommen

- aus Gründen, die in den Fertigungsmaterialien, Werkzeugen oder maschinellen Anlagen liegen können
- Manchmal liegt auch der Grund im menschlichem Versagen, das auf ungenügende Unterweisung oder die schlechte Kondition des Mitarbeiters zurückzuführen ist

Da der Mitarbeiter oft solche Fehlergründe nicht selbst erkennt, kann die Kontrolle auch als Hilfestellung gewertet werden. Kontrolle, die der Fehlerverhütung dient oder dem Mitarbeiter rechtzeitig hilft sein Arbeitsverhalten zu verbessern, ist ein wichtiges Führungsmittel. Sie sollte den Mitarbeiter empfinden lassen, daß es der Vorgesetzte gut mit ihm meint.

In der Praxis ist man jedoch häufig der Meinung, Kontrolle diene lediglich der Fehlerfeststellung, nicht jedoch der Fehlerverhütung und positiven Beeinflussung der Mitarbeiter. Autoritäre Vorgesetzte stellen eben einen Fehler fest und ziehen den Mitarbeiter zur Rechenschaft. Dieser fühlt sich dabei ertappt und geht in die Defensive. Kontrolle, die in dieser Weise ausgeübt wird, ruft bei den Mitarbeitern keine freundlichen Gefühle hervor, da man sie als Mißtrauen, Bevormundung und störenden Eingriff in den eigenen Wirkungsbereich empfindet. Dabei ist nicht jeder Mitarbeiter faul oder nachlässig und gehört zum Typ der X-Menschen.

Auch wenn der Verursacher voll für seinen Fehler einstehen muß so ist doch zu berücksichtigen, wie häufig solche Fehler vorkommen und ob sie grobfahrlässig verursacht werden. Eine gute Kontrolle sollte zwar genau und aufschlußreich sein, sie darf jedoch nicht die Mitarbeiter den Herrschaftsanspruch des Vorgesetzten spüren lassen. Sonst fühlen sie sich als Untergebene, die sich demütigen lassen müssen. Auf diese Weise gelangen sie zu keiner Selbständigkeit. Ihr Vorgesetzter wird sich auch nicht auf sie verlassen können, da sie ihn zu täuschen versuchen werden.

- Man wird nur gute Leistungen hervorheben und jeder wird sie für sich beanspruchen. Man versucht manches, mit dem man gut anzukommen hofft, zu übertreiben und aufzubauschen.
- Fehlleistungen werden vertuscht, verniedlicht, mit fadenscheinigen Gründen entschuldigt, abgestritten oder auf andere abgeschoben.

Da die Kontrolle ein heikler Vorgang ist, der die Beziehungen zwischen dem Vorgesetzten und den Mitarbeitern belasten und bei ihnen auch negative Entwicklungen einleiten kann, ist es der Überlegung wert, wie sie am besten durchzuführen wäre. Man sollte sich fragen, wie man die Mitarbeiter gerade durch richtig verstandene und angewandte Kontrollmaßnahmen zu Selbständigkeit, Eigenverantwortung und zur Fähigkeit der Selbststeuerung erzielen könnte.

- Was man kontrollieren sollte
- wie man kontrollieren sollte
- in wieweit man den Mitarbeiter an der Kontrollaufgabe beteiligen könnte.

Was aus fachlicher Sicht zu kontrollieren ist, müßte jeder Vorgesetzte selbst am besten beurteilen können. Es bleibt jedoch die Frage, wann man die Durchführung der Arbeit oder nur ihr Ergebnis kontrollieren soll. In manchen Fällen wird es nicht zu umgehen sein, daß man beides kontrollieren muß.
Die Durchführungs- oder Tätigkeitskontrolle ist da notwendig, wo man sich den Mitarbeiter nicht selbst überlassen kann, weil er die Arbeit vielleicht noch nicht ganz beherrscht, oder unzuverlässig ist. Diese Art der Kontrolle kann der Vorgesetzte als Vollkontrolle, bei ständiger Überwachung des Mitarbeiters, oder als Stichprobenkontrolle durchführen. Vollkontrolle kann ein Anfänger dankbar als Hilfestellung empfinden. Einer, der sich bereits siche-

rer fühlt, wird sie als Bevormundung hinnehmen und im Stillen vielleicht hoffen, daß er bald mehr freie Hand erhält. In allen anderen Fällen, auch bei unverbesserlich leichtsinnigen oder faulen sollte die Stichprobenkontrolle genügen wenn sie letztlich wissen, worauf es bei ihrer Arbeit ankommt.

Die Stichprobenkontrolle findet in unregelmäßigen Zeitabständen statt, ohne das der Vorgesetzte ankündigt, wann er kontrollieren will. Diese Vorgehensweise erzeugt den peinlichen Eindruck eines Überrumpelungsmanövers, da sich der Mitarbeiter nicht darauf einstellen kann. Das festgestellte Ergebnis wird als repräsentativ gewertet. Gegenstand der Stichprobenkontrolle können sein:

- Arbeitsvorgänge, Verhaltensweisen
- Arbeitsgegenstände, Zwischenergebnisse
- gezielte Fragen nach bestimmten Sachverhalten
- Informationsgespräche

Es geht bei solchen Kontrollen nicht nur darum, welcher Arbeitsfortschritt bis zu einem bestimmten Zeitpunkt erzielt und wie die Arbeit ausgeführt wurde, sondern auch darum, wie sich der Mitarbeiter verhält, wie er z. B. die Sicherheitsbestimmungen beachtet, ob die Betriebsbereitschaft der Produktionsmittel gewährleistet ist und ob er auch genau weiß, wie es bei der Arbeit weitergehen soll, falls ein unerwarteter Zwischenfall eintritt.

Vollkontrolle ist nur begrenzt durchführbar, da sie den Vorgesetzten zeitlich stark in Anspruch nimmt. Auch Stichprobenkontrolle ist problematisch, da sie von den Mitarbeitern leicht als Bevormundung oder Mißtrauen aufgefaßt werden kann. Sie bietet allerdings den Vorteil, daß der Vorgesetzte rechtzeitig über sich abzeichnende Fehlergefahren unterrichtet wird, so daß er noch vorbeugend eingreifen kann. Das Selbstbewußtsein des Mitarbeiters schonender und auch motivierender ist die Ergebniskontrolle. Sie erlaubt jedoch dem Vorgesetzten, als Kontrolle des Endergebnisses, keine korrigierenden Eingriffe mehr.

Um sich einerseits selbst zu entlasten und andererseits die Mitarbeiter zu verselbständigen und zu motivieren, hat der Vorgesetzte die Entscheidung zu treffen, inwieweit er die Kontrolle des Arbeitsablaufs und der Arbeitsverrichtung dem Mitarbeiter selbst übertragen will. Im Sinne einer Erziehung zu Selbständigkeit und Kritikfähigkeit sollte sich das Verhältnis: Selbstkontrolle durch den Mitarbeiter – Fremdkontrolle durch den Vorgesetzten, immer weiter zu Gunsten ersterer verlagern. Daß heißt, so viel Selbstkontrolle, wie es die Fähigkeit und Reife des Mitarbeiters erlauben, so viel Fremdkontrolle, wie noch unbedingt erforderlich ist. Die Schritte zur Entwicklung und Verselbständigung eines Mitarbeiters kann man sich aus der Sicht des Kontrollprozesses folgendermaßen vorstellen:

1. Schritt: Verrichtungskontrolle (Fremdkontrolle) als Vollkontrolle + Ergebniskontrolle als Fremdkontrolle
2. Schritt: Verrichtungskontrolle (Fremdkontrolle) als Stichprobenkontrolle + Ergebniskontrolle als Fremdkontrolle
3. Schritt: Verrichtungskontrolle (Fremdkontrolle) als gelegentliche Überwachung + Verrichtungskontrolle als Selbstkontrolle + Ergebniskontrolle als Fremdkontrolle
4. Schritt: Verrichtungskontrolle als Selbstkontrolle + Ergebniskontrolle als Fremdkontrolle.

(Siehe graphische Darstellung S. 166).

Zu der Frage, wie Kontrollen durchzuführen sind, gehört auch deren Vorbereitung und Abwicklung. Der Kontrollprozeß wickelt sich in mehreren Phasen ab:

1. Der Vorgesetzte legt den Kontrollstandard fest. Kernpunkt jeder Kontrolle ist der Vergleich zwischen Soll und Ist. Es müssen also Werte oder Vorstellungen gegeben sein, mit denen man das vergleichen kann, was man bei der Kontrolle feststellt: Mengen, Zeiten, Zustandsgrößen, Qualitäten. Ein ehrgeiziger Vorgesetzter kann seine Mitarbeiter mit seinen Leistungsvorstellungen überfordern, insbesondere dann, wenn sich der Arbeitsablauf nicht bis in alle Einzelheiten vorausbestimmen läßt. Es wäre im Sinne kooperativer Führung, wenn der Vorgesetzte die Mitarbeiter bei der Festlegung der Standards beteiligen würde. Das würde sie motivieren, da ihre Erfahrungen dadurch gewürdigt werden. Außerdem würden sie sich der Arbeit gegenüber

Die graphische Darstellung eines solchen Kontrollprozesses kann folgende Merkmale zeigen:

Förderung eines Mitarbeiters durch den Kontrollvorgang

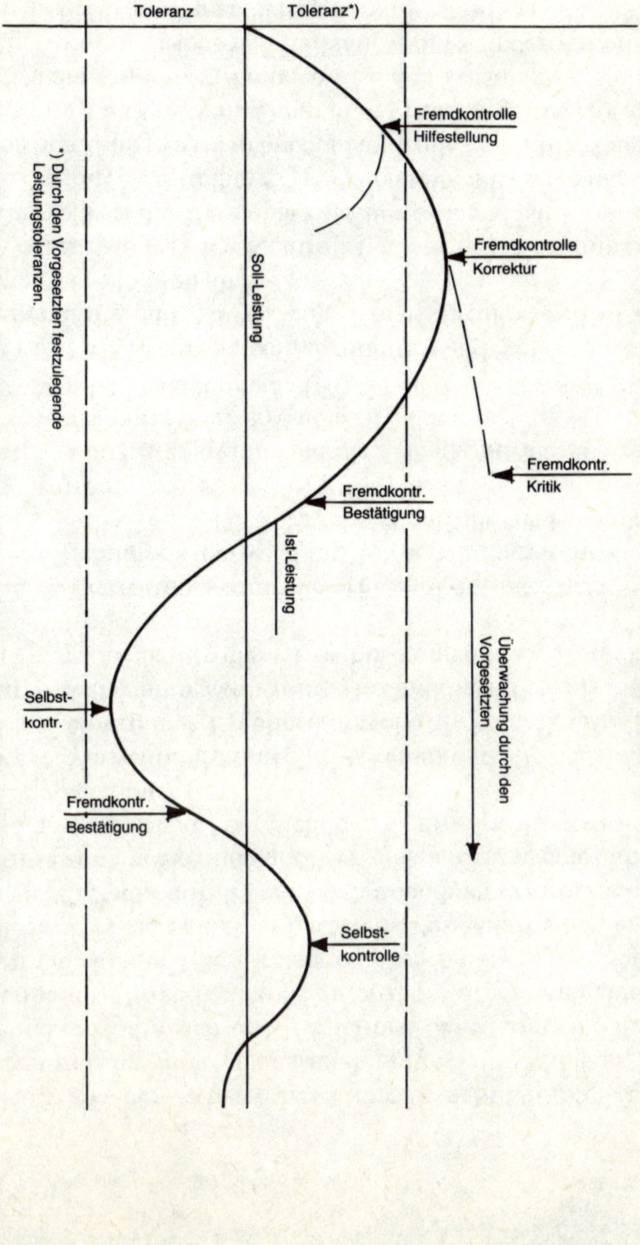

*) Durch den Vorgesetzten festzulegende Leistungstoleranzen.

Der Vorgesetzte bemüht sich, den Mitarbeiter durch Hilfestellung, Korrektur und nötigenfalls Kritik in den Bahnen der Leistungs- und Verhaltenstoleranzen an seine Sollvorstellung heranzuführen. Durch die Bestätigung zufriedenstellender Leistungen ermutigt er ihn zu selbständigem Arbeiten. Die Erfahrungen, die der Mitarbeiter bei der Arbeit macht, befähigen ihn mit der Zeit zur Selbskontrolle.

um so mehr verpflichtet fühlen, da sie an der Entscheidung über die zu erbringende Leistung mitgewirkt haben.
Ein Vorgesetzter, der die Arbeiten, die er verteilen will, genau geplant hat, wird Einwänden seiner Mitarbeiter wirksam begegnen können. Er wird sie überzeugen, daß er sie nicht überfordert. Er wird ihnen keine Arbeitsziele setzen, die sie nicht erfüllen und akzeptieren können.
Wenn Verrichtungskontrollen nicht zu umgehen sind, wird sich ein Gespräch mit den Mitarbeitern über Sinn und Zweck der Kontrolle stets als nützlich erweisen. Sie erkennen dann ihre Bedeutung als Mittel um Fehlleistungen vorzubeugen und halten sie nicht mehr für einen Mißtrauensbeweis.

2. Bei der Kontrolle selbst, wird das Ist-Ergebnis der Arbeit oder das tatsächliche Verhalten des Mitarbeiters festgestellt. Dabei können jedem Vorgesetzten Unkorrektheiten unterlaufen, die man selbst kaum merkt, da sie meist auf mangelnde Objektivität zurückzuführen sind. Man sollte sich hüten

- nur bestimmte Kontrollbereiche zu bevorzugen. Sogar Professoren bevorzugen manchmal bestimmte Prüfungsfragen, die der Prüfling nur zu kennen braucht, um durch das Examen zu kommen.
- Manche Vorgesetzte wenden bei verschiedenen Kontrollgegenständen unterschiedliche Toleranzbereiche an, da sie ihnen, vielleicht mit Unrecht, unterschiedliche Bedeutung beimessen. Noch schlimmer ist es, wenn ein Vorgesetzter sogar bei zwei Mitarbeitern verschiedene Toleranzbreiten gelten läßt. Das würde bedeuten, daß er den einen noch Fehler hingehen läßt, die er bei anderen verurteilt.
- Ungerecht und entmutigend wirkt es auch, wenn man nur Negativabweichungen beachtet, aber Leistungen, die über das Soll hinausgehen, nicht bemerkt. Ebenso wenig sollte man sich bei Nebensächlichkeiten aufhalten, so daß das wesentliche dem Mitarbeiter gar nicht bewußt wird.
- Es ist eine grobe Verfehlung des Prüfenden, wenn er sich bei seinem Urteil von Sympathie oder Antipathie leiten läßt, auch wenn er es nicht merken sollte, daß seine Einstellung nicht emotionsfrei ist. Seine Beurteilung sollte, streng sach-

lich, nur auf die Leistung und das Verhalten des Mitarbeiters eingehen.

3. Das, was der Vorgesetzte bei der Kontrolle festgestellt hat, was erreicht wurde, wie der Mitarbeiter seinen Auftrag ausgeführt und wie er sich dabei verhalten hat, vergleicht er mit den festgesetzten Sollwerten oder seinen Soll-Vorstellungen. Wurde die übertragene Aufgabe fristgerecht ausgeführt, die vorgesehene Stückzahl erreicht, stimmt die Qualität, wurden die Sicherheitsvorkehrungen beachtet? Der Soll- Ist-Vergleich zeigt, ob die Ziele erreicht wurden oder Abweichungen entstanden sind. Während positive Abweichungen, d. h. Zielüberschreitungen, Mehrleistungen, meist erwünscht sind, wirken sich Negativabweichungen zum Nachteil des Betriebes aus. Es ist nun die Aufgabe des Vorgesetzten ihre Gründe festzustellen, denn nicht immer gehen sie zu Lasten des Mitarbeiters.
4. Erst eine genaue Abweichungsanalyse ermöglicht eine Beurteilung der Situation und die Klärung der Verschuldensfrage. Wo liegen also die Ursachen negativer Leistungs- oder Verhaltensabweichungen? Bei oberflächlicher Betrachtung bemerkt man vielleicht nur, daß der kontrollierte Mitarbeiter zu langsam oder zu ungenau arbeitet, daß er sich unvorsichtig verhält und wesentliches übersieht oder nicht beachtet. Erst eine genaue Analyse der Voraussetzungen und Umstände, unter denen die Leistung erbracht wurde, läßt die eigentlichen Gründe der negativen Abweichung erkennen. Sie können in der Person des Mitarbeiters liegen, z. B.:

   - Mangelnde Motivation
   - Unfähigkeit, infolge mangelnder Kenntnisse, zu wenig Übung oder Erfahrung. Es kann dem Mitarbeiter auch an Geschick für die auszuführende Tätigkeit mangeln, seine Veranlagungen können in eine andere Richtung gehen.
   - Minderleistungen oder Versagen können auch durch den schlechten Gesundheitszustand eines Mitarbeiters oder mangelhafte Kondition bedingt sein.

   Als sachliche Gründe können sich ergeben:

   - Organisations- und Dispositionsmängel, die zu Wartezeiten

und Störungen bei der Versorgung des Arbeitsplatzes mit Materialien, Werkstücken oder Teilen führen

- Mängel an Maschinen oder Werkzeugen
- Eine plötzliche Veränderung der Arbeitsbedingungen oder sonstige Beeinträchtigungen wie z. B. durch Stromausfall.

Solche und ähnliche Möglichkeiten sollte der Vorgesetzte auch in Betracht ziehen, wenn der die Aussagen seines Mitarbeiters objektiv prüfen will. Sie können, ohne daß dieser es vielleicht beabsichtigt, von falschen Voraussetzungen ausgehen oder subjektiv gefärbt sein.

Kontrolle kann nicht ernst genug genommen werden. Sie unterrichtet den Vorgesetzten nicht nur über die Leistungen, die seine Mitarbeiter erzielen, sie vermittelt ihm auch die notwendigen Hinweise, wie er sie beurteilen, lenken und führen sollte.

5. Wenn das Ergebnis der Kontrolle festliegt, können Maßnahmen oder ein bestimmtes Vorgehen des Vorgesetzten erforderlich werden. Maßnahmen im sachlichen Bereich sind meist unproblematisch, wenn nur etwas umdisponiert, ausgewechselt oder repariert werden muß. Besondere Überlegung und Sorgfalt erfordert jedoch das Verhalten gegenüber dem Mitarbeiter, da davon abhängt, ob er gute Leistungen beibehält und vielleicht noch mehr Auftrieb erhält oder entmutigt wird. Man wird gute Leistungen ebensowenig übergehen können wie mangelhafte, wenn man ihn bei positivem Verhalten bestärken und motivieren will. Mit besonderer Vorsicht sollte man bei einer Korrektur vorgehen, wenn sie konstruktiv und nicht entmutigend oder frustrierend wirken soll. Von empfindlichen Menschen wird eine Korrektur, vielleicht auch nur eine Frage nach dem Stand der Arbeit, bereits als Kritik aufgefaßt, während derbere Naturen erst auf eine Zurechtweisung reagieren.

Ganz allgemein wird festgestellt, daß Anerkennung Freude, Ansporn und Sympathie auslöst, während Kritik zu Mutlosigkeit, Ärger und Verstocktheit führen kann. Bestätigung und Anerkennung lösen nicht nur positive Gefühle und Impulse aus, sondern sie sind auch viel wirksamer als Korrektur und Kritik, da sie ein menschliches Grundbedürfnis befriedigen und dadurch zu weiteren Anstrengungen anspornen.

7.2. Richtig anerkennen

Der Vorgesetzte hat mehrere Möglichkeiten seine Zustimmung zum Ausdruck zu bringen. Er kann sie z. B. auf eine kurze Bestätigung beschränken. In besonderen Fällen wird er einen Mitarbeiter sogar loben, wenn der Anlaß dazu gegeben ist. Die Bestätigung ist im Grunde ein Mittel, um den Mitarbeiter zu veranlassen, die eingeschlagene Richtung einzuhalten. Sie ist noch keine Anerkennung einer besonderen Leistung, sondern lediglich eine Zustimmung zu dem gegenwärtigen Verhalten eines Mitarbeiters und zugleich die Aufforderung es fortzusetzen. Sie muß nicht unbedingt in Worten ausgedrückt werden. Eine Geste kann schon genügen, um dem Mitarbeiter die Gewißheit zu geben, daß er sich auf der richtigen Bahn befindet.

Gerade bei Anfängern oder Unselbständigen beweist sich dieses Beeinflussungsmittel als sehr wirksam, um eine positive Entwicklung einzuleiten. Anfänglich, wenn der zu Fördernde noch mehr der Führung und Unterstützung bedarf, wird ihn der Vorgesetzte häufiger seine Zustimmung merken lassen. Später, wenn sich bei ihm die Entwicklung zu besserer Leistung und größerer Selbständigkeit andeutet, wird er ihn nicht mehr so häufig zu bestätigen brauchen. Der Mitarbeiter fühlt sich freier, wenn er merkt, daß er nicht mehr so häufig beobachtet wird.

Überdurchschnittliche Leistungen verdienen eine Anerkennung. Übrigens ist die Frage, wann eine Leistung als anerkennenswert zu betrachten ist, nur unter Berücksichtigung der fachlichen und sozialen Reife des Mitarbeiters zu beantworten. Bei Mitarbeitern, die fachlich noch nicht auf der Höhe sind, aber guten Willen zeigen, kann bereits die Anerkennung guter Leistungen zu positiven Auswirkungen führen. Bei geübten, erfahrenen Leuten wird der Vorgesetzte höhere Anforderungen stellen müssen, wenn er durch seine Anerkennung noch eine Leistungsverbesserung erreichen will. In gleicher Weise wird man an das Verhalten von Mitarbeitern, die sich bis jetzt als unzuverlässig erwiesen hatten, bescheidenere Maßstäbe anlegen müssen, als diejenigen, mit denen man seit langem als zuverlässig bekannte Leute beurteilt. Diese Beurteilungsweise hat den Zweck, Mitarbeitern, die sich bessern wollen, zu zeigen, daß dem Vorgesetzten ihre Bemühungen nicht unbemerkt geblieben sind und daß er sie einzuschätzen versteht. Leuten, denen man Vertrauen schenkt, wird man nicht nur mehr zumuten, sondern auch höhere Anerkennungen zuteil werden lassen. Wer mit seinen Anerkennungen Erfolg haben und seine Mitarbeiter durch sie sowohl lenken als auch motivieren möchte, sollte sich an einige Grundregeln halten:

- Wenn man eine Anerkennung für angebracht hält, sollte man sie sofort aussprechen und nicht damit zögern. Der Mitarbeiter weiß dann genau, wofür er sie erhalten hat und was er tun muß, wenn er sich eine weitere verdienen will.
- Sie sollte ausdrücklich und deutlich ausgesprochen werden, daß der Mitarbeiter auch erkennt, daß es dem Vorgesetzten mit ihr ernst ist. Lasche Anerkennungen machen keinen Eindruck und ein Vorgesetzter, der mit anerkennenden Worten, wie ausgezeichnet, prima, sehr gut, allzu freigebig ist, wird schließlich nicht ernst genommen.
- In einer Anerkennung sollte auch differenziert zum Ausdruck kommen, womit der Vorgesetzte besonders zufrieden war. Sie liefert dem Mitarbeiter den Beweis dafür, daß der Chef über seine Leistung im klaren ist und daß ihm nichts verborgen geblieben ist.
- Man sollte sich bemühen bei einer Anerkennung sachlich und objektiv zu bleiben. Sie sollte sich nur auf Leistung und Verhalten beziehen. Persönliche Sympathien für den Mitarbeiter sollten darin nicht zum Ausdruck kommen, wenn man nicht den Ärger anderer herausfordern will.
- Man sollte zwar nur Anerkennungen aussprechen, wenn das berechtigt ist, aber in Anbetracht ihrer positiven Auswirkungen, nicht zu selten.
- Gelegentlich empfiehlt es sich auch, einem Mitarbeiter vor anderen eine Anerkennung zu zollen. Allerdings sollte man bedenken
  - wie er sie aufnehmen wird und ob eine Auszeichnung vor anderen bei ihm nicht zu Überheblichkeit führen könnte
  - Desgleichen könnte sie auch den Neid der Kollegen herausfordern

- In allen Fällen ist jedoch zu vermeiden, daß der Mitarbeiter mit der Anerkennung falsche Vorstellungen verbindet. Daß er nicht etwa glaubt, er könne aus ihr besondere Rechte für sich ableiten oder gar bei nächster Gelegenheit wegen einer Lohnerhöhung auf den Busch klopfen.

Bis zu einem Lob sollte man nur in besonderen Fällen gehen, wenn das auch wirklich angebracht ist. Während sich eine Anerkennung auf konkrete Leistungen oder Tatsachen bezieht, trägt ein Lob schon emotionale Merkmale, bei denen auch die Person eine gewisse Rolle spielt. Man wird beispielsweise die Tapferkeit oder Entschlossenheit eines Mitarbeiters loben, der unter persönlichem Einsatz einen schweren Unfall verhütet oder einen Kollegen aus einer Gefahr gerettet hat. Bestätigung und Anerkennung besitzen also die wesentlichere Bedeutung für die Lenkung und Entwicklung der Mitarbeiter und dieser Chance sollte sich jeder Vorgesetzte bewußt sein.

7.3. Korrigieren heißt verbessern

Die Ursache von Minderleistungen oder Fehlleistungen braucht keineswegs nur in Arbeitsunlust oder Nachlässigkeit zu suchen sein. Es kann sich manchmal auch um einfache Mißverständnisse handeln, wenn z. B. ein Mitarbeiter den Sinn bestimmter Grundsätze oder Anordnungen nicht zu begreifen vermag. So etwas kann sogar einem neu ernannten Meister passieren, der nicht verstehen will, daß ein Vorgesetzter, der erfolgreich führen möchte, seinen Mitarbeitern auch freie Hand lassen und ihnen etwas Vertrauen schenken muß. Einer, der glaubt, überall dabei sein zu müssen und es für notwendig hält womöglich alles selber zu tun, was nicht gleich vorangeht, behindert seine Leute. Trotz größter Bemühungen eines solchen Vorgesetzten muß sein Verhalten korrigiert werden, wenn die Leistungssituation verbessert werden soll.
Es kann sich jedoch bei der Aussprache des Vorgesetzten mit dem Mitarbeiter, also wie im Beispielsfalle zwischen dem Werksleiter

und dem Meister, nicht um eine Kritik handeln, wie sie bei unverbesserlichen Leuten angebracht ist, sondern lediglich um ein Korrekturgespräch. Ein Korrekturgespräch wird da in Frage kommen, wo es sich um Mitarbeiter handelt, die aus einer falschen Orientierung heraus handeln, sonst aber willig und zuverlässig sind oder auch bei geringeren Verfehlungen. Sinn der Korrektur ist es, den Mitarbeiter in das richtige Geleise zu bringen, ohne ihn dabei an dem Wohlwollen seines Vorgesetzten zweifeln zu lassen. Ein Korrekturgespräch sollte dem Mitarbeiter folgende Erkenntnisse bringen:

- Er muß seine Fehler einsehen und ihre Ursache, z. B. seine falsche Einstellung begreifen
- Er sollte den Willen zum Bessermachen aus dem Gespräch mitnehmen
- Er sollte davon überzeugt sein, daß die guten Beziehungen seines Vorgesetzten zu ihm gewahrt bleiben
- und erkennen, daß ihm dieser bei seinen Vorsätzen helfen will.

Hierzu ein Beispiel: Ein junger Mitarbeiter, der sich nicht durch besondere Courage und Selbständigkeit auszeichnet, hat vor Kurzem seine Gesellenprüfung bestanden. Dieses frohe Ereignis gab ihm einiges Selbstvertrauen. Da passiert ihm plötzlich bei der Arbeit ein Fehler, der ihn jetzt um so mehr aus der Fassung bringt. Er kennt seinen Meister. Dieser ist ein Mann, der als kurz angebunden aber im Grunde wohlwollend, bekannt ist.
Nun übt der Meister ziemlich derb Kritik an seinem eingeschüchterten Mitarbeiter: »Wie konnte Dir nur so etwas passieren! Ich glaubte, Du würdest jetzt nach Deiner Gesellenprüfung endlich einmal gescheiter werden. Ich hatte Dir doch den ganzen Vorgang genau erklärt. Geh her, ich will Dir alles noch einmal genau zeigen.« Der junge Mann, der nicht nur unsicher sondern auch empfindlich ist, fühlt sich gekränkt. Er ist durch sein Mißgeschick und die Zurechtweisung, die ihn gerade jetzt um so härter trifft, so benommen, daß er den Worten des Vorgesetzten kaum folgen kann. Nachdem ihn der Meister verlassen hat, steht er verunsichert da und traut sich erst recht nicht, wieder mit der Arbeit zu beginnen. Zu einem besseren Ergebnis hätte das Gespräch geführt, wenn der

Meister seine Korrektur etwas vorsichtiger eingeleitet hätte. Vielleicht mit einigen anerkennenden Worten zu seiner Gesellenprüfung. Dann wäre der junge Mann auch aufgeschlossener seinen Worten gefolgt. Die Menschen sind eben in ihren Reaktionen sehr verschieden. Die Zeiten haben sich geändert. Man ist heute nicht nur kritischer, sondern auch empfindlicher geworden.
Eine härtere Form der beeinflussenden Meinungsäußerung als sie im Korrekturgespräch zum Ausdruck kommt, ist die Beanstandung. Sie wird da fällig, wo es sich um schwerwiegendere Verfehlungen handelt, die bei gutem Willen zu vermeiden gewesen wären. Bei solchen Gesprächen, denen bereits eine Kritik zu Grunde liegt, sollte man sich nach Grundsätzen richten, die auch für das Kritikgespräch maßgebend sind.

7.4. Konstruktive Kritik

Kritik ist in solchen Fällen nicht zu vermeiden, in denen wiederholte Beanstandungen und Ermahnungen nicht gefruchtet haben. Abwertende, emotional vorgetragene Kritik macht hartnäckige Menschen nur noch verstockter. Sie versuchen ihr angegriffenes Selbstwertgefühl zu verteidigen und zeigen dem Vorgesetzten ihre Antipathie, indem sie seine Anordnungen erst recht nicht befolgen. Leichtsinnige versuchen die Kritik nicht ernst zu nehmen oder in den Wind zu schlagen, um wenigstens dadurch ihr Ansehen vor sich selbst zu retten. Es kommt auf den Charakter des Kritikgespräches an, in welcher Stimmung und mit welchen Vorsätzen der Mitarbeiter das Zimmer des Vorgesetzten verläßt. Wer auf eine positive Verhaltensänderung rechnet, sollte sich bemühen, auch ein solches Gespräch konstruktiv zu gestalten.

- Man sollte damit nicht warten, sondern mit dem Mitarbeiter gleich sprechen, wenn man die ausschlaggebende Verfehlung festgestellt hat. Es sollte verhindert werden, daß er sich aus der Affäre zu ziehen versucht, etwa mit der Behauptung, an Einzelheiten könne er sich nicht mehr erinnern.
- Ein Kritikgespräch darf nur unter vier Augen stattfinden. Es wäre nicht nur aus der Sicht des Mitarbeiters unverzeihlich,

wenn auf diese Weise die Achtung, die er bei seinen Kollegen noch genießt, ganz zerstört würde. Das könnte z. B. bei einem Vorgesetzten, der vor seinen Mitarbeitern gemaßregelt wird, zu einem nie wieder gutzumachenden Autoritätsverlust führen.

- Das Gespräch sollte in entspannter Atmosphäre beginnen. Der Mitarbeiter sollte den Eindruck erhalten, daß er sich vor einem sachlichen, objektiven Vorgesetzten befindet. Zorn oder überlegener Zynismus drängen das Gespräch nur in eine Sackgasse, da der Gesprächspartner gereizt reagiert oder sich eingeschüchtert fühlt.
- Es kann sogar empfehlenswert sein, das Gespräch positiv zu beginnen und den Partner durch eine Aufwertung für die Kritik zugänglicher zu machen, wie etwa durch die Feststellung: »In manchen Dingen, z. B. wenn es um ... geht, sind wir ja recht zufrieden mit Ihnen. Um so unverständlicher erscheint es mir, daß Sie nicht einsehen wollen, wie man ...«.
- Kritisieren Sie sachlich, von Tatsachen ausgehend und nicht etwa von Behauptungen anderer. Überzeugend wirkt, wenn Sie Zahlen oder Daten angeben können.
- Sprechen Sie eine klare Sprache, zeigen Sie damit, daß Sie Ihrer Sache sicher sind. Geben Sie Ihrem Mitarbeiter Gelegenheit zu Ihrer Kritik Stellung zu nehmen und geben Sie sofort zu, wenn Sie im Unrecht sein sollten. Lassen Sie sich jedoch nicht aus Ihrer Stellung verdrängen, wenn Sie im Recht sind.
- Man sollte zwar nicht auf der Vergangenheit herumreiten, aber manchmal läßt es sich doch nicht umgehen, daß man auf bestimmte Tatsachen zurückgreifen muß, um damit Beweise zu erhärten, wenn Verfehlungen wiederholt aufgetreten sind.

Es sollte das Ziel des Gespräches sein, für den Mitarbeiter einen Weg zu finden, wie er seine Leistung oder sein Verhalten so weit verbessern kann, daß er seinen Vorgesetzten zufriedenstellt. Diesen Weg sollte der Vorgesetzte gemeinsam mit dem Mitarbeiter suchen und mit ihm auch die geeignetste Alternative wählen. Einigt sich der Mitarbeiter, so erkennt er die Zielsetzung an und folgt ihr aus eigenem Antrieb.
Ein Kritikgespräch sollte nicht nur mit einer Ermahnung, sondern

auch mit einer Ermutigung beendet werden. Sie soll dafür sorgen, daß der Mitarbeiter mit Selbstvertrauen wieder an seine Arbeit geht. Nicht entmutigt oder verärgert, sondern mit dem Entschluß, seine falsche Einstellung endlich aufzugeben.
Bei wiederholten Verstößen unverbesserlicher Mitarbeiter, muß der Vorgesetzte, der noch einmal ein Gespräch versuchen möchte, seine ganze Entschlossenheit zeigen.

- Er sollte sich noch einmal davon überzeugen, daß der Mitarbeiter die Kritikgründe wirklich begriffen hat – daß er genau erkannt hat, was von ihm verlangt wird
- daß er sich auch über die Folgen im Klaren ist, wenn er die Erwartungen des Vorgesetzten wieder nicht erfüllt und daß er von dessen Entschlossenheit überzeugt ist.
- Der Vorgesetzte sollte direkt zur Sache kommen und keine Widerrede mehr dulden. Wenn nötig, muß er sogar den Mitarbeiter unterbrechen, um seine Forderungen noch deutlicher und kürzer zu fassen.

Auch ein hartes Kritikgespräch sollte objektiv und ohne Aggression geführt werden. Selbst dann, wenn man sich von einem Mitarbeiter trennen muß, sollte dieser zur Einsicht gebracht werden, daß eine weitere Zusammenarbeit nicht möglich ist und nicht als Feind entlassen werden.

Damit fassen wir die in Abschnitt 7 dargestellten Möglichkeiten zur Lenkung und Beeinflussung von Mitarbeitern wieder in Grundgedanken zusammen:

- Jeder Vorgesetzte müßte in der Lage sein, seine Leute so zu führen und zu lenken, daß sie sich in ihrer Leistung verbessern und selbständiger werden, wenn er die dafür zur Verfügung stehenden Beeinflussungsmöglichkeiten richtig nutzt.
- Zufriedenstellende Leistungen müssen durch Bestätigung und Anerkennung des positiven Verhaltens gefördert werden, unbefriedigendes Verhalten ist zu korrigieren, wenn die Entwick-

lung eines Mitarbeiters gefördert werden soll. Um dies zu erreichen, müssen immer strengere Beurteilungsmaßstäbe angelegt werden.

- Um die richtigen Lenkungsmaßnahmen ergreifen zu können, muß der Vorgesetzte genau über die Leistungen und das Verhalten seiner Mitarbeiter orientiert sein. Diesem Zweck dient die Kontrolle. Sie vermittelt dem Vorgesetzten auch wichtige Informationen für die Beurteilung seiner Mitarbeiter.
- Kontrolle sollte nicht als Mißtrauen, sondern als Hilfestellung des Vorgesetzten empfunden werden,
  - der dadurch Fehler zu verhüten sucht
  - bei jeder Verfehlung objektiv feststellt, ob die Verursachung auf der sachlichen oder der personellen Seite liegt.
- Kontrollen, die den Mitarbeiter kränken oder demütigen, führen zu unaufrichtigem Verhalten und belasten seine Beziehungen zu dem Vorgesetzten.
- Es spielt eine entscheidende Rolle, wie die Kontrolle durchgeführt wird, wenn Mitarbeiter verselbständigt werden sollen.
  - Verrichtungskontrolle, die z. B. als Stichprobenkontrolle durchgeführt wird, gibt dem Vorgesetzten die Möglichkeit rechtzeitig helfend eingreifen zu können, wenn sich ein Fehler anbahnt. Sie wird jedoch leicht von den Mitarbeitern als Bevormundung empfunden.
  - Ergebniskontrolle motiviert, da sie dem Mitarbeiter bei der Verrichtung freie Hand läßt und ihm seine Erfolge zeigt. Sie ist jedoch eine »Nachhineinkontrolle«.
- Einem Mitarbeiter sollte in steigendem Maße die Chance zur Selbstkontrolle geboten werden, wenn man in ihm die Fähigkeiten zur Eigenverantwortung und Selbstkritik entwickeln will. Mit zunehmender Reife sollte die Fremdkontrolle durch den Vorgesetzten immer weiter zurücktreten.
- Standards, die bei der Kontrolle die Sollwerte darstellen, mit denen die festgestellten Ist-Werte zu vergleichen sind, sollte der Vorgesetzte gemeinsam mit den Mitarbeitern festlegen. Dann fühlen sie sich auch nicht überfordert und halten sich an diese.
- Bei der Kontrolle selbst, sollte sich der Vorgesetzte vor Unkorrektheiten hüten, die durch mangelnde Objektivität entstehen

können und von ihm selbst oft nicht bemerkt werden. Sie stören das Verhältnis zu seinen Mitarbeitern.

- Bei der Analyse der Soll-Ist-Abweichungen, stellt der Vorgesetzte die Fehlergründe fest. Trägt der Mitarbeiter die Verantwortung oder ist die Verursachung bei den Arbeitsumständen zu suchen?
- Abweichungen, die die Toleranz überschreiten, können bestimmte Maßnahmen oder ein bestimmtes Vorgehen des Vorgesetzten erfordern. Ist dadurch der Mitarbeiter betroffen, so sollte er bedenken, daß der Mensch ein empfindliches Wesen ist. Mit einer Anerkennung erreicht man viel mehr als mit Kritik und mit letzterer oft das Gegenteil von dem, was man erreichen wollte.
- Eine Bestätigung ist noch keine Anerkennung. Sie kann schon durch eine Geste ausgedrückt werden. Sie soll dem Mitarbeiter lediglich zeigen, daß der Vorgesetzte mit seinem Verhalten einverstanden ist.
- Eine Anerkennung wird nur für gute Leistungen ausgesprochen. Je mehr man von einem Mann erwarten darf, um so höheren Anforderungen sollte er auch entsprechen, ehe ihm eine Anerkennung zuteil wird. Das Steigerungsprinzip sollte aber auch in der Anerkennung selbst zum Ausdruck kommen, d.h. je besser die Leistung, um so höher die Anerkennung.
- Der Vorgesetzte sollte darauf achten,
  - daß eine Anerkennung auch geglaubt wird, d.h. er sollte sie sachlich begründen
  - daß sie dem Mitarbeiter nicht zu Kopf steigt
  - nicht den Neid seiner Kollegen erregt, wenn sie vor ihnen ausgesprochen wird
  - daß der Mitarbeiter auch keine falschen Hoffnungen aus den Worten des Vorgesetzten ableitet.
- Ein Lob trägt meist emotionale Akzente. Es kann also nur da am Platze sein, wo sich ein Mitarbeiter besonders ausgezeichnet hat.
- Liegen geringfügige, einmalige Verfehlungen vor, oder handelt es sich um ein Verhalten, das auf ein Mißverständnis oder falsche Orientierung des Mitarbeiters zurückzuführen ist, so wird

sich der Vorgesetzte mit einer Korrektur begnügen. Er wird dem Mitarbeiter seinen Fehler begreiflich machen und ihm durch Hilfestellung die Besserung erleichtern. In schwereren Fällen ist eine Beanstandung angebracht.

- Wenn wiederholte Beanstandungen und Ermahnungen nicht fruchten, muß sich der Vorgesetzte zu einem Kritikgespräch entschließen. Auch eine Kritik sollte konstruktiv und nicht aggressiv und emotionsgeladen sein, wenn der Mitarbeiter seine Arbeit wieder mit besseren Vorsätzen aufnehmen soll.
- Eine Kritik muß sachlich begründet werden. Es sollte ihr Ziel sein, für den Mitarbeiter doch noch einen Weg zu finden, der ihn aus seinem Fehlverhalten herausführt und dem er auch folgen will.
- Von der Lenkung der Mitarbeiter hängen ihr Verhalten und ihre Leistung ab. Sie beeinflußt auch in hohem Maße ihre Motivation. Deswegen sollte sich ein Vorgesetzter nicht nur die Grundsätze konstruktiver Kontrolle und Steuerung, sondern auch die Fähigkeit zu positiver Gesprächsführung aneignen.

8. Die Gruppe im Betrieb als Organisationsglied und Gesinnungsgemeinschaft – Sozialgruppen

Schon in Abschnitt 2 besprachen wir in Zusammenhang mit den Führungsaufgaben des Meisters Voraussetzungen und Schwerpunkte der Führung von Gruppen im Betrieb. Voraussetzung für gute Zusammenarbeit in einer Gruppe ist die Beseitigung von Konflikten und die Herstellung guter Beziehungen zwischen ihren Mitgliedern. Der Vorgesetzte muß stets um den Zusammenhalt der Gruppe bemüht sein. Sie muß so geführt werden, daß sie optimale Leistungen erbringt. Sie wird keine befriedigenden Leistungen erzielen und sich auch nicht darum bemühen, wenn sie zu dem Betrieb im Interessenkonflikt steht, wenn sie anderen Zielen folgt, als der Betrieb. Das muß der Vorgesetzte verhindern, er sollte sich ständig darum bemühen seine Gruppe für die Betriebsziele, für ihre Arbeit zu motivieren. Er muß versuchen zwischen den Zielen des Betriebes und den Erwartungen und Zielen der Gruppe eine gewisse Parallelität zu finden, denn erzwungene Gruppenarbeit führt ebensowenig zu einem positiven Ergebnis, wie Zwang, der auf den Einzelnen ausgeübt wird.

Wir haben darauf hingewiesen, daß zwischen dem Verhalten des Einzelnen, der sich selbst überlassen ist und unabhängig fühlt und seinem Verhalten im Gruppenverband ein Unterschied besteht, da der Mensch in der Gruppe, durch andere beeinflußt, meist seine Ziele und sein Verhalten ändert. Er paßt sich mehr oder weniger freiwillig den Gesamtvorstellungen der Gruppe an. Auf diese »Gruppennormen«, wie sie entstehen und das Gruppenverhalten müssen wir nun eingehen, wenn wir die Grundsätze erfolgreicher Gruppenführung verstehen wollen.

Als Gruppe bezeichnen wir aus der Sicht der Mitarbeiterführung einen engeren oder loseren Zusammenschluß von Menschen, die ein gemeinsames Merkmal oder Ziel verbindet und die zueinander Wechselbeziehungen unterhalten. Wir haben bereits in Abschnitt 2 erwähnt, daß im Betrieb neben den formell organisierten Einheiten, den Abteilungen und Arbeitsgruppen, auch informelle Gruppen existieren, die sich selbständig und freiwillig bilden. Die Anlässe können sehr verschieden sein. Es kann sich um Leute gleicher regionaler Herkunft handeln oder um die Vertreter gleicher Interessen oder Anschauungen, die sich in diesen Gruppen enger zusammenschließen. Menschen sind keine Einzelwesen. Man arbeitet zusammen, man trifft sich zuerst zufällig, später begegnet man sich mit Absicht. So findet eine Gruppe zusammen und existiert plötzlich, ohne daß jemand den Willen zu ihrer Gründung besonders geäußert hätte.

Daß eine informelle Gruppe besteht, erkennt man rein äußerlich an der Verhaltensweise der Leute. Man sieht sie immer wieder zusammen, sei es in den Arbeitspausen, beim Mittagessen oder auf dem Nachhauseweg. Man merkt, daß sie in engerem Kontakt zueinander stehen. Häufig haben sie sich etwas mitzuteilen oder miteinander zu besprechen. Es wird unter ihnen Leute geben, die mehr zu sagen haben, als die anderen. Um diese schaaren sich die übrigen, denn sie sind offenbar in der Gruppe meinungsbildend. Manchmal wird einem Beobachter an dem Verhalten der Leute auffallen, daß solche Gruppen nicht nur bestimmte Ziele verfolgen, sondern daß sie sich auch bestimmten Personen oder Einstellungen gegenüber ablehnend verhalten.

Da das Verlangen nach sozialen Beziehungen zu den Grundbedürfnissen des Menschen gehört, begünstigt es die Entstehung von Gruppen, in denen es am ehesten befriedigt wird. Dem Bedürfnis nach sozialer Sicherheit wird in ihnen ebenfalls Rechnung getragen, da man sich unter Menschen gleicher Herkunft oder Anschauungen am wohlsten fühlt. Wo sich Menschen zusammenschließen, versuchen sie sich auch gegenseitig zu unterstützen, sich gemeinsam durchzusetzen oder Vorteile zu erlangen. Dadurch sind bereits die Voraussetzungen für eine gemeinsame Zielsetzung der Gruppe gegeben.

Auch das Streben nach Anerkennung, Geltung und Macht spielt in den Gruppen eine nicht geringe Rolle. Die Folge davon ist, daß sich eine Rangordnung bildet, an deren Spitze ein Führer steht, dem die anderen bereitwillig folgen. Die oberen Positionen dieser Rangordnung können hart umkämpft sein. Mit der Zeit werden in jeder informellen Gruppe gewisse Spielregeln, die Gruppennormen, Geltung erlangen. An diese Regeln muß sich jedes Gruppenmitglied halten, wenn es von der Gemeinschaft geduldet werden soll. Bei diesen kann es sich um bestimmte Grundsätze oder »Tabus« handeln, die nicht durchbrochen werden dürfen. Z. B.: »Gegen die dorten halten wir dicht!« oder: »Wird einer von denen in unsere Gruppe versetzt, so beißen wir ihn raus – die haben nichts bei uns zu suchen!« oder: »Wenn das von uns verlangt wird, so drücken wir uns!«. Aus ähnlichen Einstellungen können Gruppennormen entstehen, die den Zielen des Betriebes sehr zuwiderlaufen.

Es gibt kaum einen Menschen, der nicht unter seinesgleichen eine positive Rolle spielen möchte. Dem einen suggeriert sein Geltungsbedürfnis eine sehr vorteilhafte Vorstellung von sich selbst, die oft keineswegs von seinen Mitmenschen geteilt wird. Vielleicht aus Überzeugung, vielleicht auch aus Neid und Mißgunst. Ein anderer möchte gerne als klug und erfahren gelten, er bemüht sich,

sich überall mit seiner Meinung durchzusetzen, während ihn seine Kollegen nur für einen Schwätzer halten und ihm einen Spitznamen geben. Er, der die Rolle eines Meinungsbilders in der Gruppe innehaben möchte, merkt, daß er in Wirklichkeit die höchst unbedeutende Rolle eines Menschen spielt, den niemand ernst nimmt. Gleich, ob berechtigt oder unberechtigt, die Gruppe weist jedem ihrer Mitglieder eine bestimmte Rolle zu, die nicht immer seinen Erwartungen entspricht. Wo das der Fall ist, entstehen Spannungen zwischen dem Mitarbeiter, der sich gekränkt und frustriert fühlt und den übrigen. Diese beeinträchtigen nicht nur Kommunikation und Zusammenarbeit, sie können sogar den Unzufriedenen in völlige Isolierung drängen.

Der Wettbewerb um die führenden Rollen in der Gruppe kann sowohl sachlich als auch emotional ausgetragen werden. Jede markante Persönlichkeit findet ihre Anhänger, gleich, ob sie führt oder in Opposition steht. Der menschliche Ehrgeiz kommt niemals zur Ruhe. Gelangt ein Mann an die Spitze, so wird er zum Mittelpunkt der Kommunikation in der Gruppe. Jeder sucht mit ihm Kontakt. Er wird über alles, was die Gruppe interessiert unterrichtet. Er ist der Meinungsbilder, unter dessen Einfluß die Gruppenmitglieder stehen, der auch ihre Bedürfnisse und Erwartungen seinen eigenen Vorstellungen anpassen kann.

Ein informeller Gruppenführer kann unter seinen Leuten zu einer Position gelangen, um die ihn mancher reguläre Vorgesetzte beneiden könnte. Leute, die sich dem Betrieb und ihrem Vorgesetzten gegenüber ablehnend verhalten, können unter dem Einfluß eines neuen informellem Führers plötzlich ihre Einstellung ändern. Rollenwechsel innerhalb der Gruppe oder die Versetzung von Mitarbeitern können sich auf die Beziehungen zwischen den Mitgliedern und zu dem Vorgesetzten zum Vor- oder Nachteil der Führung auswirken. Zu Mitarbeitern, die dadurch Einfluß gewinnen, versucht man Beziehungen anzuknüpfen oder bestehende zu vertiefen. Für den Vorgesetzten kommt es vor allem darauf an, wie diese Mitarbeiter orientiert und eingestellt sind. Die ständige Dynamik in der Gruppe, die durch die in ihr wirkenden Motive und Kräfte ausgelöst wird, bezeichnen wir als Gruppenprozesse. Auf sie kann der Vorgesetzte kaum Einfluß ausüben; sie sind jedoch für die erfolgreiche Führung von Gruppen von großer Bedeutung.

- Daher sollte der Vorgesetzte auch ständig über die Vorgänge innerhalb seiner Abteilung oder Arbeitsgruppe orientiert sein.
- Er sollte darüber im Bilde sein, ob sich in ihr eine oder mehrere informelle Gruppen gebildet haben, ob seine Mitarbeiter zu Gruppen gehören, die in anderen Abteilungen entstanden sind. Sie können nämlich ihre Orientierung und ihre Impulse aus einem anderen Milieu beziehen.
- Ein Vorgesetzter sollte wissen, wer als Führer einer informellen Gruppe in seinem Wirkungsbereich zu betrachten ist, denn diese Mitarbeiter stellen für ihn Schlüsselpersonen und die Sprecher der Gruppe dar, die sie vertreten. Über sie vermag er Einfluß auf die Leute zu gewinnen, die ihnen folgen.

Die Führung der Mitarbeiter wäre in bezug auf Zusammenarbeit und Leistung am erfolgreichsten, wenn der Vorgesetzte beide Positionen, seine Stellung als legaler, durch die Organisation ernannter Chef und die Rolle als informeller, durch die Leute akzeptierter Gruppenführer zugleich in sich vereinigen könnte.
Eine informelle Gruppe bildet sich in der Regel, wenn neben beruflichen Interessen noch andere bestehen oder Opposition gegen die bestehende Ordnung wirksam ist. Der informelle Zusammenschluß kann, wie gesagt, über den eigenen Wirkungsbereich hinausgehen. Von außerhalb der Abteilung kommende Einflüsse erschweren jedoch natürlich dem Vorgesetzten, seine Gruppe in den Griff zu bekommen.
Besonders stark ist der Zusammenhalt in Sozialgruppen mit Mitgliedern gleicher Gesellschaftsschicht oder Herkunft. Sie sind beherrscht von gleichen Gefühlen, Vorstellungen und Zielen und zeigen auch das gleiche Verhalten. Am deutlichsten sehen wir das bei ausländischen Arbeitskräften. Sie fühlen sich in einer für sie fremden Welt untereinander geborgen, sie helfen sich gegenseitig und versuchen gemeinsam ihre Vorstellungen vom Dasein zu verwirklichen. In solchen Gemeinschaften, in denen sich die Leute sicher und durch die Umwelt am wenigsten beeinträchtigt fühlen, sind sie auch am leistungsfähigsten, wenn ihnen der Vorgesetzte

Verständnis entgegenbringt, sie richtig führt und motiviert. Deswegen sollte er nicht versuchen, ihre Gruppenstrukturen zu zerreißen, sondern sich bemühen auf sie Einfluß zu gewinnen.
Neben Zusammenschlüssen von Ausländern gewinnen auch andere soziale Gruppierungen im Betrieb zunehmende Bedeutung. Es geht ebenso um ältere und junge Mitarbeiter, die meist unterschiedliche Anschauungen vertreten, die sich nicht ohne weiteres unter einen Hut bringen lassen. Andere Probleme entstehen durch den Einsatz von Frauen, die durch ihre seelische und körperliche Strukturierung nicht nur entsprechende Arbeitsbedingungen, sondern auch eine auf ihr Wesen besonders eingehende Führung benötigen. Solche Gruppierungen, die überall vertreten sein können, stellen im Betriebsleben eine so wichtige Erscheinung dar, daß wir auch auf ihre Bedeutung für die Mitarbeiterführung näher eingehen müssen.

8.1. Formelle Gruppen – informelle Gruppen, Führungschancen und Störeinflüsse

Bemerkt ein Vorgesetzter, daß mehrere seiner Mitarbeiter in besonders engem Kontakt zueinander stehen, begegnet er bei ihnen den gleichen Meinungen und Vorurteilen, zeigen sie in bestimmten Situationen das gleiche Verhalten, so, als ob sie von einem gemeinsamen Willen gelenkt würden, so handelt es sich offenbar um eine informelle Gruppe. Um Gegensätze zwischen formellen und informellen Gruppen zu erkennen, die sich für die Führung der Mitarbeiter als bedeutsam erweisen können, stellen wir die Strukturen und Merkmale beider Gruppen in einem Vergleich gegenüber (S. 185).
Zur Art und Bildung der Autoritätsordnung in beiden Gruppen läßt sich folgendes feststellen: In der formellen Grupe entscheidet über das Aufrücken eines Mitarbeiters in eine leitende Position

- der Erfolg, mit dem er seine Aufgaben erledigt und seine Fähigkeit noch größere Aufgaben zu übernehmen
- sein Fachwissen

- die Autorität, die er genießt und seine Fähigkeit andere zu führen
- seine Belastbarkeit und seine Fähigkeit mit Schwierigkeiten und Konflikten fertig zu werden.

Gruppenstruktur Gruppenmerkmale	*formelle Gruppe*	*informelle Gruppe*
Autoritätsordnung	Vorgesetzte, entsprech. der hierarch. Ordnung: Abteilungsleiter, Gruppenführer	inform. Gruppenführer, sowie weitere Respektspersonen, entspr. der spezif. Rangordnung der Gruppe
Funktionen	lt. Organisation bzw. Aufgabenverteilung	entspr. der Rollenverteilung in der Gruppe
Kommunikationssystem	funktionsgerecht	Rollen- und geltungsbestimmt
Verhalten	sollte sich nach der legalen Zielsetzung u. Führung richten	von der informellen Führung, dem Gruppenziel u. den Gruppennormen abhängig
Zielsetzung	bestimmt der Vorgesetzte, der Betrieb	entspricht den Interessen der Gruppe

Der Vorgesetzte wird von außen her, d. h. durch den Betrieb ernannt und es ist fraglich, ob ihn die Gruppe anerkennt. In einer informellen Gruppe entscheiden folgende Eigenschaften darüber, ob einem Mitglied die Rolle des Gruppenführers freiwillig zuerkannt wird:

- An erster Stelle entscheiden die Fähigkeit und das Geschick die Interessen der Gruppe zu vertreten und zu wahren.
- Von nicht geringerer Bedeutung sind jedoch auch die Autorität und die Beliebtheit, die der die führende Rolle Erstrebende bei den Gruppenmitgliedern genießt.

- Auch seine Vitalität, sein Durchsetzungsvermögen, müssen den anderen imponieren.

Der informelle Gruppenführer vertritt also vor allem die Interessen seiner Gruppe, während der legale Vorgesetzte die Interessen des Betriebes wahrzunehmen hat. Da die Gruppeninteressen keineswegs mit den Betriebszielen im Einklang zu stehen brauchen, ist es für den Vorgesetzten wichtig zu dem informellen Gruppenführer gute Beziehungen herzustellen und auf ihn Einfluß zu gewinnen. Dieser kann durch seine Autorität durchaus in der Lage sein die Einstellung seiner Leute im Sinne der Betriebsziele zu ändern.
In der formellen Gruppe sind die Funktionen durch die Organisation festgelegt oder sie werden von dem Vorgesetzten zugewiesen. In einer Werkstatt ist z. B. einer ständig als Dreher tätig, ein anderer als Schweißer, während ein dritter von dem Meister die Anweisung erhält, eine bestimmte Tätigkeit befristet auszuüben. In der formellen Gruppe haben wir es dagegen mit Rollenzuweisungen zu tun, durch die die Gruppe zum Ausdruck bringt, was sie dem betreffenden Mitglied zutraut, wie sie es einschätzt und bewertet. Bestimmende Gründe für Rollenzuweisungen können Beliebtheit, Sympathie oder Achtung sein. Es kann sich jedoch auch um besondere Fähigkeiten handeln, die sich für die Interessen der Gruppe gut verwerten lassen. In den Vorstellungen der Gruppe können einzelne nicht nur vorteilhafte sondern auch weniger vorteilhafte Rollen innehaben, die den dermaßen Eingestuften gleichzeitig einen Platz in der Rangordnung zuweisen.
Nach der Einstufung richtet sich auch die Kontaktbereitschaft gegenüber den Rollenträgern. Zu dem »Beliebten« z. B., unterhält man gerne gute, freundschaftliche Beziehungen. Solche Kollegen zieht man immer zu Rate, wenn man sich einmal in einer mißlichen Situation befindet. Sie sind stets mit Rat und Trost bei der Hand. Der »Tüchtige« kann einem bestimmt helfen, wenn man einmal etwas braucht oder haben möchte, was die eigenen Mittel eigentlich übersteigt. Er vermittelt es rasch und preiswert. Der »Diplomatische« wird da vorgeschoben, wo etwas einzurenken ist oder erreicht werden soll, was sich sonst keiner zutraut. Solche Grup-

penmitglieder tragen, durch die Hilfestellung, die sie anderen geben und die guten Beziehungen, die man zu ihnen aufrecht erhält, sehr zum Zusammenhalt der Gruppe bei, der aber in den meisten Fällen durch Zwist und Streit erschüttert wird.
Wo sich eine Macht bildet ist auch in der Regel die Opposition auf dem Plan. Ihr Führer ist der Mann, der gerne selbst an die Macht gelangt wäre und den Einfluß in der Gruppe gehabt hätte. Um ihn schaaren sich diejenigen, die mit ihm aus irgendwelchen Gründen sympathisieren. Zwischen beiden Polen, dem informellen Gruppenführer und seinem Widersacher, gibt es immer Mitläufer, die sich der jeweiligen Mehrheit anschließen.
Ganz am Ende der Rangordnung finden diejenigen ihren Platz, denen die Gruppe ihre Verachtung zeigt. Gewisse Schwächen und Charaktermängel können Mitarbeitern im Gruppenansehen sehr schaden. Ein Schwächling, der sich gegen die Angriffe und Spötteleien seiner Kollegen nicht verteidigen kann, spielt eine traurige Rolle, in der er langsam zur Verzweiflung getrieben wird. Einer, der sich einmal etwas zuschulden kommen gelassen hat, was ihn im Ansehen der Gruppe unmöglich macht, etwa Petzerei, braucht nicht mehr mit einer Verbesserung seiner Stellung in der Rangordnung zu rechnen. Die Gruppe läßt ihn nicht mehr nach oben kommen.
Das Gegeneinander in der Gruppe von Macht und Opposition, Angesehenen und Neidern, löst die Gruppenprozesse aus und führt zu ständigen Reibereien. Diese verursachen einen nicht geringen Energieaufwand, der der Leistung verloren geht. Trotzdem sollte der Vorgesetzte informelle Gruppen, die sich in seinem Bereich gebildet haben, nicht aufzulösen suchen. Sie dienen der Befriedigung grundlegender menschlicher Bedürfnisse, die sonst in der betrieblichen Organisation nicht zur Geltung kommen können. Informelle Gruppen geben nämlich jedem Mitarbeiter, die Chance eine Rolle zu finden, die ihm liegt und sein Selbstbewußtsein stärkt. Die Chancen für einen Vorgesetzten und seine Führungsbemühungen stehen auf jeden Fall besser

- wenn er informelle Gruppierungen anerkennt und Eingriffe in ihre Ordnung vermeidet, sofern natürlich ihre Ziele nicht betriebsfeindlich sind.

- Er sollte sich nicht ablehnend verhalten, sondern den Gruppenprozessen Beachtung schenken. Er sollte bei Zwistigkeiten zu vermitteln suchen und den Leuten helfen ihre Aggressionen abzubauen.

Er sollte die Leute von Vorurteilen gegenüber dem Betrieb befreien und in ihnen betriebs- und leistungsfreundliche Motive wecken. Wenn er Mitarbeitern Gelegenheit bietet, sich bei der Arbeit hervorzutun, so daß ihnen ihre Kollegen Anerkennung zollen, so können sich die Erfolgreichen auch auf regulärem Wege in ihrer Gruppe Geltung verschaffen. Da dann für den erstrebten Platz in der Rangordnung durch Leistung und Kollegialität sichere Chancen gegeben sind, als durch Macht oder Intrige, wird auch das ursprüngliche Gegeneinander zum Nebeneinander und Miteinander werden.
Eine wichtige Aufgabe bei der Festigung des Zusammenhalts ist die Integration der Mitglieder, die von der Gemeinschaft abgelehnt oder verachtet werden. Das Leistungs- und Sozialverhalten eines Mitarbeiters hängt von seiner Gruppenposition ab. Die Erwartungen, die die Gruppe ihm entgegenbringt, bestimmen sein Verhalten. Je weniger man einem Menschen zutraut, um so geringer wird sein Selbstvertrauen und um so weniger bringt er zustande, bis er schließlich in der Rolle des notorischen Versagers fixiert ist. Solchen Mitarbeitern muß der Vorgesetzte helfen, wenn ihre Tätigkeit dem Betrieb etwas nützen soll. Er muß an die Kameradschaftlichkeit der Gruppe appellieren und sie auffordern, ihre abwertende Haltung gegenüber diesem Kollegen aufzugeben. Dem Betroffenen selbst sollte er eine Bewährungschance geben und sein Selbstwertgefühl stärken, denn mit den Erwartungen, die an einen Menschen gestellt werden, beginnt er zu wachsen.
Sowohl die formelle als auch die informelle Gruppe haben ihre Kommunikation und ihre spezifische Art des Zusammenwirkens. In einer formellen Gruppe besteht, als organisierter Einheit, auch ein organisiertes Informationssystem. Es sollte wenigstens bestehen. Auf der Verwaltungsseite läßt sich das leichter feststellen. Der Abteilungsleiter sichtet morgens die Post und läßt sie an seine Mitarbeiter so verteilen, daß jeder die Schreiben erhält, die er zu

bearbeiten hat. Ein jeder erhält die Rundschreiben, Angebote, Prospekte, und Briefe, die er für seine Arbeit benötigt. Ähnlich verhält es sich auch in der Werkstatt, mit dem Unterschied, daß hier der Meister mündlich Anweisungen erteilt oder schriftliche Fertigungsaufträge und die dazugehörigen Handskizzen oder Zeichnungen den dafür zuständigen Mitarbeitern übergibt. Wo es nötig ist, ergänzt er seine Aufträge durch Erläuterungen oder Unterweisungen. Wie wir sehen, ist die Informationsübermittlung in den organisierten Einheiten funktionsgerecht. Daß heißt, es kommt in diesem Kommunikationssystem darauf an, was einer zu tun hat, was für eine Funktion er ausübt und was er an Informationen dafür benötigt.

In der informellen Gruppe richtet sich die Informationsversorgung nach der Rolle und Geltung des Empfängers. Je höher ein Mitglied in der Rangordnung der Gruppe steht, um so eifriger und williger wird es von den anderen mit Informationen versorgt und ins Vertrauen gezogen, denn jeder erstrebt gute Beziehungen mit solchen Kollegen.

Manchmal hat jedoch der informelle Gruppenrang eines Mitarbeiters eine höhere Bedeutung als seine Funktion im Betrieb. Infolgedessen kann der Mann mit den Informationen, in der Form in der er sie erhält, oft nur wenig anfangen, da er sie vielleicht gar nicht begreift. Er legt sie möglicherweise falsch aus und ergänzt sie durch eigene Vorstellungen. Er nutzt seine Überlegenheit anderen Gruppenmitgliedern gegenüber, indem er sich durch Spekulationen oder Übertreibungen vor ihnen wichtig zu machen sucht. Auf diesem Wege entstehen manche Gerüchte im Betrieb. Auch solche Störungseinflüsse sollte der Vorgesetzte erkennen und verhindern.

In einer organisierten Gruppe verläuft die Zusammenarbeit entsprechend dem Materialfluß oder der Aufeinanderfolge von Arbeitsgängen, also funktionsabhängig. Mitarbeiter, die gemeinsam an einer Sache tätig sind oder im Verlauf des Arbeitsprozesses miteinander Berührung haben, arbeiten eben zusammen. Bei einer informellen Gruppe dagegen, kann man weniger von einer Zusammenarbeit als eher von einem Zusammenwirken sprechen. Dieses kann von einfacher Kommunikation bis zu Dienstleistungen reichen, bei denen z. B. einer den anderen auffordert, ihm für eine Gegenleistung bei seinem Hausbau zu helfen. Der Impuls zum Zusammenwirken, überhaupt etwas miteinander zu tun zu haben, ergibt sich aus den gegenseitigen Beziehungen. Je enger diese sind, um so besser kommen diejenigen die sie unterhalten, miteinander aus, auch bei der Arbeit im Betrieb.

Wo Antipathien wirksam sind, beeinträchtigt die Abneigung die Zusammenarbeit. Aus diesem Grunde sollten sich Vorgesetzte bemühen zwischen Mitarbeitern, die sich ablehnend gegenüberstehen, Beziehungen anzubahnen und bereits vorhandene noch zu festigen. Manchmal sind es nicht einmal Konflikte, sondern nur Vorurteile, die die Leute trennen. Vielleicht kommt der Kollege, dem man mißtrauisch begegnet, nur aus einem anderen Milieu. Vielleicht ist der Grund der Abneigung nur darin zu suchen, daß der andere etwas rascher denkt oder arbeitet. Ein klärendes Gespräch mit beiden Mitarbeitern, kann oft die Vorbehalte beseitigen und den Beginn einer guten Beziehung einleiten.

Das Verhalten der Mitarbeiter sollte sich nach den Weisungen der Vorgesetzten richten. Die Arbeitsziele bzw. Leistungsstandards bestimmen die Vorgesetzten im Rahmen der Betriebsziele. Weitere Verhaltensrichtlinien ergeben sich aus der Arbeitsordnung. In informellen Gruppen versuchen die Mitglieder ihre Gruppenziele zu verwirklichen, sie richten sich nach den Weisungen und dem Vorbild ihres informellen Führers und befolgen die Gruppennormen. Die Gruppenziele sollte ein Vorgesetzter nicht ignorieren, da sie den Bedürfnissen der Gruppe entspringen. Wenn sich das Streben in der Gruppe auf mehr Erfolg, Anerkennung, Geltung und mehr Autonomie bei der Arbeit richtet, sollte der Vorgesetzte den Mitarbeitern erklären, daß ihre Ziele auch die seinigen sind und daß es bei ihrer Verwirklichung lediglich auf ihre Bereitschaft ankommt.

Weniger einfach ist die positive Beeinflussung der Gruppe, wenn ihre Ziele durch materialistische Einstellungen geprägt sind. Wenn es z. B. um das Erringen bestimmter Vorteile geht, die Nachteile für den Betrieb bedeuten können. In solchen Fällen sollte man herausfinden, wer die Drahtzieher sind, von denen solche Impulse ausgehen. Führt ein Gespräch zu keinem Erfolg, so kann

es notwendig werden, diese zu isolieren. Werden positive Kräfte um so stärker in die Gruppe integriert, so wird sich bald ein Gesinnungswandel abzeichnen, dem auch die Mitläufer folgen.
Ein besonderes Problem stellen Cliquen dar, eine üble Form informeller Gruppen, die auf unfaire Weise ihre Ziele verfolgen, ohne Rücksicht, ob sie dadurch dem Betrieb oder anderen Gruppen schaden. Kein Mittel ist Cliquen zu schlecht, gleich ob Intrige oder Verleumdung. Es können z. B. ihre Ziele sein, andere an bestimmte Verdienstquellen nicht heranzulassen, sich gewisse Posten zu sichern oder sich gemeinsam vor bestimmten Arbeiten zu drücken. Man wahrt und verteidigt seine Interessen mit allen Mitteln. Tonangebend in so einer Gruppe ist stets der Cliquenführer. Über diesen ist es dem Vorgesetzten noch am ehesten möglich auf die anderen Gruppenmitglieder einzuwirken. Sollte es ihm nicht gelingen ihn zur Aufgabe seiner Einstellung und seines Verhaltens zu bewegen, so bleibt ihm nur noch übrig den Mann aus der Gruppe zu entfernen. Meist fällt diese dann auseinander, da die Leute nur durch seine straffe Führung zusammengehalten wurden.
Gruppennormen können Verhaltensbarrieren darstellen, die das Betriebsleben stören. Sie werden von den Meinungsbildern begründet, können sich aber auch mit der Zeit in der Gruppe selbst entwickeln. Sie entsprechen den Vorstellungen und Vorbehalten der Gruppenmitglieder und stellen für sie Verhaltensrichtlinien dar. Vorbehalte gegen die Zusammenarbeit mit Ausländern, können genauso zu den Gruppennormen gehören, wie z. B. eine Tabuisierung des betrieblichen Kostenwesens, mit dem man nichts zu tun haben möchte. Wo der Vorgesetzte Verhaltensweisen bemerkt, die auf das Bestehen von destruktiven Gruppennormen schließen lassen, sollte er den Leuten klar machen, daß ihre Einstellung nicht nur dem Betriebsinteresse schadet, sondern auch unbegründet, kleinlich und eines vernünftigen, gereiften Mitarbeters unwürdig ist.
Zu den Voraussetzungen erfolgreicher Gruppenführung gehören neben einem durch das Einfühlungsvermögen des Vorgesetzten gelenkten Vorgehen auch einige Bedingungen, die im Bereich der Organisation und Disposition zu erfüllen sind.

- Die formellen Gruppen sollten nicht zu groß sein. Zu große organisatorische Einheiten sind unübersichtlich. Die sich bildenden Beziehungen und Spannungen, die Ursachen und die motorischen Kräfte der informellen Gruppenprozesse, sind wegen ihrer Vielfalt nicht mehr zu überblicken. Das Entstehen von Gerüchten und negativ orientierten informellen Gruppierungen ist unter diesen Umständen erleichtert.

- Die Gruppen sollten richtig zusammengesetzt sein. Da das Entstehen von Sympathie und positiven Beziehungen begünstigt werden muß, sollte vermieden werden, daß in die Organisation Personen einbezogen werden, die wie Fremdkörper wirken können. In diesem Zusammenhang geht es nicht nur um andersartige Menschen anderer Herkunft, sondern auch um Leute, die mit ihrer Leistung nicht in den Gruppenstandard passen, die andere Anschauungen oder andere Gewohnheiten haben. Wo Vorurteile oder Antipathien vermieden werden können, ist der Weg zu guten Beziehungen geebnet.

Läßt sich die Eingliederung von Leuten nicht vermeiden, die aus irgendwelchen Gründen nicht zu den anderen Mitarbeitern passen, so sollte man ihnen eine Funktion oder Tätigkeit übertragen, bei der sie sich die Anerkennung der Kollegen verdienen können. So könnte z. B. ein älterer Mitarbeiter in einer Gruppe jüngerer Kollegen Kontrollfunktionen übernehmen, die besondere Sorgfalt und Konzentration verlangen. Es wäre für sein Ansehen nur schädlich, wenn er bei Tätigkeiten, die Körperkraft und Geschicklichkeit verlangen, mit den jüngeren in Wettbewerb treten müßte. Auch äußerlich gleichgeartete Menschen können sich in ihrer Veranlagung so stark unterscheiden, daß sich der Vorgesetzte überlegen sollte, bei welcher Arbeit sich jeder von ihnen am richtigen Platze befindet, wo er sich am ehesten bewähren kann.

Eine Quelle ständigen Ärgernisses in der Gruppe kann eine Arbeitsaufteilung werden, die als ungerecht empfunden wird. Wenn ein Mitarbeiter zur Überzeugung kommt oder auch nur argwöhnt, daß ein anderer eine leichtere Arbeit zu verrichten hat oder auf irgendeine andere Weise bei der Arbeitsverteilung bevorzugt wird, so kann sein Neid zu Verdächtigungen und Aggressionen führen, die jede weitere Zusammenarbeit unmöglich machen. Manche

Mitarbeiter, die schon seit längerer Zeit in der Abteilung tätig sind, glauben für sich verschiedene Privilegien in Anspruch nehmen zu dürfen. Sie halten sich z. B. für berechtigt, jüngeren Mitarbeitern, die ihnen bedingungslos gehorchen müssen, verschiedenes »anzuschaffen«. Menschen, die sich durch solche Zumutungen in ihrer Freiheit beeinträchtigt fühlen, tragen ihren Groll mit sich herum, ohne sich zu einer Gegenwehr aufraffen zu können. Der Vorgesetzte sollte solche Vorgänge nicht übersehen und kein eigenmächtiges Verhalten bei seinen Leuten dulden.
Eine wichtige Voraussetzung für ungestörte, gute Beziehungen in der Gruppe ist ein ausgeglichenes Informationsniveau. Es erregt oft Neid und böses Blut, wenn die einen bessere Informationsquellen haben, als die anderen. Informiert der Vorgesetzte selbst seine Mitarbeiter, so stärkt er dadurch nicht nur seine Beziehungen zur Gruppe, sondern er verhindert auch die Verbreitung von Informationen über informelle Kanäle.

In Gruppen die gut geführt werden, sind die Voraussetzungen für Teambildung gegeben, wenn solche Entwicklungen auch durch die Arbeitsumstände begünstigt werden. In der Teamarbeit kommt die höchste Stufe der Motivation zum Ausdruck.

- Sie entwickelt sich in kleineren Gruppen, bei der Bewältigung einer gemeinsamen Aufgabe.
- Im Team steht die Zusammenarbeit im Vordergrund. Am Ergebnis sind alle beteiligt, es wird ihnen gemeinsam zugeschrieben. Das »wir« – Bewußtsein verbindet Mitarbeiter unterschiedlicher Befähigungen zu einer spontanen Gesamtleistung, die größer ist, als die Summe der normalen Einzelleistungen.
- Die starke Integration des Einzelnen in die Gruppe, in der er trotzdem seine Individualität entfalten und gleichberechtigt schaffen kann, gibt allen das Gefühl der Gemeinsamkeit.
- Jeder erlebt ein Höchstmaß an Befriedigung, da es bei dem gemeinsamen Erfolg auf den Einsatz jedes Einzelnen ankommt.

Voraussetzung für Teambildung bieten im Betrieb nicht nur Versuch, Verkauf oder Projektgruppen. Arbeitsteams können durch Arbeitsumstände begünstigt, auch in Werksabteilungen entstehen, wenn

- die Mitarbeiter in guten Beziehungen zueinander stehen und kooperativ eingestellt sind
- einer Gruppe eine Aufgabe gestellt wird, die Erfolgserlebnisse verspricht
- die einzelnen Mitarbeiter der Gruppe Teilaufgaben oder Funktionen zugeteilt bekommen, bei denen sie sich unentbehrlich machen können.

Die Teamarbeit, als Höchstform der Zusammenarbeit, hängt allerdings so sehr von der Gunst verschiedener Voraussetzungen ab, daß sie ein erstrebenswerter Sonderfall bleiben wird.

8.2. Unerwünschte Mitarbeitertypen in der Gruppe – Verhalten und Führung

Es gibt in jeder Gruppe Mitarbeiter, die durch ihr Verhalten andere bei der Arbeit stören oder gegen sich aufbringen. Sie kümmern sich um Dinge, die sie nichts angehen und leisten selbst weniger, als man von ihnen erwarten müßte. Bei solchen Mitarbeitern müßte der Vorgesetzte versuchen in Erfahrung zu bringen, was eigentlich der tiefere Grund ihres Verhaltens ist. Wahrscheinlich sind sie in ihrem Arbeitsleben auf irgendeine Weise enttäuscht und frustriert worden. Ist der Grund ihres Verhaltens gefunden, so läßt sich auch die richtige Maßnahme oder Vorgehensweise finden, um aus dem unerwünschten Mitarbeiter eine nützlichere, zu positiver Zusammenarbeit bereite Arbeitskraft zu machen. Die Fachliteratur beschreibt einige unerwünschte Mitarbeitertypen, die häufiger vorkommen. Auf diese wollen wir auch hier eingehen.
Der Querulant ist ein Menschentyp, dem nichts recht ist, der über alles zu meckern hat. Er ärgert sich über seinen Arbeitsplatz, über die Weisungen des Vorgesetzten, über seine eigenen Kollegen. Seine ewige Unzufriedenheit hat vielleicht ihren Grund in enttäuschten Erwartungen im Berufsleben, unerfreulichen Familienverhältnissen oder anderen negativen Lebenserfahrungen. Seine Stimmung kann auch gesundheitsabhängig sein. Das gallige Reagieren auf seine Umwelt ist für ihn keineswegs gesundheitsför-

dernd. Noch am ehesten kann man so einem Querulanten sein ungerechtes Verhalten bewußt machen, wenn er erkennt, daß es leichter ist zu kritisieren als selbst etwas auszudenken und zu organisieren. Wenn er mit seiner Meckerei beginnen will, sollte man ihn gleich zu Vorschlägen auffordern, wie man es besser machen könnte. In machen Fällen kann auch die Zuweisung einer ihn befriedigenden Arbeit dazu beitragen, daß der Mitarbeiter sein Verhalten bessert.

Ein übler Typ ist der Petzer, der seine Kollegen bei dem Vorgesetzten zu verschwärzen versucht. Seine Gründe sind meist Neid und Mißgunst. Er gönnt anderen nicht ihre Fähigkeiten und Erfolge. Übel sind seine Charaktereigenschaften, die ihn überhaupt zu so einem Vorgehen verleiten. Von diesen kann ihn der Vorgesetzte zwar nicht befreien, weil sie sich nach und nach unter ungünstigen Lebensbedingungen entwickelt haben, er kann ihn jedoch davon überzeugen, daß er seine Absichten nicht nur ablehnt, sondern daß sie sogar unbegründet sind. Wenn er einen Petzer dazu auffordert, das schriftlich festzuhalten und zu begründen, was er vorbringen will, so erkennt er meist bald die Unhaltbarkeit seiner Anschuldigungen. Vielleicht ändert er mit der Zeit auch sein Wesen, wenn er merkt, daß er mit seinen Behauptungen überhaupt kein Gehör findet.

Der Wichtigtuer kümmert sich um alles und bringt selbst nichts zustande. Häufig ist er auch nicht an seinem Arbeitsplatz anzutreffen, weil er überall, wo etwas los ist, seine Nase hineinstecken muß. Man sollte ihm, je nach Können und Veranlagung, Arbeiten übertragen, die ihn soweit beschäftigen, daß er weder Zeit noch Lust findet, sich um andere Dinge zu kümmern. Vielleicht fühlt sich der Mann auch nicht ausgelastet und könnte tatsächlich anspruchsvollere Arbeiten verrichten. Im Betriebsleben gibt es immer wieder Gelegenheiten, bei denen solche Leute sich hervortun und ihren Tatendrang befriedigen können. Z. B. wenn es um Räumungsarbeiten, die Organisation von Umzügen oder die Vorbereitung eines Betriebsausfluges geht.

Gegensätzlich verhält sich der Drückeberger, der aus Trägheit und Gleichgültigkeit jeder Arbeit und Verantwortung aus dem Wege geht. Der Vorgesetzte sollte bei solchen Mitarbeitern den

Zeitaufwand kontrollieren, den sie für ihre Arbeit benötigen. Noch wirksamer bekommt man sie in den Griff, wenn man sie im Takt einer Maschine oder eines Fließbandes arbeiten läßt. Besser ist es jedoch, wenn es zwangloser gelingt sie zu aktivieren. Vielleicht geben sie ihre gleichgültige, träge Haltung auf, wenn man ihnen eine Arbeit zuteilt, die ihren Interessen entspricht. Falls sie solche gelegentlich geäußert haben, so können sie für ihren Einsatz richtungsweisend sein.

Eine traurige Figur ist der Spaßvogel. Er versucht alles ins Lächerliche zu ziehen. Seine Bemerkungen wirken aber gar nicht komisch, im Gegenteil, sie öden die Kollegen auf die Dauer an. Das Verhalten dieses clownhaften Menschen entspringt meist einem unbefriedigten Geltungsbedürfnis. Seine Enttäuschung führt zu Entladungen in aggressivem Spott. Vielleicht wurden die Fähigkeiten dieses Mannes bis jetzt übersehen, vielleicht wurde ihm auch ein anderer vorgezogen und mit einer Stelle oder Funktion betraut, die auch er gerne beansprucht hätte. Erfahrungen haben gezeigt, daß es solchen Mitarbeitern an Geltung und Anerkennung im Betrieb fehlt. Sie werden ihre spöttische Haltung aufgeben, wenn man ihnen Gelegenheit gibt sich hervorzutun. Dann werden sie ihre Arbeit und den Betrieb ernsthafter sehen und um so mehr Interesse zeigen, wenn ihnen der Vorgesetzte berechtigt die begehrte Anerkennung zollt.

Ein trauriger Fall ist auch der Sündenbock. Hier handelt es sich meist um körperlich oder geistig beeinträchtigte Personen, um ängstliche, seelisch schwache Menschen, mit denen robuste Naturen umspringen können, wie sie wollen, ohne daß ihnen ein Widerstand entgegengesetzt wird. Sie können sich vor den Hänseleien der Kollegen nicht wehren und lassen sich alle unangenehmen Arbeiten zuschieben. Sie sind der Sündenbock bei Verfehlungen, für die niemand geradestehen will. Solche Fälle dürfen nicht übersehen werden. Der Vorgesetzte sollte offen mit der Gruppe sprechen und sie auf die Unkameradschaftlichkeit ihres Verhaltens aufmerksam machen. Ebenso schnell, wie sich Gruppen in gefährliche Emotionen hineinsteigern lassen, kommen sie wieder zur Besinnung, wenn ihnen in ruhigen Worten die Unwürdigkeit ihres Verhaltens bewußt gemacht wird. Dann sollte der Vorgesetzte

den verschüchterten Mitarbeiter ermutigen und ihm durch wohlwollende Worte einiges Selbstvertrauen geben. Sicher wird sich auch für ihn die geeignete Arbeit finden lassen, in der er niemandem Anlaß zu Angriffen bietet.
Stellt der Vorgesetzte bei einem seiner Mitarbeiter unerwünschtes Verhalten fest, das der Betriebsgemeinschaft schadet, so sollte er bedenken:

- Habe ich bis jetzt etwas beobachten können, was das Verhalten des Mannes erklären könnte, was können die Gespräche für Hinweise geben, die ich bis jetzt mit ihm geführt habe? Was liegt eigentlich vor?
- Kann ich mir mit dem, was ich bis jetzt weiß sein Verhalten erklären? Oder sollte ich noch weiter beobachten?
- Wenn ich zu einer einleuchtenden Erklärung komme: was kann ich tun, um sein Verhalten zu verbessern und ihn in die Gruppe zu integrieren?
- Was hat bis jetzt Erfolge gebracht?

Erfahrungen, die man nicht vergißt, bereichern das Führungswissen eines Vorgesetzten und helfen ihm in jeder Situation die richtige Entscheidung zu treffen.

8.3. Frauen im Betrieb – ältere Mitarbeiter und die Jugend von heute

Frauenarbeit nimmt in den Betrieben zu. Da Frauen in ihrer Veranlagung und ihren Interessen anders zu beurteilen sind als Männer, stellt ihre Führung ein besonderes Problem dar. Die Frage geht dahin, unter welchen Bedingungen von Frauen die besten Leistungen zu erwarten sind und ihnen andererseits ein Höchstmaß an Arbeitszufriedenheit vermittelt werden kann.
- Was bewegt Frauen dazu in einem Betrieb Arbeit zu suchen?
- Welche Chancen und Möglichkeiten bieten ihnen Arbeit und Aufenthalt im Betrieb, was schätzen sie besonders?
- Was könnte die Führung dazu beitragen, ihnen ihren Arbeitsalltag zu erleichtern und ihr Verhältnis zu Arbeit und Betrieb positiv zu gestalten?

Zieht man die Beweggründe der Frauen in Betracht, die im Produktionsbereich als Arbeiterinnen tätig sind, die Arbeit im Betrieb der Hausarbeit vorzuziehen, so ergeben sich folgende Veranlassungen:

- Die finanzielle Seite. Jeder Arbeiterhaushalt kann einen Zuschuß vertragen, wenn er dem obligatorischen Lebensstandard genügen will. Unsere Konsumgesellschaft fordert ihre Tribute. Einrichtung, Auto und Reisen kosten Geld. Außerdem möchte man auch als Frau finanziell etwas unabhängiger sein.
- Man möchte nicht nur Hausfrau sein und eine Tätigkeit in der Öffentlichkeit ausüben. Das verschafft Anerkennung und Geltung.
- Bei unverheirateten Frauen schneidet bei der Berufswahl in vielen Fällen der Betrieb als günstigste Alternative ab. Mädchen vom Land können in eine Stadt ziehen. Die Arbeitszeiten im Betrieb garantieren eine vorteilhaftere Freizeit als Tätigkeiten im Einzelhandel oder Gaststättengewerbe. Im Betrieb muß man wohl gehorchen, aber man braucht niemanden zu bedienen.
- Sehr wesentlich scheint jedoch für die Frauen zu sein, daß sie im Betrieb Abwechslung und Anschluß finden. Zuhause ist man in seine enge Welt eingeschlossen. Der Alltag verläuft, trotz seiner vielen Pflichten, eintönig, es sei denn, man geht zum Einkauf und findet da oder dort Gelegenheit zu einem kurzen Gespräch. Im Betrieb dagegen lernt man viele Leute kennen, man hat seine Kolleginnen, bei denen man seine kleinen Alltagssorgen loswerden kann. Für manche Frau bedeutet der Weg in den Betrieb eine Flucht aus ihren häuslichen Sorgen in eine abwechslungsreichere Welt.

Wenn Frauen auch noch nicht so aktiv an der Gestaltung unserer Welt beteiligt sind, wie Männer, so bringen sie doch allem, was in ihrer Umwelt geschieht, sehr lebhaftes Interesse entgegen.
Informationen bedeuten für sie sehr viel. Sie befriedigen nicht nur ihre Neugierde, sondern sie geben ihnen auch Gelegenheit, sich vor anderen hervorzutun. Frauen sind nicht minder ehrgeizig als Männer, wenn sie auch ihre Fähigkeiten auf anderen Gebieten

unter Beweis zu stellen suchen. Durch ihre stärkeren sozialen Bedürfnisse, sie suchen Anschluß und Geborgenheit, sind sie auch mehr an personellen als an technischen Fragen im Betrieb interessiert.
Um berufstätig sein zu können, müssen Frauen manche Opfer bringen. Die doppelseitige Belastung wirkt sich für sie vor allem als Zeitproblem aus. Vieles, was in der Woche nicht erledigt werden kann, muß auf das Wochenende verschoben werden. Da die Familie dann nicht auf die gewohnte Freizeitgestaltung verzichten will, untergräbt die dauernde Belastung oft Nervenkraft und Gesundheit der Frau. Es gibt für sie kaum wirkliche Freizeit und Gelegenheit zu Entspannung und Erholung. Wenn der Mann längst ausruht oder seinen Hobbies nachgeht, muß sie noch die Familie versorgen.
Jede Frau möchte sich gerne pflegen. Die Gegenwart hat andere Idealvorstellungen von der Frau, als diejenigen, die noch die Gesellschaft der Jahrhundertwende beherrscht haben. Werbung und Massenmedien tragen dazu bei, daß auch die einfachste Frau den geheimen Wunsch hat, schön und gepflegt zu sein. Ein Wunsch, den sich eigentlich nur junge Mädchen oder unverheiratete Frauen erfüllen können, die keine familiären Verpflichtungen haben.
Die Erwartungen, die eine Frau an das Arbeitsleben stellt, müssen angesichts der Erschwernisse und Verzichte erfüllt werden, wenn es nicht zu schweren Enttäuschungen und Frustrationen kommen soll. Die Arbeiterin im Industriebetrieb besitzt meist nicht eine Ausbildung, die sie ihren männlichen Kollegen ebenbürtig machen würde. Sie ist ihnen auch kräftemäßig nicht gewachsen. Andererseits zeichnen sich Frauen durch Geschicklichkeit, Geduld und Anpassungsfähigkeit aus. Im arbeitsteiligen Fertigungsprozeß sind sie meist an Arbeitsplätzen beschäftigt, die zwar Geschicklichkeit und Aufmerksamkeit verlangen, aber durch geisttötende Wiederholtätigkeit keine Motivation von der Arbeit her bieten können. Schlimmer ist es noch, wenn die Nerven der Frau durch ständige Unruhe oder Lärm in den Werkshallen strapaziert werden. Schwere körperliche Belastungen sind überhaupt zu vermeiden.
Der Umstand, daß es nur in besonderen Fällen möglich ist, Frauen

interessantere, vielseitigere Arbeit zu übertragen, ist sicher ein Nachteil, aber noch nicht der größte. Viele Frauen ruhen sich seelisch bei einer eintönigen Arbeit aus. Hin und wieder lassen sie auch ihre Gedanken in eine angenehmere Welt schweifen, wenn es gerade die Arbeit erlaubt. Eine harte Enttäuschung bedeutet es jedoch für sie, wenn sie im Betrieb nicht die Atmosphäre und das Klima finden, das sie sich erhofft haben. Reibereien mit Kolleginnen, Spannungen und Feindseligkeiten lähmen ihre Arbeitslust.
Frauen haben mehr Reibungsflächen als Männer, die vieles emotionsfreier betrachten. Für sie ist ihr Arbeitsplatz meist Mittel zum Zweck, während er für manche Frau ein Stück ihrer Welt bedeuten kann. Frauen, die die Gruppe ausschließt oder anfeindet, leiden seelisch und suchen oft die Flucht in die Krankheit, deren Folgen Depressionen sein können.
Vorgesetzte, die sich um Wohlergehen und Arbeitszufriedenheit der ihnen anvertrauten weiblichen Mitarbeiter bemühen, sollten sich vor allem für ein gutes Klima in der Gruppe einsetzen.

- Sie sollten den Ursachen von Spannungen nachgehen und für besseres Einvernehmen sorgen. Notorische Störenfriede sind aus der Gruppe zu entfernen
- Sie sollten auf gute Beziehungen zwischen den Mitarbeiterinnen Wert legen und sie fördern, wo sich Gelegenheit bietet.
- Sie sollten darüber informieren, was sich im Betrieb tut und was geplant wird. Ein ausgeglichenes Informationsniveau verhindert, daß sich einzelne mit dem was sie wissen, wichtig machen und schiebt der Klatschsucht einen wirksamen Riegel vor.
- Ein guter Vorgesetzter bemüht sich vor allem selbst um gute Beziehungen zu seiner Gruppe mit Takt und Objektivität. Der Ehrgeiz einer Frau duldet es nicht, daß ihr eine andere unbegründet vorgezogen wird.

Vorgesetzte, die ihren Mitarbeiterinnen die Atmosphäre vermitteln können, die sie sich wünschen, die von ihnen geachtet werden, weil sie ihnen Schutz und Rat geben, wo sie es benötigen, dürfen auch mit ihrer Leistungsbereitschaft rechnen.
Auch ältere Mitarbeiter stellen heute im Betrieb ein besonderes Problem dar. Man traut ihnen nicht mehr die Leistungen zu, die

man von jüngeren Mitarbeitern erwarten darf und hält sie für weniger aufgeschlossen und anpassungsfähig in bezug auf technische Neuerungen, wie sie die Automation mit sich bringt. Diese Einstellung schadet ihrem Ansehen. Die Achtung, die man früher älteren Leuten entgegenbrachte, weil man der Meinung war, daß die Autorität eines Menschen schon allein mit den Jahren wächst muß heute in den Betrieben verdient werden. Auch bei älteren Menschen werden strenge und sachliche Maßstäbe angelegt. Der Wettbewerb verlangt Leistungen und deswegen finden auch ältere Mitarbeiter, die ihre Stelle verloren haben, so schwer eine neue. Es besteht sogar die Tendenz, solche Mitarbeiter noch vor dem Alter, in dem sie ihre Rentenberechtigung erlangt haben, zu pensionieren, um jüngeren, leistungsfähigeren Kräften Arbeitsplätze zu verschaffen.

Das Bewußtsein, daß sie im Betrieb eher geduldet als anerkannt werden und daß man versucht, sie auf Arbeitsplätze abzuschieben, auf denen sie im Arbeitsprozeß keinen Engpaß darstellen, entmutigt und frustriert ältere Mitarbeiter. In einer Gruppe jüngerer Kollegen fühlen sie sich beiseite geschoben und isoliert. Manche wollen sich selbst nicht zugeben, daß sie in ihren seelischen und körperlichen Kräften nachgelassen haben und halten sich noch immer für so leistungsfähig, wie auf der Höhe ihres Lebens. Durch ihre hartnäckige Haltung verstärken sie noch die Spannungen mit ihrer jüngeren Umwelt.

Über die Frage, wer zu den älteren Mitarbeitern zählt, bestehen bei den Betrieben unterschiedliche Auffassungen. Im Durchschnitt wird wohl angenommen, daß ein Mitarbeiter, der über 45 Jahre alt ist, zu den älteren zählt. Bei diesen rechnet man mit zunehmendem Kräfteverfall durch Abnutzung und einer Abnahme der geistigen Beweglichkeit.

Die Vorstellung von einem Mitarbeiter mit herabgeminderter Leistungs- und Anpassungsfähigkeit, der zudem noch durch Krankheiten stärker gefährdet ist, ließ bei den zuständigen Stellen das Bild eines hilfsbedürftigen Menschen entstehen, für den in der modernen, technisierten Produktion nur schwer Einsatzmöglichkeiten zu finden sind. Neuere Untersuchungen haben jedoch ergeben, daß diese Besorgnisse übertrieben sind. Von älteren Mitarbeitern kann man mehr erwarten, als schlechthin angenommen wird; allerdings entsprechen sie einem anderen Anforderungsprofil als ihre jüngeren Kollegen. Es wurde festgestellt, daß der deutlich wahrnehmbare Alterungsprozeß in unterschiedlichen Lebensaltern beginnen kann, daß die typischen Altersmerkmale bei den einen früher, bei anderen später festzustellen sind.

Menschen mit einfacherer Ausbildung, die bei körperlich belastenden Arbeiten eingesetzt waren und denen keine Möglichkeiten zu geistiger Entfaltung geboten wurden, pflegen früher zu altern. Ihre Körperkräfte sind verbraucht und zur Heranbildung geistiger Fähigkeiten, die ihnen erleichtern könnten, die Veränderungen in der Welt zu begreifen und den Alltag zu meistern, fehlte die Gelegenheit. So ist es zu verstehen, daß mancher schon mit 55 Jahren senil wirkt, während ein anderer noch mit 60 sehr rüstig ist und es in seinen geistigen Fähigkeiten durchaus mit wesentlich jüngeren aufnehmen kann.

Im Grunde gibt uns heute das Leben durch seinen Abwechslungsreichtum und verschiedene Erleichterungen der Zivilisation größere Chancen bis in ein höheres Alter rüstig zu bleiben. Der alternde Mensch wurde jedoch durch die negativen Erwartungen, die man ihm, vor allem in der stark automatisierten Industrie, entgegenbringt, in eine Rolle gedrängt, die ihn verunsichert und um seinen Arbeitsplatz bangen läßt. Auch die Jugend, die früher zu sehr durch das Alter bevormundet wurde, reagiert heute mit einer Einstellung, die Realismus, Kritik, manchmal sogar Geringschätzung und Ablehnung zeigt.

Um zu einer positiven Einstellung gegenüber älteren Mitarbeitern zu gelangen und ihnen den Platz im Betrieb einräumen zu können, der ihnen wirklich gebührt, sollte man sich nicht nur über ihre Schwächen sondern auch über ihre Vorzüge ins klare kommen. Auf Grund neuerer Untersuchungen haben sich viele Vorurteile als unbegründet erwiesen.

Es ist nicht zu bestreiten, daß die physischen Kräfte mit höherem Alter abnehmen. Deutlicher wahrnembar und allgemeiner wird diese Erscheinung jedoch erst mit 60 Jahren. Ältere Mitarbeiter verfügen dagegen über um so mehr Erfahrung und Routine. Sie haben gelernt ökonomisch zu arbeiten und ihre Kräfte nicht zu

vergeuden. Mit diesen Fähigkeiten sind sie in der Lage ihre geringere körperliche Leistungsfähigkeit zu kompensieren. Wenn sie vielleicht langsamer arbeiten als jüngere, so kann das auf bewußtes Qualitätsstreben und größere Genauigkeit zurückzuführen sein.
Älteren Mitarbeitern fällt es schwerer komplizierte technische Zusammenhänge zu begreifen, deswegen passen sie sich auch nicht so leicht wie jüngere an Neuerungen und veränderte Arbeitsbedingungen an, wie sie die Automation mit sich bringt. Um so bemerkenswerter ist dafür ihre Aufmerksamkeit und Konzentration bei der Arbeit. Sie lassen sich nichts zuschulden kommen, mehr aus Ehrgeiz, als aus Angst um ihre Position. Soweit es um die Entscheidungs- und Handlungsschnelligkeit bei Problemsituationen geht, wurde kein wesentlicher Unterschied zwischen älteren und jüngeren Arbeitnehmern festgestellt. Als besondere Vorteile können die Zuverlässigkeit und Betriebstreue älterer Mitarbeiter gelten. Jüngere wechseln leichter den Arbeitsplatz, wenn sie mit finanziellen Vorteilen oder Aufstiegschancen rechnen können. Die geringere Risikobereitschaft, die man bei älteren Mitarbeitern festgestellt hat, braucht keineswegs durch Ängstlichkeit bedingt zu sein, in ihr können ebensogut die Vorsicht und das Verantwortungsbewußtsein des erfahrenen Menschen zum Ausdruck kommen. Von Interesse für die Führung sind sicher folgende Verhaltens- und Einstellungsmerkmale, die bei älteren Mitarbeitern festgestellt wurden.

- Sie sind zwar weniger kontaktfähig als jüngere, sie schätzen jedoch gute Beziehungen zum Vorgesetzten und überhaupt ein gutes Betriebsklima höher ein.
- Sie fühlen sich am zufriedensten bei einer selbständigen Arbeit. Eine interessante, vielseitige Tätigkeit spielt für sie jedoch nicht mehr die Rolle, wie für jüngere Kollegen in der Lebensmitte.

Um ältere Mitarbeiter vor negativen Einstellungen und kränkendem Verhalten im Betrieb zu bewahren, sollte der Vorgesetzte auf ihre geringere Leistungs- und Anpassungsfähigkeit Rücksicht nehmen und sie nicht bei Arbeiten einsetzen, denen sie nicht gewachsen sind. Dabei handelt es sich vor allem um Tätigkeiten mit hoher körperlicher Belastung, raschem Arbeitstempo oder wechselnden Anforderungen. Er hilft ihnen bei ihren jüngeren Kollegen Ansehen zu gewinnen und mit ihnen gute Beziehungen anzuknüpfen, wenn er ihnen ermöglicht

- ihre Erfahrungen anzuwenden und anderen dadurch zu helfen
- da tätig zu sein und sich einzusetzen, wo Zuverlässigkeit und Verantwortungsbewußtsein eine Rolle spielen
- eine Arbeit zu verrichten, bei der es auf Sorgfalt und Qualität ankommt und bei der sie nicht von dem Tempo anderer abhängig sind.

Es hebt die Arbeitszufriedenheit und das Selbstbewußtsein älterer Mitarbeiter, wenn ihr Vorgesetzter ihnen Wohlwollen und ihren Problemen Verständnis zeigt. Wenn er auch ihre Leistung anerkennt und ihnen zu verstehen gibt, daß er sie keineswegs zum alten Eisen rechnet.
Das Verhalten der heutigen Jugend mißfällt oft. Viele können es nicht begreifen. Aber nicht jeder junge Mensch stellt einen Problemfall dar. Befragungen haben vielmehr ergeben, daß die Mehrzahl an demokratischen Lebensformen und praktikablen Zielen interessiert ist. Nur relativ kleine Gruppen wollen sich nicht den Anforderungen der modernen Industriegesellschaft unterwerfen. Die Einstellung gegenüber der älteren Generation hat sich geändert. Während man früher gehorchte, sucht man heute partnerschaftliche Beziehungen. Autoritäres Auftreten älterer Kollegen wird entschieden abgelehnt. Man steht zwar verschiedenen Erscheinungen und Verhaltensweisen der modernen Konsumgesellschaft kritisch gegenüber, ist aber bereit aus den Erfahrungen der älteren zu lernen. Unterschiede im Denken bei der Beurteilung der gegenwärtigen Gesellschafts- und Wirtschaftsordnung können zu Mißverständnissen führen und die Beziehungen zwischen älteren und jüngeren Kollegen beeinträchtigen.

- Ältere Mitarbeiter beurteilen die Gegenwart aufgrund böser Erfahrungen, die sie in der Vergangenheit gemacht haben. Man denkt an die Nachkriegsjahre, die man schon bewußt miterlebt hat, an die Mühen und Entbehrungen des Wiederaufbaus und ist mit dem, was das Leben jetzt zu bieten hat, zufrieden. Man verteidigt den erreichten Besitzstand an wirtschaftlichen und sozialen Errungenschaften.

- Jüngere Mitarbeiter dagegen, finden die gesicherte Gegenwart unbefriedigend. Sie gehen bei ihren Forderungen von dem aus, was sein sollte; oft von Idealvorstellungen, die nicht zu verwirklichen sind. Dadurch kommt gelegentlich die Meinung auf, die Jugend von heute versuche wohl bestehende Formen einzureißen, ohne jedoch neue schaffen zu können. Diese Meinung kann sich aber nur auf die »Sturm- und Drangperiode« der jungen Leute beziehen, die übrigens jeder einmal erlebt hat. Wenn sie etwas älter und reifer werden, versuchen sie sich dann doch der Gesellschaft anzupassen.

Eine rein äußerliche Trennung der jungen Leute von ihrer Umgebung bewirken ihre Kleidung und ihre Frisur. Viele erblicken dahinter eine Auflehnung gegen bestehende Konventionen und den Ausdruck einer aggressiven Haltung gegenüber Leuten, die nicht zu ihrer Altersklasse gehören und nicht ihre Ansichten teilen. Bei diesen Äußerlichkeiten handelt es sich meist um Modeerscheinungen und Merkmale, durch die die Jungend ihre Gemeinsamkeit im Denken und Fühlen vor der Umwelt zum Ausdruck bringen möchte. Modevorstellungen und Verhaltensweisen verbreiten sich heute leichter durch die intensive Kommunikation zwischen Ländern und Kontinenten. Sie erfassen vor allem die nach neuen Zielen und Lebensformen suchende Jugend und wer nicht mitmacht, ist nicht »in«. Deswegen sollte der Vorgesetzte Toleranz zeigen, wenn es sich nicht gerade um Auswüchse handelt. Intoleranz wird von jungen Leuten sehr negativ bewertet, sie schadet dem Ansehen des Vorgesetzten und reizt zu Widerstand.
Heute wird viel davon gesprochen, daß Jungendlichen nicht die nötige Fürsorge der Älteren zuteil wird, weil sowohl Vater als auch Mutter im Erwerbsprozeß stehen. Eltern, die unter erschwerten Existenzbedingungen nicht die Zeit fanden, sich um ihre Kinder so zu kümmern, wie sie es gerne getan hätten, hat es schon immer gegeben. Trotzdem sind auch aus solchen Familien strebsame, tüchtige Leute hervorgegangen. Nicht zu übersehen ist jedoch, daß heute auf Kinder und Jugendliche, die sich selbst

überlassen sind, zu viele Verlockungen der Umwelt einwirken, die sie auf Abwege bringen können. Außerdem gibt es Randgruppen der Gesellschaft, in denen der Alleingelassene leicht Zuflucht finden kann.

Ein Vorgesetzter vermag zwar keinen Vater zu ersetzen und der Betrieb nicht die Familie, aber trotzdem kann das wohlwollende, verständnisvolle Verhalten des Vorgesetzten, der den Problemen seiner jungen Mitarbeiter Beachtung schenkt, für ihre Weiterentwicklung und Integration in Betrieb und Gesellschaft von ausschlaggebender Bedeutung sein. Bei der Führung junger Mitarbeiter, dabei handelt es sich um Leute, die das 25-ste Lebensjahr noch nicht überschritten haben, kann sich die Berücksichtigung folgender Gesichtspunkte als nützlich erweisen:

- Jugend lehnt Autorität und bedingungslosen Gehorsam ab. Durch Überzeugen kommt man bei ihr weiter als durch Befehlen.
- Junge Leute schätzen es, wenn man sie ernst nimmt und auf ihre Interessen und Probleme eingeht. Dann sind sie auch leichter zu beeinflussen und zu führen.
- Sie suchen zwar Partnerschaft und lehnen Vorgesetzte ab, die ihre Überlegenheit ausspielen und sie autoritär oder schulmeisterlich behandeln, trotzdem erkennen sie die natürliche Autorität eines Vorgesetzten an, der ihnen bei ihren Fach- und Existenzproblemen zu helfen versucht und ihnen das Gefühl gibt, daß sie bei ihm Rat und Sicherheit finden können.
- Sie betonen zwar ihr Recht auf freie Meinungsäußerung, möchten aber trotzdem zu ihrem Vorgesetzten aufblicken können. Er sollte sie nicht durch ungerechte Behandlung enttäuschen und sie auch nicht nach ihrem Äußeren beurteilen.

Diese Gesichtspunkte gelten nicht nur für den Umgang von Vorgesetzten mit jungen Mitarbeitern. Auch ältere Mitarbeiter sollten sie beherzigen, wenn sie bei ihren jüngeren Kollegen die Autorität und Sympathie gewinnen wollen, die ihnen heute die Jahre allein nicht mehr geben können. Ein Vorgesetzter, der gute Beziehungen zwischen den Altersgruppen in seiner Abteilung herstellen möchte, sollte sowohl seine älteren als auch die jüngeren Mitarbeiter über die Einstellungen der Gegenseite informieren und sie für ein partnerschaftliches Verhalten motivieren.

8.4. Ausländische Arbeitskräfte

Die Zahl der Ausländer nimmt in den Industriestaaten ständig zu. Laut Statistik sind in Deutschland z. Zt. 20% der Arbeitskräfte Ausländer. In einer deutschen Großstadt soll bereits jeder sechste Einwohner aus dem Ausland kommen. Ausländische Arbeitskräfte werden zwar meist mit einfachen Arbeiten beschäftigt, trotzdem kommt es auch auf ihren Beitrag zur Gesamtleistung an, um so mehr, in je größerer Zahl sie in einem Betrieb beschäftigt sind. Es wirkt sich entscheidend auf ihre Beziehungen zu deutschen Arbeitskräften und die Zusammenarbeit aus, ob man sie als unerwünschten Fremdkörper betrachtet oder als Kollegen. Es bleibt sicher nicht ohne Einfluß auf ihre Leistung und Arbeitszufriedenheit, ob sie der Vorgesetzte gerecht oder ungerecht behandelt, ob er sie als Mitarbeiter oder Menschen einer geringeren Klasse betrachtet und ob er sie überhaupt beachtet oder nicht.
Es ist nicht einfach Menschen fremder Herkunft und Mentalität in die Arbeitsgruppen zu integrieren, die Vorurteile heimischer Arbeitskräfte abzubauen und die Leute so zu führen, daß sie mit ihrem Arbeitslos zufrieden sind. Um ersichtlich zu machen, welche Grundsätze sich bei der Führung von Ausländern als praktikabel erweisen können und welche Verhaltensweise noch zu den besten Resultaten führen dürfte, wollen wir uns mit ihrer Wesensart, ihren Möglichkeiten und Grenzen beschäftigen, soweit bei den verschiedenen Nationalitäten eine einheitliche Beurteilung sinnvoll sein kann.
Die ausländischen Arbeitskräfte, von denen hier die Rede sein soll, kommen aus den Mittelmeergebieten, aus Südeuropa und Vorderasien. Zu den Nationalitäten, die stärker in Erscheinung treten gehören Jugoslawen und Türken, in weiterer Folge Italiener, Griechen und Spanier. Unterschiedliche Nationalität, Religion und Herkunft, die Andersartigkeit der Verhältnisse, die sie in den Industriestaaten vorfinden, drängen diese einfachen Men-

schen in die Abkapselung und fördern die Bildung informeller Gruppen. Die Sehnsucht nach Heimat und Familie, zu denen sie plötzlich die Verbindung verloren haben, äußert sich in großen Ausländergruppierungen, mit denen sie die Bahnhöfe der Großstädte bevölkern.
Es würde diesen Leuten entscheidend helfen ihre Einsamkeit zu überwinden, wenn sie in deutsche Gruppen stärker integriert werden könnten, wenn sie mehr Verständnis und Anschluß bei ihren deutschen Kollegen finden würden und sich vielleicht auch Gelegenheit zu geselligem Kontakt außerhalb des Betriebes bieten würde. Statt dessen ist die Einstellung der deutschen Arbeitskräfte ihnen gegenüber eher negativ, gute persönliche Beziehungen zu den Ausländern sind selten und es wurde festgestellt, daß Deutsche aus einer Gruppe streben, in denen der Anteil der Ausländer eine gewisse »Reizschwelle« überschreitet. Dieses Verhalten kann kaum allein auf die Andersartigkeit südlicher Ausländer in ihrem Äußeren und Temperament zurückzuführen sein. Ausschlaggebend sind andere, schwerer zu überwindende Barrieren.
Die Ausländer, die in den Industriestaaten Arbeit suchen, gehören zu den Ärmsten ihrer Nation. Sie besitzen nur eine unzulängliche Schulausbildung, die in vielen Fällen nicht abgeschlossen ist. Ein beachtlicher Teil der Ausländer, etwa 20%, sind Analphabeten. Man hat ihnen niemals systematisch Wissen vermittelt und sie haben es auch nicht gelernt Wissen aufzunehmen und sich anzueignen. In reiferem Alter sind sie noch hilfloser. Das alte Sprichwort »Was Hänschen nicht lernt, lernt Hans nimmermehr«, findet bei ihnen sinnvolle Anwendung. Diese Hilflosigkeit ist der Grund dafür, daß sie sich die deutsche Sprache nicht aneignen können. Sie kommen über die wichtigsten Begriffe, die sie für eine primitive Umgangssprache an ihrem Arbeitsplatz brauchen, kaum hinaus.
Diese Primitiv- oder »Halb-Sprache« genügt nicht für geselligen Umgang mit deutschen Mitarbeitern. Sie verwendet bei allen Anreden das entwürdigende »Du«, daß sich sonst keiner, der nicht mit einem anderen auf freundschaftlichem Fuße steht, gefallen lassen würde. So wird es auch von den Ausländern nicht ohne weiteres geduldet. Die Barriere zwischen In- und Ausländern wird

noch verstärkt durch die Unfähigkeit der meisten Ausländer es im Betrieb zu höheren Qualifikationen und Positionen zu bringen. Die Sprachschwierigkeiten hindern sie daran den Erklärungen ihrer Vorgesetzten zu folgen, sie zu begreifen und eine höhere fachliche Reife zu erlangen.
Die Behörden versorgen zwar die Ausländer mit Drucksachen, die sie über Lohnsteuer und Sozialversicherung unterrichten sollen, in den Betrieben werden Hinweise und Plakate angebracht, die sie auf Möglichkeiten der Unfallverhütung aufmerksam machen sollen, es ist jedoch die Frage, wer von ihnen diese Verlautbarungen liest und versteht. Sie sind nicht in der Lage Zeitungen und Bücher zu lesen, die Sendungen der Massenmedien zu verstehen, Veranstaltungen zu besuchen und Fortbildungsmöglichkeiten in Anspruch zu nehmen. Sie bleiben als Uninformierte Außenseiter der Gesellschaft, kommen im Betrieb nicht weiter und werden trotz ihrer Leistungsbemühungen nicht als Kollegen anerkannt, sondern wie Menschen zweiter Klasse behandelt. Von denen, die einen Lehrgang der deutschen Sprache beginnen, beendet ihn nur etwa 1 Prozent.
Die gesellschaftliche Ablehnung bewirkt auch bei den Ausländern negative Einstellungen, da sie ihr Ehrgefühl verletzt. Gerade bei diesen einfachen Menschen sind die Vorstellungen von Ehre oft sehr ausgeprägt. Ebenso wenig wollen sie sich im Betrieb eine abwertende Behandlung und die Zumutung gefallen lassen, sie wären nur für Arbeiten da, die kein Deutscher verrichten wolle, da sie arbeitsrechtlich und sozialrechtlich mit deutschen Arbeitnehmern gleichgestellt sind. Auch dieser Tatbestand stellt einen Konfliktstoff dar, da ausländische Arbeitnehmer, denen es doch gelingt eine höhere Qualifikationsstufe zu erreichen, zu Konkurrenten deutscher Arbeiter werden können. So kommt es auch bei längerer Betriebszugehörigkeit nur in beschränktem Umfang zu dem erwünschten positiven Zusammenwirken zwischen Deutschen und Ausländern, denn Konfliktursachen sind noch immer vorhanden, wenn sie sich auch geändert haben und anstelle der Ablehnung Arbeitsneid getreten ist.
Um aus dieser schwierigen Situation einen Ausweg zu finden, sollten wir die Kritiken und Wünsche in Betracht ziehen, die von Aus-

ländern in bezug auf ihr Arbeitsleben in Deutschland geäußert werden. Vielleicht ergeben sich bei ihrer Überlegung Hinweise für eine Führungs- und Verhaltenstaktik des Vorgesetzten, die zu mehr Arbeitszufriedenheit bei den Ausländern und einer partnerschaftlichen Einstellung bei den deutschen Mitarbeitern führen kann. Bei Befragungen wird zwar von dem größeren Teil der Ausländer ihr Verhältnis zu den deutschen Kollegen als gut bezeichnet, aber es besteht der Verdacht, daß man sich scheut offen zu antworten. Man darf jedoch als selbstverständlich annehmen, daß ausländische Arbeitskräfte, die über höhere Fachkenntnisse verfügen und der deutschen Sprache mächtig sind, auch bessere Chancen haben von deutschen Mitarbeitern anerkannt zu werden und mit ihnen in gute Beziehungen zu treten.
Wesentlich ist immerhin, daß die Ausländer Spannungen empfinden, unter denen sie im Betrieb zu leiden haben und verschiedene Konfliktursachen angeben, die ihnen das Dasein besonders erschweren, z. B.:

- Die Vorurteile der Deutschen, ihr Mangel an Hilfsbereitschaft
- Benachteiligung bei der Arbeitseinteilung
- Mißgunst der Deutschen, wenn ein Ausländer nach ihrer Meinung eine bessere Arbeit zugewiesen bekommt
- ungerechte Behandlung durch den Vorgesetzten gegenüber deutschen Mitarbeitern
- im Betrieb kümmert man sich zu wenig um die Belange ausländischer Arbeitnehmer
- ihre andersartigen Lebensgewohnheiten fallen unangenehm auf
- Mißverständnisse durch Sprachschwierigkeiten

Bei solchen Befragungen verweigert oft die Hälfte der Ausländer die Aussage. Man wünscht sich – erwähnt werden nur die häufigsten und wichtigsten Anliegen:

- daß man als Ausländer nicht mehr von den Deutschen abgelehnt und diskriminiert wird
- daß die Vorurteile durch eine positivere Einstellung abgelöst werden.
- Man wünscht sich bessere Beziehungen zu den deutschen Kollegen, auch außerhalb des Betriebes.

- gefordert werden bessere Voraussetzungen zur Verständigung, die nach Meinung der Ausländer, durch Informationen über ihre Lebensgewohnheiten, gemeinsame Veranstaltungen mit Deutschen und vielleicht auch das Zusammenwirken in Vereinen zu schaffen wären.
- Zur Erleichterung von Kontakten und des Zusammenlebens werden Deutschkurse gewünscht.

Am stärksten sind von der wachsenden Abneigung türkische Arbeitskräfte betroffen, die die größte Ausländergruppe in Deutschland darstellen. Sie haben die größten Sprachschwierigkeiten. Wahrscheinlich wird es erst der nächsten oder übernächsten Generation gelingen die deutsche Sprache so weit zu erlernen, daß sie sich den hiesigen Anforderungen und Lebensbedingungen hinreichend anpassen kann, um die Barrieren abbauen zu können. Gegenwärtig müssen die Vorgesetzten in den Betrieben mit den keineswegs einfachen Aufgaben fertig zu werden versuchen:
- Den ausländischen Arbeitskräften soweit Sicherheit und Vertrauen zum Betrieb und zur Führung zu geben, daß sie willig und zufriedenstellend ihre Arbeit verrichten
- die Beziehungen zu den deutschen Arbeitskräften so weit zu verbessern, daß eine störungsfreie Zusammenarbeit möglich ist.

Um diesen Aufgaben gerecht zu werden, muß der Vorgesetzte, der Meister, seinen ausländischen Mitarbeitern gegenüber selbst positiv eingestellt sein. Er sollte sie als willige Arbeitskräfte betrachten, als einfache, verunsicherte Menschen, die zu ihrem Vorgesetzten Vertrauen haben möchten und ihm für ein gutes Wort gerne ihre Sympathie entgegenbringen würden. Als Leute, die jede, auch die am wenigsten begehrte Arbeit willig verrichten würden, wenn ihnen der Vorgesetzte ein wenig Wohlwollen und Verständnis zeigen wollte. Wer als Vorgesetzter zu so einer Einstellung kommen will, darf sich nicht durch landläufige Meinungen oder nachteilige Gerüchte negativ beeinflussen lassen. Der Wille, die Zusammenarbeit im Betrieb zu verbessern, sollte alle störenden Einwirkungen auf sein Denken ausschalten.

- Er sollte sich um die Belange und Probleme seiner ausländischen Arbeitskräfte kümmern und sie ab und zu auch einmal fragen, wie es ihnen geht.
- Er sollte mit ihnen Geduld haben und ihnen durch anschauliche Unterweisungen helfen, wenn sie nicht so rasch begreifen können, wie man es in deutschen Betrieben gewohnt ist. Er sollte sich immer wieder vergewissern, ob er auch verstanden wurde.
- Der Vorgesetzte sollte den ausländischen Mitarbeitern seine positive Einstellung auch zeigen. Diese haben als einfache, unkomplizierte Menschen ein feineres Verständnis für die Korrektheit des menschlichen Verhaltens, als für die Systeme und Arbeitsabläufe in der modernen Technik.
- Er sollte bei seinen Anordnungen und bei der Arbeitszuweisung absolute Objektivität walten lassen, so daß auf keiner Seite der Verdacht entstehen kann, man werde in irgendeiner Weise benachteiligt. Jeder sollte begreifen und anerkennen, daß er seinen Fähigkeiten entsprechend eingesetzt wird.
- Er dürfte in keinem Falle zulassen, daß Ausländer im Betrieb diskriminiert oder beschimpft werden.
- Vielleicht läßt sich eine positive Einstellung bei den Deutschen erreichen, wenn der Vorgesetzte ein bescheidenes Aufklärungsprogramm zugunsten der Ausländer in seine Informationsarbeit einbezieht.

Es wäre das erste den deutschen Arbeitskräften zu erklären, daß die Ausländer im Betrieb gebraucht werden und nicht Einheimischen ihre Arbeitsplätze wegnehmen. An zweiter Stelle wäre den Deutschen begreiflich zu machen und ihr Augenmerk darauf zu lenken, daß diese Menschen, die sich in unserer Industriewelt zwar nur schwer zurechtfinden, aus eigenständigen Kulturkreisen kommen, deren Formen und Besonderheiten man auf Reisen bewundert. Daß eine ablehnende Einstellung gegenüber Fremden in unserer weltoffenen Zeit als kleinlich gelten muß. Vielleicht sollte man den Ausländern Gelegenheit geben auf Betriebsfesten etwas von ihrer Folklore zu zeigen. Das könnte ihnen unter geschickter Regie mehr Interesse und Achtung einbringen als empfehlende Worte.

Informellen Gruppierungen oder Zusammenkünften der Ausländer sollte man nicht mit Argwohn begegnen. Sie stellen für sie lediglich ein Mittel dar, um mit ihren Problemen fertig zu werden. Bei deren Bewältigung könnte ihnen jedoch wesentlich besser eine loyale Gesinnung ihrer Vorgesetzten und ihrer deutschen Kollegen helfen.

Der Inhalt des achten Abschnitts läßt sich schließlich in folgenden Grundgedanken zusammenfassen.

Die Führung von Mitarbeitergruppen stellt den Vorgesetzten vor besondere Aufgaben. Als Gruppe bezeichnen wir einen Zusammenschluß von Menschen, die irgendetwas gemeinsam haben, sei es ein Merkmal, eine Aufgabe oder ein Ziel.

- In einem Betrieb gibt es vor allem die organisierten Abteilungen und Arbeitsgruppen, die für einen bestimmten Zweck zusammengestellt wurden. Solche Einheiten, die auf formellem Wege, als Teile der Gesamtorganisation entstehen, bezeichnen wir auch als formelle Gruppen. Nicht zu übersehen sind andere Mitarbeitergruppierungen, die spontan entstehen, nur weil die Leute aus irgendeinem persönlichen Interesse den Umgang miteinander suchen und nicht aus Anlaß der Organisation. Solche Zusammenschlüsse bezeichnen wir als informelle Gruppen.
- In informellen Gruppen versuchen die Mitarbeiter oft persönliche Bedürfnisse zu befriedigen, die sie im normalen Betriebsleben nicht zur Geltung bringen können. Sie suchen soziale Beziehungen und bemühen sich bei den anderen Gruppenmitgliedern Geltung zu erlangen. Der Wettbewerb um Geltung und Anerkennung läßt auch in solchen Gruppen eine Rangordnung entstehen, die meist nicht mit der hierarchischen Rangordnung im Betrieb übereinstimmt. An der Spitze steht der informelle Gruppenführer, der von den anderen als meinungsbildend anerkannt wird.
- Jeder möchte in der Gruppe eine bedeutende, mindestens positive Rolle spielen, die jedoch nicht immer von den anderen an-

erkannt wird. Es kann durchaus vorkommen, daß ein Gruppenmitglied, daß sich für beeindruckend klug und wortgewandt hält, von der Gruppe für einen lächerlichen Schwätzer gehalten wird. Das Bewußtsein solcher Unterschiede zwischen ihrer Rollenerwartung und der Realität frustriert die Betroffenen und führt zu Streit und Gegnerschaft in der Gruppe.

- Die Gruppenmitglieder verfolgen in der Regel gemeinsame Ziele. In informellen Gruppen entwickeln sich auch mit der Zeit gemeinsame Vorstellungen und Verhaltensregeln, die jedes Gruppenmitglied beachten muß – die Gruppennormen.
- Alle Veränderungen in der Rangordnung, Rollenstruktur und den Beziehungen zwischen den Mitgliedern sind die Folge der ständig ablaufenden Gruppenprozesse. Sie werden durch Wettbewerb, Zwistigkeiten oder Veränderungen in der personellen Zusammensetzung der Gruppe ausgelöst. Sie können bewirken, daß einmal für den Betrieb positive, ein andermal negative Kräfte an die Macht kommen.
- Jeder Vorgesetzte sollte sich über Gruppenbildungen und Gruppenprozesse in seinem Wirkungsbereich zu orientieren suchen, um über die Einstellung seiner Leute im Bilde zu sein. Er sollte wissen, wer als informeller Gruppenführer angesehen wird, denn dieser vertritt die Interessen der anderen Gruppenmitglieder und über ihn kann man die Gruppe noch am wirksamsten beeinflussen.
- Die Zielsetzungen informeller Gruppen können u. U. zu den Betriebszielen in Konflikt stehen. Auch die informellen Rangordnungen entstehen aufgrund von Wertmaßstäben, die keineswegs den Normen des betrieblichen Beurteilungswesens zu entsprechen brauchen.
- Um die Kollegen, die an der Spitze der informellen Rangordnung stehen, schaaren sich die anderen Gruppenmitglieder und bemühen sich um gute Beziehungen zu ihnen. Sie sind als Mittelpunkt der Kommunikation über alles informiert. Andere wiederum, die man für Versager hält oder die sich in den Augen der Gruppe etwas zuschulden kommen gelassen haben, werden verachtet und geschnitten. Dadurch wird ihnen jeglicher Auftrieb genommen. Solche Leute sollte der Vorgesetzte wieder in

die Gruppe zu integrieren versuchen, um ihre Arbeitskraft dem Betrieb zu erhalten.

- Der Vorgesetzte sollte die Ziele informeller Gruppen in seinem Bereich nicht ignorieren, denn sie entsprechen menschlichen Bedürfnissen, die bis jetzt im Betrieb nicht befriedigt werden konnten. Es ist nicht empfehlenswert informelle Gruppen aufzulösen und ihre Strukturen verändern zu wollen, wenn sie nicht gerade betriebsfeindlich orientiert sind. Vielleicht lassen sich die Leute schon durch eine nicht autoritäre Führung, die ihnen mehr Selbständigkeit bei der Arbeit einräumt und ihre Einzel- und Gruppenleistungen anerkennt, für den Betrieb gewinnen.
- Handelt es sich um betriebsfeindliche, meist materielle Gruppenziele, wie sie für Cliquen charakteristisch sind, so kann oft nur eine Isolierung des informellen Führers eine positive Verhaltensänderung bei den Gruppenmitgliedern bewirken.
- Zu den Voraussetzungen erfolgreicher Gruppenführung gehört auch die Erfüllung einiger Bedingungen im Bereich der Organisation und Disposition.
  - Die formellen Gruppen sollten nicht zu groß sein.
  - In ihnen sollten nur Leute tätig sein, die auch zueinander gehören und nicht solche, die das Einvernehmen und die Zusammenarbeit stören können.
  - Die Arbeitsverteilung sollte gerecht sein. Privilegien dürfen nicht geduldet werden.
  - Alle sollten gleichermaßen informiert werden. Das Entstehen von Informationsmonopolen und Gerüchten ist zu verhindern.
- In gut geführten Gruppen ist die Teambildung begünstigt bei dafür geeigneten Arbeitsbedingungen. In der Teamarbeit gelangt die höchste Stufe der Motivation zur Auswirkung. Bei ihr kommt es nur auf die Gesamtleistung an, obwohl jeder Einzelne unentbehrlich ist. Für die Entstehung eines Teams bestehen dann Chancen, wenn der Gruppe eine Aufgabe gestellt wird, die die Mitarbeiter in optimalem Einsatz verbindet und ein Erfolgserlebnis verspricht.
- In der Gruppe kommen immer wieder Leute vor, die durch ihr Verhalten die Geduld ihrer Kollegen auf die Probe stellen. Zu

den bekanntesten Typen gehören der Besserwisser, der Petzer und der Spötter. Man könnte solche Leute einfach zurechtweisen. Besser ist es jedoch, wenn der Vorgesetzte den tieferen Gründen ihres Verhaltens auf die Spur kommt. Meist handelt es sich um bittere Erfahrungen oder Enttäuschungen im Leben dieser Menschen. Gibt ihnen der Vorgesetzte Chancen sich seine und die Anerkennung ihrer Kollegen auf eine nützliche Weise zu verdienen anstatt sie zu verärgern, so ändern sie oft freiwillig ihr Verhalten.

- Besondere Probleme stellen für die Führung bestimmte Sozialgruppen in den Betrieben dar, wie Frauen, ältere und junge Mitarbeiter oder die Ausländer.
- Frauen, die in einem Betrieb Arbeit suchen, tun es oft nicht nur wegen des Geldes allein. Sie nehmen die Doppelbelastung durch Haushalt und Betriebstätigkeit in Kauf, um der Eintönigkeit des Hausfrauenalltags zu entrinnen. Sie erwarten vom Betrieb Abwechslung und kollegielle Kontakte. Ein Vorgesetzter, der für ein gutes, spannungsfreies Betriebsklima sorgt, darf auch auf gute Leistungen seiner weiblichen Arbeitskräfte rechnen.
- Ältere Mitarbeiter lassen zwar in ihren Körperkräften nach und zeigen weniger Anpassungsfähigkeit gegenüber technischen Neuerungen als jüngere Arbeitskräfte. Dafür verfügen sie über Erfahrungen und Routine. Sie arbeiten vorsichtig und qualitätsbetont. Sie sind betriebstreu und legen Wert auf gute Beziehungen zu ihrem Vorgesetzten. Dieser sollte ihnen keine Arbeiten zuweisen, denen sie körperlich nicht gewachsen und dadurch der Geringschätzung jüngerer Kollegen ausgesetzt sind. Er sollte sie da einsetzen, wo Gewissenhaftigkeit und Qualität gefordert werden und sich ihnen Gelegenheit bietet, ihre Erfahrungen anzuwenden und an Jüngere weiterzugeben. Vor allem durch seine Entscheidungen und sein Verhalten erreicht er es, daß sie die Gruppe auch in vorgeschrittenem Alter noch als vollwertige Mitarbeiter anerkennt und schätzt.
- Junge Leute werden heute meist ungerecht beurteilt. Sind doch die meisten dazu bereit, sich demokratischen Lebensformen anzupassen und ein vernünftiges Lebensziel zu verfolgen. Was äu-

ßerlich an der Jugend stört, ist meist nur ein durch die Mode bestimmtes Verhalten. Im Betrieb und auch im privaten Leben lehnen junge Leute autoritäres Auftreten ab. Sie wünschen sich Partnerschaft und einen Vorgesetzten, der ihnen und ihren Problemen aufgeschlossen und tolerant gegenübersteht.

- Die Zahl der Ausländer nimmt in Deutschland zu. In den Betrieben stoßen sie auf die Ablehnung der deutschen Arbeitskräfte. Die Ursache liegt weniger in ihrer Andersartigkeit als vielmehr in der mangelhaften Beherrschung der deutschen Sprache. Aus diesem Grunde können sich auch keine Kontakte zu Deutschen entwickeln. Deswegen kommen die Ausländer in deutschen Betrieben auch nicht weiter. Man mutet ihnen nur primitive Arbeiten zu und erkennt sie nicht als Kollegen an. Um Ausländer erfolgreich führen zu können, sollte der Vorgesetzte zuerst seine eigene Einstellung ihnen gegenüber in positivem Sinne revidieren.
  - Er sollte sie objektiv behandeln, ihre Anliegen nicht übergehen und ihnen Hilfestellung geben.
  - Er könnte die deutschen Mitarbeiter durch das gegenseitige Verständnis fördernde Informationen veranlassen, ihre Vorurteile abzubauen und mit ihnen zu einer besseren Zusammenarbeit zu kommen.

Ein Vorgesetzter, der seine Mitarbeiter zu Erfolgen führen will, sollte ihre Motivation kennen und über die gruppendynamischen Vorgänge in seinem Bereich stets orientiert sein. Um mit den gewonnenen Erkenntnissen auch erfolgreich führen und beeinflussen zu können, sollte er ein überzeugender Gesprächspartner sein, denn das Wort ist das wichtigste Kommunikationsmittel im Betrieb.

9. Wer nicht Gespräche führen kann, kann auch nicht Menschen führen – Der Umgang mit dem Gesprächspartner

Kein Kommunikationsmittel im Umgang mit Menschen hat größere Erfolgschancen als das Wort, das Gespräch. Man kann einen Brief mit dem größten Aufwand an Geist oder Gefühl schreiben, den Eindruck und die Überzeugungskraft des gesprochenen Wortes wird er nicht erreichen. Wer einen Menschen beeinflussen oder überzeugen will, sollte das Gespräch unter vier Augen, das Zweiergespräch suchen.

Die erste Verbindung zwischen beiden Gesprächspartnern stellt der Augenkontakt her. Vieles, was die Partner nicht aussprechen, wird durch ihre Mimik und ihre Gesten sichtbar. Nicht umsonst bezeichnet man diesen Weg der Gedankenübermittlung als »Körpersprache«. In ihr kommt manches zum Ausdruck, was der Partner eigentlich nicht sagen wollte. So kann dem Gesprächsführer auffallen, daß der Gesichtsausdruck seines Partners im Widerspruch zu seinen scheinbar freundlichen, beherrschten Worten steht, daß sich in ihm vielleicht verhaltener Zorn, Furcht oder Schadenfreude spiegeln. Vielleicht merkt er ihm an seiner Körpersprache die Unruhe an, in der er sich befindet.

Einem aufmerksamen Beobachter und geduldigen Zuhörer wird vieles offenbar, was der andere verheimlichen wollte. Gerade für einen Vorgesetzten, der seine Mitarbeiter erfolgreich führen will, ist es von großer Bedeutung, ihre Wünsche, Abneigungen und Befürchtungen zu erkennen, um sich Klarheit über ihre wahren Probleme zu verschaffen.

Das Gespräch erfüllt die Aufgabe des Kommunikationsmittels bei allen Führungsfunktionen. Im Betrieb wird überhaupt durch das Wort, das Gespräch geführt. Es ist bedauerlich, daß diesem, dem wichtigsten Verständigungs- und Ausdruckmittel so wenig Beachtung geschenkt wird. Kurz angebundenes, ausdruckssprödes, wortkarges Verhalten wird für sachlich gehalten. Viele Vorgesetzte merken es nicht, daß sie sich bereits bei Beginn des Gespräches, schon oft durch wenige Worte den Zugang zum Verständnis ihres

Mitarbeiters völlig verbauen und ihn in Abwehrstellung bringen. Während die Verkäufer für die Gesprächsführung mit Kunden intensiv geschult werden, wird für den internen Umgang im Betrieb so gut wie nichts getan. Doch die alte Vorstellung von bedingungslosem Gehorsam ist längst überholt und ein Vorgesetzter, der erfolgreich führen will, muß überzeugen können.
Eine seiner wichtigsten Funktionen erfüllt das Gespräch als Führungsmittel bei der Motivation. So ein Gespräch sollte sorgfältig vorbereitet werden.

- Der Partner, der für eine Aufgabe, ein bestimmtes Verhalten oder einen Entschluß gewonnen werden soll, muß ermutigt werden die Probleme und Bedenken vorzutragen, die ihn davon abhalten können.
- Der Gesprächsführer, d. h. der Vorgesetzte, sollte ihm Lösungen für seine Probleme vorschlagen und seine Hilfe und Unterstützung in Aussicht stellen. Er sollte ihm Anreize geben, indem er ihm die Vorteile aufzuzeigen versucht, die ihm seine Zustimmung bringen würde.
- Der Mitarbeiter muß davon überzeugt werden, daß die Leistung oder Verhaltensänderung, die man von ihm erwartet, auch zu seinem Vorteil gereicht.
- Er sollte bereit sein, aus eigener Initiative sein Versprechen zu realisieren und sich auch an seine Verpflichtungen zu halten.

Eine weitere wichtige Rolle kommt dem Gespräch bei der Kontrollfunktion zu. Es bietet die Chance einen Mitarbeiter näher kennenzulernen, um seine Einstellung und sein Verhalten besser beurteilen zu können. Auch in diesem Falle sollte der Vorgesetzte das Gespräch nicht unvorbereitet beginnen, um nicht mit unvorsichtigem Vorgehen das Mißtrauen des Mitarbeiters zu wecken. Der Erfolg eines Gesprächs hängt von der Gesprächsführung ab. Auch die Lenkung der Mitarbeiter stellt gewisse Ansprüche an die Gesprächsführung. Alle Lenkungsgespräche, insbesondere das Korrekturgespräch und das Kritikgespräch, verfolgen Zielsetzungen, von deren Erreichen der Erfolg der Lenkungstaktik abhängt.

- Sie sollen vor allem den richtigen Eindruck auf den Mitarbeiter nicht verfehlen.

- Er sollte sich dessen bewußt werden, was man von ihm künftig erwartet und nicht den geringsten Zweifel hegen, wie er sich zu verhalten hat.
- Er muß davon überzeugt sein, daß die Forderungen des Vorgesetzten begründet sind und daß es ihm mit seinen Worten ernst ist.
- Der Mitarbeiter sollte aus dem Gespräch die Überzeugung mitnehmen, daß der Vorgesetzte bereit ist ihm zu helfen, wenn es nötig sein sollte und gute Beziehungen zu ihm aufrecht erhalten will.

Auch bei der Anbahnung von Beziehungen und der Beratung der Mitarbeiter kann die Fähigkeit gute, taktisch geschickte Gespräche zu führen, einem Vorgesetzten sehr von Nutzen sein.
Wer eindrucksvoll und logisch sprechen kann, das Gespräch durch gezielte Fragen zu steuern und zu argumentieren versteht, hat es leichter sich als Autorität durchzusetzen und als Persönlichkeit zu wirken, als einer, der mühselig nach Worten klauben muß. Gespräche können Meisterwerke der Überzeugungstaktik sein. In Gesprächen kann man sich wirksam verteidigen. Gesprächsführung ist eine Kunst, die im Betriebsleben außerordentlich viel bedeutet. Deswegen sollte sie sich jeder aneignen, der weiterkommen möchte. Es läßt sich nicht berechnen und in Verlustzahlen ausdrücken, wieviel in den Betrieben unerreicht bleibt, an gutem Willen verloren geht und an Spannungen nur dadurch erzeugt wird, weil Vorgesetzte mit ihren Mitarbeitern oder Kollegen nicht richtig umzugehen verstehen.
Wichtigere Gespräche sollte man stets vorbereiten und sich nicht darauf verlassen, daß sich die richtigen Gedanken im letzten Augenblick einstellen. Dieser Rat gilt nicht nur für Verhandlungen, sondern auch für Mitarbeitergespräche. Bei der Vorbereitung kann sich eine allgemeine Systematik als nützlich erweisen, nach der man Gespräche aufzubauen pflegt. Man unterscheidet

- eine Eingangsphase, die man auch Kontaktphase nennt
- die Hauptphase, in der das Kernproblem behandelt wird
- und die Schlußphase, in der die Ergebnisse, die erzielt wurden, fixiert werden müssen.

Dieses Schema vermittelt bereits eine Vorstellung, wie man bei einem Gespräch vorgehen sollte. Ein geschickter Gesprächsführer müßte jedoch genügend flexibel sein, um sich seinem Partner anpassen zu können, denn jeder Zwang würde nur dessen Widerstand hervorrufen.

In der Eingangsphase müssen die Voraussetzungen für das Gespräch geschaffen werden. Zuerst sollte der Gesprächsführer für eine entspannte Atmosphäre sorgen. Denn bei einem verschüchterten oder verklemmten Gesprächspartner läßt sich der Gesprächszweck nur schwer oder vielleicht auch gar nicht erreichen. Das Bestreben einen Mitarbeiter objektiv und emotionsfrei behandeln zu wollen, kann schon in den ersten Worten, in der Art des Empfangs und in der Haltung des Vorgesetzten zum Ausdruck kommen. Es ist ebenso falsch einen Mitarbeiter, der mit einer Kritik rechnen muß, gleich bei seinem Erscheinen mit Vorwürfen zu überschütten, wie es unrichtig wäre, ihm durch eine gespannte, lauernde Haltung zu zeigen, daß ihn ein strenger Richter erwartet. In manchen Fällen ist es sogar ratsam zuerst das Selbstwertgefühl des Gesprächspartners zu stärken, bevor ihm der Gesprächsführer sein Hauptanliegen mitteilt. Dieses Vorgehen empfiehlt sich z. B. vor einem Korrekturgespräch, bei dem ein sonst guter, zuverlässiger Mitarbeiter nur auf einen Fehler aufmerksam gemacht werden soll. Um bei ehrgeizigen, empfindlichen Naturen nicht das Gegenteil von dem zu bewirken, was man erreichen möchte, sollte man bei solchen Leuten das Gespräch mit einigen anerkennenden Worten beginnen, ehe man es zum eigentlichen Thema überleitet. Wie wäre es, wenn man z. B. so beginnen würde: »Ich wollte Sie kurz sprechen, obwohl Sie wieder so fleißig bei der Arbeit sind. Aber da ist mir aufgefallen…«.

Ein Mitarbeiter, der sich nicht durch eine ärgerliche, gereizte Stimmung seines Vorgesetzten beeinträchtigt fühlt, geht aus sich heraus und bekommt Mut zum Sprechen. Er äußert seine Gedanken und Wünsche in Worten und Gebärden, im Gegensatz zu einem verklemmten oder feindselig eingestellten Menschen, der verstockt dasitzt und aus dem der Vorgesetzte kaum etwas herausbringen kann.

Um einem Mitarbeiter die Zunge zu lockern, könnte man auch mit ihm kurz über seine Arbeit oder ein anderes für ihn aktuelles Thema sprechen. Oft gewinnt man schon auf diese Weise einige wichtige Informationen für die weitere Taktik der Gesprächsführung. Vielleicht erfährt man etwas über seine Einstellung und die Motive, die sein Verhalten bestimmen. Man merkt, wo man ansetzen sollte, wenn man das Gesprächsziel erreichen will. Kurze Vorgespräche sind also keine Zeitverschwendung, wenn sie der Orientierung dienen.

So schafft man sich in der Eingangsphase die für ein positives Kerngespräch notwendigen Bedingungen. Nicht immer jedoch läuft ein Gespräch nach dem geplanten Schema ab. Das kann z. B. der Fall sein, wenn ein Mitarbeiter aufgeregt erscheint, um eine Beschwerde anzubringen und seinen Vorgesetzten gleich mit einem Wortschwall überfällt. Es ist besser den Mann ausreden zu lassen, bis er sich einigermaßen beruhigt hat, als ihm gleich ins Wort zu fallen. Er ist dann seinem Zuhörer unbewußt dankbar, daß er ihm Möglichkeit zur Erleichterung geboten hat und läßt williger mit sich reden. Unterbricht man ihn dagegen, so verlängert man entweder das Gespräch, weil er hartnäckig bei seinen Vorwürfen bleibt oder man entläßt ihn verärgert. Ein geduldiger Zuhörer erfährt viel mehr und kann sicherer sein Ziel verfolgen, als ein nervöser Gesprächsführer, der nach einer möglichst raschen Beendigung des Geprächs strebt.

In der Hauptphase des Gespräches sollte der Gesprächsführer sein Ziel erreichen. Nicht bei jedem Partner ist das einfach. Die einen sind vielleicht zu schweigsam, die anderen wiederum, so gesprächig, daß sie oft abschweifen. Ein gutes Mittel, um ein Gespräch in Gang zu halten und zu steuern ist die Frage. Fragen Sie aber nicht so, daß Ihr Partner nur mit ›ja‹ oder ›nein‹ zu antworten braucht, also nicht: »War das in Ordnung?« sondern: »Wie war das?«

- Führen Sie den Partner an die Erkenntnis heran, zu der er gelangen soll, z. B.: »Wie denken Sie darüber, wäre es so oder so richtig gewesen?«
- Interessieren Sie ihn: »Ist Ihnen bekannt...?«, »Würden Sie das einmal versuchen...?«
- Motivieren Sie ihn: »Erkennen Sie Ihren Vorteil, wenn Sie sich entschließen...?«

Argumentieren Sie mit den Vorteilen Ihres Partners. Gehen Sie auf seine Bedürfnisse ein, versuchen Sie seine Probleme zu seinem Vorteil zu lösen. Je besser Sie den Mitarbeiter kennen, mit dem Sie sprechen wollen, um so leichter können Sie sich schon vor dem Gespräch auf die Argumente vorbereiten, mit denen Sie ihn überzeugen wollen. Denken Sie dabei an seine Motive. Bleiben Sie stets ruhig und objektiv. Sie gewinnen dadurch das Vertrauen Ihres Partners.

Aktiv zuhören heißt, Ihren Partner durch Ihre Aufmerksamkeit zu aktivieren. Er wird um so mitteilsamer und einlenkender, je mehr er merkt, daß Sie seine Worte ernst nehmen. Zeigen Sie Ihre Aufmerksamkeit durch kurze Zwischenbemerkungen, wie etwa: »Fahren Sie ruhig fort.«, »Das ist aber interessant« und pflichten Sie ihm durch Kopfnicken bei. Machen Sie sich auch hin und wieder kurze Notizen. Eine ungeschickte Bermerkung, wie »Lassen wir das, das wissen wir ja schon« oder »Fassen Sie sich doch etwas kürzer, ich habe keine Zeit«, kann den Partner kränken und dem Gespräch plötzlich eine unerwünschte Wendung geben.

Widerspricht Ihnen Ihr Partner, so erkennen Sie zunächst seine Gründe an. Sie kommen rascher voran, wenn Sie nicht gleich durch Ihre Gegenbehauptung seinen Widerstand herausfordern. Erwidern Sie ihm statt dessen vielleicht: »So wie Sie das jetzt sehen, haben Sie möglicherweise Recht, aber in Wirklichkeit verhält sich die Sache doch anders.«

Es kann vorkommen, daß Ihr Partner plötzlich etwas behauptet, was Ihnen unrichtig erscheint, weil Sie z. B. das Gefühl haben, daß er von falschen Voraussetzungen ausgeht und Sie nur täuschen will. Wenn Sie nicht in der Lage sind eine Behauptung zu entkräften oder einen plötzlichen Angriff abzuwehren, so können Sie sich den unfairen Partner vom Leibe halten, wenn Sie ihn auffordern einmal näher zu erklären, wie er überhaupt zu seiner Behauptung kommt und nach Details fragen. Wenn er sachlich alle Einzelheiten erläutern muß, wird er über die falschen Voraussetzungen, die er seiner Behauptung zugrunde gelegt hat, straucheln und sich bald in Widersprüche verstricken.

Die Dialektik, eine unfaire Art der Gesprächs- und Diskussionstaktik, kennt verschiedene Tricks des Angriffs und der Verteidigung, die von der bewußten Irreführung bis zur Einschüchterung des Gegners reichen. Sollten Sie in eine schwierige Gesprächssituation kommen, so bleiben Sie ruhig und versuchen Sie durch Gegenfragen Zeit zu gewinnen. Zu dialektischen Kniffen sollte sich ein Vorgesetzter unter keinen Bedingungen verleiten lassen. Es wäre um seine Autorität geschehen, wenn seine Mitarbeiter das merken würden.

Geben Sie es offen und freimütig zu, wenn Sie einmal im Unrecht sein sollten. Das läßt Sie Ihrem Gesprächspartner verständlicher und sympathischer erscheinen, als das hartnäckige Behaupten einer Position, die längst verloren ist. Lassen Sie sich jedoch nicht von Ihrem Standpunkt verdrängen, wenn Sie im Recht sind. Vor Vorgesetzten, die sich etwas abhandeln lassen, und das merken die Mitarbeiter bald, hat man nicht viel Respekt und nimmt sie auch im Gespräch nicht besonders ernst. Lassen Sie Ihr Gesprächsziel nie aus den Augen, sonst ufert das Gespräch aus oder gerät in ein anderes Geleise und zum Schluß haben nicht Sie etwas erreicht, sondern Ihr Mitarbeiter.

Wenn Sie eine Reihe von Punkten besprochen haben, kann es nötig werden, eine Zwischensumme zu ziehen, um die bisher erzielten Ergebnisse abzusichern. Tun Sie das z. B. mit den Worten: »Lassen Sie uns einmal kurz zusammenfassen, worüber wir uns bis jetzt geeinigt haben – oder was getan werden soll.« Sie verhindern dadurch, daß Ihr Gesprächspartner, dem inzwischen vielleicht noch etwas eingefallen ist, auf bereits besprochene und geklärte Fragen zurückgreift und Sie sich mit dem Gespräch im Kreise zu drehen beginnen.

Sie merken es, wenn der Zeitpunkt gekommen ist, an dem Sie das Gespräch beenden sollten. Bestimmte Signale Ihres Partners verraten Ihnen, daß Sie ihn überzeugt haben, daß er bereit ist, einen Entschluß zu fassen. Vielleicht sagt er plötzlich unvermittelt: »Ja gut, und was soll ich tun, wenn noch das ... eintritt?« oder »Könnten Sie mir noch das eine erklären...?« Solche Äußerungen deuten darauf hin, daß Ihr Gesprächspartner eigentlich schon alles begriffen und akzeptiert hat und das es nur noch eines geringen Anstoßes bedarf, um ihn zu einem Entschluß zu bringen.

Erleichtern Sie ihm diesen Entschluß durch eine Anerkennung

und geben Sie ihm die Gewißheit, daß er seine Entscheidung aus eigener Überzeugung, ohne Ihre Beeinflussung trifft. Dann wird er sich auch aus eigenem Interesse an die Vereinbarungen halten, die Sie mit ihm treffen. Ermuntern Sie ihn z. B. mit den Worten: »Ich freue mich, daß Sie zu dieser Überzeugung kommen. Es scheint wirklich das Beste zu sein, was wir im Augenblick tun können.«

In der Schlußphase beendigen Sie das Gespräch, jedoch nicht, ohne die erzielten Ergebnisse festzuhalten. Fassen Sie zusammen, was Sie erreicht haben, um es Ihrem Gesprächspartner noch einmal in Erinnerung zu bringen und sich selbst Notizen zu machen. Sonst können Sie das nächstemal wieder von vorne anfangen. Beenden Sie das Gespräch in einer positiven Atmospähre. Entlassen Sie Ihren Partner motiviert oder wenigstens überzeugt und nicht mit schulmeisterlichen Ermahnungen oder gar Drohungen. Sie werden zwar nicht darauf verzichten können, die Erfolge Ihres Gespäches zu kontrollieren, aber Ihr Partner wird mit um so mehr Initiative und gutem Willen an die Realisierung seiner Versprechen gehen, in je besserem Einvernehmen Sie sich trennen.

Nicht jedes Gespräch wird gleich zu dem erwünschten positiven Ausgang führen. Wenn es z. B. um einen Entschluß geht, der Ihrem Partner viel Kopfzerbrechen bereitet, weil von seinem Standpunkt aus gesehen, vieles dagegen spricht. Fassen Sie die Gesprächspunkte zusammen, in denen Sie sich bis jetzt geeinigt haben und bitten Sie Ihren Partner noch einmal über alles genau nachzudenken. Bereiten Sie ihn darauf vor, daß Sie in nächster Zeit wieder mit ihm sprechen wollen. Inzwischen können Sie die in dem geführten Gespräch gewonnenen Informationen verarbeiten und für die Gegenargumente des Partners wirksame Entkräftungen suchen. Geben Sie den Versuch ihn zu überzeugen nicht auf, denn ein unter Zwang handelnder Mitarbeiter wird Ihnen keine Freude bereiten.

Auch bei der Gesprächsführung macht der Ton die Musik und der Ausdruck verleiht den Worten die Kraft. Im Betrieb macht man meistens mit seinen Worten nicht viel Federlesens und wundert sich dann, woher plötzlich Antipathien kommen und warum es oft so schwer ist, bei anderen etwas zu erreichen. Auch der Meister sollte daran denken, daß ihm ein guter Umgangston nicht nur bei Gesprächen mit seinen Mitarbeitern, sondern vor allem auch im Verkehr mit Vorgesetzten und Kollegen sehr nützlich sein kann. Unter einem guten Umgangston im Betrieb wollen wir keineswegs übertriebene Höflichkeiten, sondern lediglich ein Verhalten verstehen, das Rücksicht auf das Selbstwertgefühl anderer nimmt. Das kann sich schon bei der geschickteren Formulierung einfacher Sätze der Alltagssprache äußern. Wir sollten uns z. B. überlegen,

wie etwas gesagt wird:	**wie man es ebenso gut sagen könnte:**
Haben Sie das noch immer nicht verstanden?	Vielleicht sollte ich Ihnen das noch einmal erklären?
Viel zu umständlich! Wie kann man sich nur so ungeschickt anstellen?	Sehen Sie, das könnten Sie einfacher machen.
Da irren Sie sich aber gründlich. Ist Ihnen denn noch nichts von … zu Ohren gekommen?	Sicher, früher haben wir es auch so gemacht. Mittlerweile hat sich aber doch manches geändert.

Überlegen Sie sich doch bitte, auf welche Äußerungen Sie in der letzten Zeit ärgerlich reagiert haben und versuchen Sie dafür weniger aggressive Formulierungen zu finden. Mit etwas mehr Geschick und Diplomatie kommt man überall, auch im Betrieb weiter und erreicht rascher seine Ziele. Menschen, die im Umgang gewandt sind, haben es leichter und fallen Ihren Vorgesetzten angenehm auf.
Stellen Sie mit Ihrem Partner Augenkontakt her. Er ist eine wichtige Kommunikationsbrücke. Einer, der herunter- oder wegschaut, hat sicher etwas zu verbergen. In den Augen spiegeln sich doch die Gefühle eines Menschen wider. Ihr Eindruck wird noch durch das Mienenspiel, die Mimik, verstärkt.
Sprechen Sie mit Ausdruck. Worte, die müde und eintönig heruntergeleiert werden, rufen keinen Eindruck hervor und stehen oft

im krassen Widerspruch zu ihrer Bedeutung. Einer, der dauernd schreit, kann keine Höhepunkte mehr finden. Betonung und Unterschiede in der Lautstärke bringen Leben und Persönlichkeit in die Sprache. Ihr Zuhörer bringt Ihnen mehr Interesse entgegen und erkennt sofort, welchen Punkten Sie besondere Bedeutung beimessen. Versuchen Sie mit Ausdruck zu sprechen und gewöhnen Sie sich es an. Sie werden Ihre Partner leichter überzeugen und sich bei Besprechungen und Konferenzen besser durchsetzen können.

Einen großen Teil ihrer Information vermitteln sich die Gesprächsteilnehmer, gewollt oder ungewollt, durch ihre Körpersprache. Dabei geht es nicht nur um die Gestikulation. Schon die Haltung eines Menschen kann seine Einstellung und Stimmung ausdrücken. Manchem kann man seine Ablehnung daran ansehen, daß er die Arme verschränkt vor der Brust hält, bei einem anderen wiederum, wird der Zwang unter dem er steht, daran erkenntlich, daß er die Armlehnen mit den Händen umklammert und vorgeneigt mit zurückgezogenen Beinen in seinem Stuhl kauert. Solche Merkmale sollten dem Gesprächsführer nicht entgehen. Er sollte sie als Aufforderung dazu auffassen etwas für die Entspannung des Gespräches zu tun.

Es gibt genügend Möglichkeiten und Empfehlungen für die Verbesserung des eigenen Redestils und der Fähigkeiten zur Gesprächs- und Verhandlungsführung. Überlegen Sie jedoch zunächst die Anregungen, die in diesem Buche enthalten sind. Vielleicht versuchen Sie dann manche von ihnen in Ihrer Praxis anzuwenden. Sie können Ihnen die Beeinflussung und Führung Ihrer Mitarbeiter erheblich erleichtern.

Zusammenfassend läßt sich zu diesem Abschnitt sagen:

- Dem Gespräch kommt bei der Mitarbeiterführung eine wichtige Funktion zu. In ihm wickelt sich der Überzeugungsprozeß ab. In den Betrieben wird der Gesprächstaktik kaum Aufmerksamkeit zugewendet und doch ist diese Fähigkeit
  - bei Motivationsgesprächen

- bei der Lenkung und Beratung der Mitarbeiter
- und nicht zuletzt auch bei der Kontrolle unerläßlich, wenn es darauf ankommt, den Mitarbeiter näher kennenzulernen, um sein Verhalten richtig beurteilen zu können.

- Beim taktischen Aufbau der Gespräche unterscheiden wir drei Phasen, bei denen für jede, bestimmte Verhaltenshinweise gelten. Diese sollen Ihnen die Gesprächsführung und das Erreichen des Gesprächszieles erleichtern.
- In der Eingangsphase gewinnen Sie Informationen über den Gesprächspartner.
  - Entspannen Sie die Atmosphäre vor dem Gespräch. Zeigen Sie Wohlwollen, mindestens Objektivität
  - Werten Sie den Gesprächspartner, wenn nötig, durch einige anerkennende Worte auf. Er fühlt sich Ihnen verpflichtet.
  - Versuchen Sie seine Bedürfnisse zu erkennen.
- In der Hauptphase sollten Sie Ihr Gesprächsziel verfolgen und erreichen.
  - Schweigt Ihr Partner oder schweift er ab, so versuchen Sie das Gespräch durch Fragen in Gang zu bringen und zu steuern.
  - Überfällt er Sie mit einem Redeschwall, so unterbrechen Sie ihn nicht brüsk, sondern seien Sie ein geduldiger Zuhörer. Sie gewinnen Informationen.
  - Argumentieren Sie mit dem Nutzen des Partners.
  - Widerspricht er Ihnen, so wenden Sie die »Ja – aber – Taktik« an oder verlangen Sie Details. Sie gewinnen Zeit für Ihre Antwort.
  - Bewahren Sie immer die Ruhe – sie gibt Ihnen Überlegenheit.
  - Erleichtern Sie Ihrem Partner das »Ja-Sagen« durch eine kleine Anerkennung, wenn Sie merken, daß er zustimmen will.
- In der Schlußphase fixieren Sie die Gesprächsergebnisse.
  - Fassen Sie die Ergebnisse zusammen und halten Sie sie möglichst schriftlich fest.
  - Beenden Sie das Gespräch immer in einer positiven Atmosphäre. Wenn Sie Ihren Gesprächspartner überzeugt haben, hält er sich auch freiwillig an seine Versprechungen.
- Eine Führungskraft, die es versteht, ausdrucksvoll in Betonung

und Geste zu sprechen, überzeugt nicht nur leichter Mitarbeiter, Kollegen und Vorgesetzte, sie profiliert sich auch als Persönlichkeit.

10. Führungsaufgaben verlangen Zeit – Persönliche Arbeitsgestaltung

Wenn wir an die zahlreichen Aufgaben denken, die ein Vorgesetzter bei der Führung seiner Mitarbeiter zu bewältigen hat, so könnte man sich fragen, wo er die Zeit dafür hernehmen soll. Es geht ja nicht allein um die Verteilung der auszuführenden Arbeiten, die Unterweisung der Mitarbeiter und die Kontrolle ihrer Arbeitsergebnisse. Ein Meister muß sich auch um seine Leute kümmern, sie informieren, motivieren und ihnen bei ihren Problemen helfen. Größere Betriebe verlangen außerdem von ihren Vorgesetzten eine Reihe von Planungs- und Verwaltungstätigkeiten. Die Geschäftsführung und andere Abteilungen, wie Arbeitsvorbereitung und Kostenrechnung, müssen über die Bedarfs-, Kosten- und Leistungssituation laufend unterrichtet werden, um für die Betriebsbereitschaft sorgen und die Einhaltung der Kosten- und Leistungspläne überwachen zu können. Auch der Meister selbst benötigt Unterlagen, um die Entwicklungen in seiner Fertigungsabteilung nicht aus den Augen zu verlieren. Für diese Zwecke müssen Statistiken, Zusammenstellungen, Berichte und Übersichten erstellt werden. Für die Führung der Abteilung werden schließlich Listen, Übersichten und Aufzeichnungen benötigt, wie Mitarbeiterverzeichnis, Lohnliste, Urlaubsliste, Fehlzeitenliste, Produktionsmengenstatistik sowie Listen für die Erfassung der Ausschußmengen, des Material- und Energieverbrauches. Außerdem sollten Kostenstellenblätter, Kosten- und Kennzifferstatistiken für die Produktivitäts- und Wirtschaftlichkeitskontrolle vorliegen.
Die Verwaltungsarbeit beginnt sich zu einem Papierkrieg auszuweiten, ohne den jedoch der arbeitsteilige Großbetrieb nicht mehr auskommt. Nicht zuletzt sollten auch die zahlreichen Besprechungen und Konferenzen erwähnt werden, in die eine Führungskraft

ihre Zeit investieren muß. Es ist heute üblich, alle Probleme gleich in einem größeren Kreise zu diskutieren, obwohl die meisten Fragen vielleicht schon in einem Zweiergespräch geklärt werden könnten.

Bei den vielen Aufgaben, die eine Führungskraft belasten, ist es sinnvoll nach Entlastungsmöglichkeiten zu suchen, um den Vorgesetzten zu helfen, den an sie gestellten Anforderungen gerecht zu werden und sie vor Streß zu bewahren. Entlastungsmöglichkeiten können beispielsweise bei einer Arbeitsanalyse gefunden werden, bei der die Führungskraft folgende Fragen zu beantworten sucht:

- Tue ich etwas, was ebensogut unterbleiben könnte?
- Was könnte ich noch meinen Mitarbeitern übertragen, um mich selbst zu entlasten?
- Was könnte ich einfacher und zweckmäßiger tun?
- Was muß ich zuerst tun, was darf auf keinen Fall versäumt werden?

Um der Kernfrage nach den Möglichkeiten der Arbeitsentlastung näher zu kommen, wollen wir uns hier mit der Einstellung eines Vorgesetzten zu seiner Arbeit beschäftigen, mit seinem persönlichen Arbeitsstil. Er ist das Resultat seiner Charaktereigenschaften, Neigungen und Gewohnheiten und der Ausdruck seines Arbeitsverhaltens. Er gibt die Erklärung dafür, warum ein Manager lediglich mit zwei Telefonen und einem Briefbeschwerer auf dem Schreibtisch auskommt, während ein anderer hinter Bergen von Akten versinkt. Warum der eine einen gut gelaunten und gepflegten Eindruck macht und immer gesprächsbereit ist, während der andere trotz Überstunden nicht aus dem Streß kommt und warum der eine mit seiner Arbeit fertig wird und noch ein geselliges Leben führen kann, während der andere nicht einmal Zeit für einen Urlaub findet.

Alle, die zu denen gehören, die sich bei der Arbeit überlastet fühlen und sich eine Erleichterung wünschen, sollten einmal über die folgenden Fragen und Hinweise nachdenken und ehrlich dazu Stellung nehmen. Vielleicht entdecken auch Sie dabei einige Schwächen, die Sie daran hindern Ihre Arbeit mit mehr Effizienz und weniger Anstrengung zu verrichten.

1. Sind Sie wirklich im Ernst dazu bereit, sich von Ihrer »Arbeitsüberlastung« zu befreien, oder fürchten Sie sich vielleicht sogar davor sich von ihr zu trennen? Es gibt Führungskräfte, die ihren Vorgesetzten Überlastung vortäuschen, um dadurch ihren Fleiß und ihre Unentbehrlichkeit unter Beweis zu stellen. Vielleicht sind sie ihren Aufgaben methodisch gar nicht gewachsen und möchten sich wenigstens durch Fleiß hervortun. Andere wiederum kokettieren mit ihrer Arbeitsüberlastung und betrachten sie als Statussymbol, als Zeichen ihrer Bedeutung im Betrieb. Versucht ihnen jemand einige vernünftige Tips zu geben, so reagieren sie meist mit »Killerphrasen«: »Das habe ich alles schon längst versucht, bei mir geht so etwas nicht!« Vielleicht ist ihnen eine harte aber ernstzunehmende Redensart bekannt, die absolut nicht humorvoll wirkt: »Wenn Sie schon einen entlassen müssen, so entlassen Sie den, der am meisten zu tun hat«.
2. Vielleicht gehören Sie zu denen, die alles selber tun wollen, die sich nur schwer dazu entschließen können Aufgaben anderen zu übertragen,

   - weil sie dazu neigen den Schwierigkeitsgrad einer Aufgabe zu überschätzen
   - die Qualifikationen und Fähigkeiten ihrer Mitarbeiter zu unterschätzen.

   Es gibt sicher auch einfache Bürotätigkeiten, die Ihnen einer Ihrer Mitarbeiter abnehmen könnte, wenn Sie ihn entsprechend unterweisen. Für Sie bedeutet das eine Entlastung und Ihr Mitarbeiter kann solche Aufträge als Vertrauensbeweis und Anerkennung empfinden. Versuchen Sie doch einmal Ihre Tätigkeiten in Werkstatt und Büro in bezug auf die Möglichkeit zu überprüfen, bei welchen Ihrer Arbeiten Sie von geeigneten Mitarbeitern entlastet werden könnten.
   Manchmal kann es sich um Tätigkeiten handeln, die ein Vorgesetzter nicht gerne aus der Hand gibt, weil er sich bei ihnen ausruhen kann. Bei diesen geht es meist um einfache Routinearbeiten, die in der anstrengenden, verantwortungsvollen Alltagsarbeit eine angenehme Erleichterung darstellen. Da-

für geht aber für Sie wertvolle Zeit verloren, die anderen wichtigen Pflichten entzogen wird.

3. Planen Sie auch Ihre eigene Tätigkeit, überlegen Sie, wie Sie Ihre eigenen Aufgaben am zweckmäßigsten und mit dem geringsten Aufwand durchführen können? Beispielsweise, daß Sie bei Ihren Gängen in die Werkstatt keinen Weg zweimal machen müssen oder daß Sie keine Doppelarbeit zu leisten brauchen? Sie könnten z. B. eine Statistik so erstellen, daß ihre Ergebnisse zugleich auch für eine weitere verwertbar sind. Sorgen Sie auch dafür, daß sich alles, was Sie benötigen, auf Ihrem Schreibtisch befindet, ehe Sie an die Arbeit gehen und daß Sie nicht plötzlich unterbrechen müssen, weil bestimmte Unterlagen noch fehlen?
4. Pflegen Sie übrigens gelegentlich Arbeiten zu unterbrechen, um sich anderen zuzuwenden? Manchmal kommt man mit einer Sache nicht so richtig weiter und hofft, daß sich ein besserer Tag dafür findet. Vielleicht ist man sogar froh, wenn man plötzlich unterbrochen wird, daß man sich einer anderen Angelegenheit zuwenden kann. Allerdings verschiebt man dadurch nur eine Arbeit, auf die man sich später erneut geistig einstellen, wenn nicht gar vorbereiten muß.
5. Unkonzentriertes Arbeiten kostet nicht nur Zeit, sondern es stellt auch die Qualität des Ergebnisses in Frage, wenn sich Fehler einschleichen oder wesentliches vergessen wird. Mancher Vorgesetzte läßt sich bei der Arbeit zu sehr von seinen Mitarbeitern stören, die wegen jeder Kleinigkeit zu ihm kommen. Vielleicht wartet man auch auf einen Anruf vom Chef und überlegt sich schon im Geiste, was man ihm sagen will. In solchen Fällen ist es doch besser, Arbeiten, die hohe Konzentration verlangen, auf einen späteren Zeitpunkt zu verschieben. Es gibt jedoch Möglichkeiten Konzentrationsfähigkeit bei sich zu entwickeln und zu üben, wenn man zunächst lernt sich zu entspannen. Dann gelingt es leichter, die Gedanken auf den Text oder Sachverhalt zu konzentrieren, den man erfassen will.
6. Es schadet der Konzentrationsfähigkeit und beeinträchtigt die geistige Aufnahmefähigkeit, wenn jemand stundenlang

ohne Pause arbeitet. Dadurch erreicht man weniger, als wenn man von Zeit zu Zeit eine kurze Pause einlegt und Geist und Augen ein wenig Entspannung gönnt.

7. Ein Vorgesetzter sollte seine wertvolle Zeit nicht mit Nebensächlichkeiten vertun. Ist es Ihnen nicht auch schon passiert, daß Sie beim Studium von Unterlagen plötzlich von der eigentlichen Arbeit abgelenkt wurden und dachten »Das ist doch interessant, das muß ich gleich weiterverfolgen« oder »Das könnte ich gleich nebenbei erledigen?« Oft handelt es sich bei diesen Ablenkungen nur um Nebensächlichkeiten, die Sie von Ihrer weit wichtigeren Arbeit abbringen.
8. Unnötiges Perfektionsstreben hindert am raschen Vorankommen. Manche Menschen können sich von einer Arbeit nicht trennen, bevor sie ihr nicht den letzten Schliff gegeben haben. Ein Bericht, eine Statistik oder eine Zeichnung sind keine Kunstwerke, sondern Informationsmittel. Es hat also keinen Sinn Zeit für die stilistische oder graphische Gestaltung solcher Unterlagen zu verschwenden. In einer großen ausländischen Firma gilt der Grundsatz: In internen Briefen, selbst an die Direktion, können Fehler einfach verbessert werden. Nur Kundenbriefe müssen fehlerlos sein.
9. Man muß nicht über alles informiert sein, besonders dann, wenn die Zeit dazu fehlt Rundschreiben oder Berichte zu lesen, deren Inhalt für die eigene Arbeit unerheblich ist. Bei vielen Führungskräften ist es eine Prestigefrage, ob sie auch in allen Verteilern erfaßt sind. Wenn ein höherer Vorgesetzter oder Organisator ihren Nahmen und ihre Dienststelle aus Rationalitätsgründen aus irgendeinem Verteiler streicht, so fühlen sie sich zurückgesetzt oder persönlich angegriffen.
10. Wenn ein Vorgesetzter zuviel kontrolliert und beaufsichtigt, mißtraut er seinen Mitarbeitern. Er sollte lieber versuchen seine Kontrollen auf das wirklich notwendige Maß einzuschränken. Dann würden die Leute ihre Arbeit wahrscheinlich williger verrichten und er könnte seine Zeit nützlicher anwenden.
11. Es kommt immer wieder vor, daß technische Hilfsmittel ungenutzt bleiben, weil man in ihrer Bedienung noch nicht be-

wandert ist und den Zeitaufwand scheut, sich mit ihnen vertraut zu machen. Man denke bloß an Diktiergeräte oder die Möglichkeiten, die moderne Telefonanlagen bieten. Oft sind es nur Plantafeln, die man zwar bestellt, dann aber doch ungenutzt hinter irgendeinem Schrank stehen läßt oder Terminkalender, die sich auf einem Schreibtisch zwar gut ausnehmen, aber weiter keinen Nutzen bringen, weil man vergißt, die notwendigen Eintragungen zu machen. Statt dessen macht man sich wichtige Notizen auf einem Zettel, den man in irgendeine Westentasche steckt, um ihn dann immer wieder vergebens zu suchen. Hilfsmittel, die der Rationalisierung dienen, erleichtern die Arbeit und machen sie wirtschaftlicher. Gerade deswegen sollte eine überlastete Führungskraft nicht auf sie verzichten.

12. Es gibt Vorgesetzte, die mit der Leistung ihrer Mitarbeiter nie zufrieden sind. Es handelt sich hier um Menschen mit nörglerischem Wesen, die jedoch von den eigenen Fähigkeiten eine übersteigerte Vorstellung haben und sich überall für kompetenter halten. Sie mischen sich überflüssigerweise in die Arbeit ihrer Leute ein, um ihnen zu zeigen, wie man es noch besser machen könnte und nehmen ihnen nur die Sicherheit.
13. Andere wiederum fühlen sich selbst so unsicher, daß sie sich zu Entscheidungen größerer Tragweite, die Verantwortungsbereitschaft verlangen, nur schwer entschließen können und dadurch vieles im Argen lassen. Ihr großes persönliches Absicherungsbedürfnis nötigt sie dazu alles schriftlich festzuhalten und auch sonst, die nach ihrer Meinung notwendigen Vorkehrungen zu treffen, um gegebenenfalls für eine Rechtfertigung die nötigen Argumente bei der Hand zu haben.
14. Manche Führungskräfte opfern ihrem Prestige viel Zeit. Ähnlich, wie bei der Informationsversorgung, müssen sie auch bei jeder Konferenz oder jeder sonstigen Zusammenkunft aus betriebsinternem Anlaß vertreten sein. Sie halten sich überall für unentbehrlicher, als am eigenen Arbeitsplatz.
15. Schließlich gibt es auch Mitarbeiter in leitender Stellung, die sich selbst nicht zur Arbeitsdisziplin erziehen können. Sie neigen dazu unangenehme Arbeiten aufzuschieben, auf andere

abzuschieben, die ihnen vielleicht noch weniger gewachsen sind, oder gar aufzugeben. Dadurch werden Probleme nicht aus der Welt geschafft. Sie türmen sich vielmehr zu einem unüberwindlichen Hindernis auf, das derjenige, der sich nicht zu eigener Initiative aufzuraffen vermag, schließlich nicht mehr überwinden kann. Er wird immer mehr aus der Position einer Führungskraft in die Rolle eines Verlierers gedrängt, der den Dingen ihren Lauf lassen muß.

Diese Liste falscher Einstellungen und Verhaltensweisen könnte man beliebig fortsetzen. Das bleibt jedoch dem Leser vorbehalten. Wesentlich ist aber, daß jeder, der diese Zeilen ließt, auch zu einer objektiven Selbstbeurteilung bereit ist und nichts vor sich selbst zu beschönigen sucht. Selbsterkenntnis kann mehr dazu beitragen den persönlichen Arbeitsstil zu verbessern, als noch so viele gute Ratschläge, deren Nutzen man oft nicht einsehen will.

Als Führungskraft muß man heute besonderen Anforderungen genügen und das kann man nur dann, wenn man Zeit gewinnt, indem man mit seinen Alltagstätigkeiten souverän fertig wird. Es müssen viele Führungsaufgaben erfolgreich bewältigt werden, um einem Betrieb durch Leistungen die Kraft zur Selbstbehauptung zu geben. Optimal führen heißt aber, die Ziele des Betriebes durch seine Mitarbeiter erfolgreich zu verwirklichen, indem man sie dafür überzeugt und gewinnt.

Schrifttumsverzeichnis

Degelmann, A.: Unternehmensführung in der Praxis
RKW Taschenbuchreihe, Hans Holzmann Verlag 1968
Eibl/Petersen/Strasser: Erfolgreiche Mustergespräche mit Mitarbeitern
WEKA-VERLAG 1980
Gaugler, E.: Was jeder Meister wissen sollte
verlag moderne industrie 1965
Goode, C.E.: Es gibt stärkere Antriebe als Gewinnstreben
RKW Arbeitswissensch. Außendienst, Heft 3, 1955
Goossens, F.: Das Meister-Buch
verlag moderne industrie 1956
Gruppenarbeit und Produktivität
RKW-Schrift – Bericht einer Studienreise in die USA
Kern, H.: Industriearbeit und Arbeiterbewußtsein
RKW 1970, Europäische Verlagsanstalt
Mailänder, U.: Soziale Aspekte der Ausländerbeschäftigung
Schriftenreihe des Forschungsinstitutes der Friedrich-Ebert-Stiftung, Bd. 103, Verlag Neue Gesellschaft GmbH
Niemann, H.J.: Jugendliche im Betrieb
RKW Schriftenreihe Lernen und Leistung 1973
Raschke, H.: Mit Menschen richtig reden
I.H. Sauer-Verlag 1971
Rischar, K.: Erfolgreiche Mitarbeiterführung
Wilhelm Heyne Verlag 1978
Schmidt, H.: Der ältere Arbeitnehmer im technischen Wandel
Carl Hanser Verlag 1977
Schneider, E.: Überzeugen durch die Kraft des Wortes
WEKA-VERLAG 1981
Schneider, W.: Soziologie eines modernen Industriebetriebes
Verlag für Wissenschaft, Wirtschaft und Technik 1961
Schöll-Schwinghammer, I. / Lappe, L.: Arbeitsbedingungen und Arbeitsbewußtsein erwerbstätiger Frauen
RKW 1978

Steinherr, L.: Selbstentlastung durch effektive Planungs-, Organisations- und Arbeitstechnik
WEKA-VERLAG 1979
Uhlig, O.: Die ungeliebten Gäste – Ausländische Arbeitnehmer in Deutschland
Praeger Organisation GmbH 1974

Alfred Mohler

Mitarbeiter richtig führen

Wirtschaftsverlag Langen-Müller/Herbig

Alfred Mohler

Überzeugend reden erfolgreich verhandeln

Wirtschaftsverlag Langen Müller/Herbig